RUEDIGER DAHLKE
Das Alter als Geschenk

W0034329

G GOLDMANN
Lesen erleben

Buch

Sich mit den Herausforderungen des Alter(n)s auseinanderzusetzen mag unangenehm erscheinen – besonders in einer Gesellschaft, die sich dem Jugendkult verschrieben hat. Obgleich doch alle alt werden wollen! Doch nur wer die Alterssymptome und Zeichen der Gebrechlichkeit verstehend durchschaut, kann ihre Lernaufgabe erkennen und das Elend zum Besseren wenden. Erst dann können persönliche Schattenaspekte, die sich über den Körper bemerkbar machen, durchlichtet werden, um den dort verborgenen Schatz zu heben. Ruediger Dahlke schildert, wie wir die besonderen Qualitäten und Freiheiten, die das Alter bietet, gewinnbringend für uns nutzen.

Autor

Dr. med. Ruediger Dahlke arbeitet seit über 40 Jahren als Arzt, Autor und Seminarleiter. Mit Büchern von »Krankheit als Weg« bis »Krankheit als Symbol« begründete er seine ganzheitliche Psychosomatik, die bis in mythische und spirituelle Dimensionen reicht. Die Buch-Trilogie »Die Schicksalsgesetze«, »Das Schatten-Prinzip« und »Die Lebensprinzipien« bildet die philosophische und praktische Grundlage seiner Arbeit. Ruediger Dahlke nutzt seine Seminare und Vorträge, um die Welt der Seelenbilder zu beleben und zu eigenverantwortlichen Lebensstrategien anzuregen.

Sein Ziel, ein Feld ansteckender Gesundheit aufzubauen, spiegelt sich in Büchern wie »Peace Food« und »Die Hollywood-Therapie« wider, aber auch in der Verwirklichung des Seminarzentrums TamanGa in der Südsteiermark.

Ruediger Dahlke

Das
ALTER
als
GESCHENK

Über die Kunst, in einer verrückten
Welt den Verstand zu bewahren

GOLDMANN

Sollte diese Publikation Links auf Webseiten Dritter enthalten,
so übernehmen wir für deren Inhalte keine Haftung,
da wir uns diese nicht zu eigen machen, sondern lediglich
auf deren Stand zum Zeitpunkt der Erstveröffentlichung verweisen.

Die hier vorgestellten Informationen und Heilmethoden wurden nach
bestem Wissen und Gewissen geprüft. Dennoch übernehmen der Autor
und der Verlag keinerlei Haftung für Schäden irgendeiner Art,
die sich direkt oder indirekt aus dem Gebrauch dieser Informationen
oder Heilmethoden ergeben.

Penguin Random House Verlagsgruppe FSC® N001967

2. Auflage
Vollständige Taschenbuchausgabe Oktober 2021
© 2021 Wilhelm Goldmann Verlag, München,
in der Penguin Random House Verlagsgruppe GmbH,
Neumarkter Str. 28, 81673 München
© 2018 der Originalausgabe Arkana, München
Umschlaggestaltung: UNO Werbeagentur, München, unter Verwendung
der Gestaltung von ki 36 Editorial Design, München, Sabine Krohberger
Umschlagmotiv: © Yayasya/creativemarket
Bildnachweis: S. 44 © Annette Mayer
JG • Herstellung: cb
Satz: Satzwerk Huber, Germering
Druck: GGP Media GmbH, Pößneck
Printed in Germany
ISBN 978-3-442-22337-4
www.goldmann-verlag.de

Besuchen Sie den Goldmann Verlag im Netz

Dank

Ich (ver)danke Gerald Hüther, mit dem zusammen dieses Projekt begann, wesentliche Impulse wie auch Margit, meiner ersten Frau, und Ulrich Ehrlenspiel.

Mein Dank gilt außerdem Christa Maleri für so viele inhaltliche Anregungen und Korrekturen; Majda Nujic, Leiterin einer Demenzstation in Wien, für wertvolle Anregungen und Kritik; Monika Egger für die Inspiration und das Projekt, das die Ziele dieses Buches umsetzen soll, sowie Dorothea Neumayr für Korrekturen.

Ich danke meinem Freund Kurt für die regenerative Zeit bei ihm in Zürich; Lis Lustenberger und Georg Franz für die Zeit an Bord ihres Bootes *Lady* auf dem Vierwaldstättersee, wo der Stoff in so angenehmer und unterstützender Atmosphäre Form annehmen konnte.

Jürgen Fliege danke ich für seine inspirierenden Anregungen, die das Buch abrundeten, und für den Platz in seinem Paradies auf La Palma in der *Casa Nonitos in el Jesus*. Christine Stecher für viel mehr als das bewährte Lektorat.

Claudi danke ich für die wundervolle Zeit des Vorlesens und ihre Inspirationen dazu auf La Palma.

Inhalt

Alter(n) ist keine Krankheit

Sich mit den Herausforderungen des Alter(n)s auseinanderzusetzen mag unangenehm erscheinen – besonders in einer Gesellschaft, die sich dem Jugendkult verschrieben hat. Obgleich doch alle alt werden wollen! Aber die Angst ist groß, es könnte etwas abfärben, wenn man sich mit Dingen wie nachlassender Kraft, Vergesslichkeit, Kontrollverlust beschäftigt. Deshalb scheuen Jüngere wohl auch Besuche in Altenheimen wie der Teufel das Weihwasser. Solch einer grau(envoll)en Zukunft will niemand gern ins Auge schauen. Aber wir müssen es tun, gerade um uns solch eine trostlose Zukunft, ein Dahinvegetieren im Alter, zu ersparen.

Nur wer die Alterssymptome und Zeichen der Gebrechlichkeit verstehend durchschaut, kann ihre Lernaufgabe erkennen und das Elend zum Besseren wenden. Erst dann können persönliche Schattenaspekte, die sich über den Körper bemerkbar machen, durchlichtet werden, um den dort verborgenen Schatz zu heben. In diesem Sinne soll dieses Buch eine Hilfe sein, die besonderen Qualitäten und Freiheiten, die das Alter bietet, für sich zu nutzen. Es ermutigt dazu, sich Zeit für das Wesentliche zu nehmen, sich Muße und Kontemplation zu erlauben. Ruhe und Gelassenheit können dann einkehren und ihre unglaubliche Kraft offenbaren.

Es mag schwierig sein, eine neue, weiter gefasste Perspektive auf das Alter zu gewinnen, solange unangenehme Alterserscheinungen in unserer Kultur so verbreitet sind, dass sie landauf, landab als normal angesehen werden. Es wird leider meist ignoriert, dass Menschen auch ohne dergleichen auskommen. Gut erinnere ich mich an eine inspirierende Rede, die der 100-jährige Albert Hofmann, der Entdecker des LSD, im Basler Kongresszentrum hielt. Er brillierte mit seinem Charme und Witz, dass es eine Freude war. Von einer jungen Journalistin gefragt, wie viele LSD-Trips er in seinem Leben genommen habe, antwortete er verschmitzt: »Solange es erlaubt war, wohl an die 100.« Als er das Erstaunen in den Gesichtern sah, fügte er noch quasi entschuldigend hinzu, sein Freund habe aber viel mehr genommen. Gemeint war der Schriftsteller Ernst Jünger, der zu diesem Zeitpunkt schon deutlich über 100 war.

Das war nicht, was das Publikum erwartet hatte: zwei so alte Kerle mit so vielen LSD-Erfahrungen, geradezu provozierend gesund und so spürbar klar im Hirn. Die beiden passten nicht in das gängige Bild, gaben aber viel Anlass zum Umdenken hinsichtlich der Freuden und Geschenke, die das Alter für wache, im besten Sinne selbst-bewusste Menschen bereithält. Weitere prominente Beispiele für lebensfrohe Hochbetagte – von Johannes Heesters bis

Queen Mum –, die mit den Zeichen des Alters umzugehen verstanden, lassen sich anführen. Und sicher kennt jeder von uns Persönlichkeiten in seinem Umfeld, die als weise, in sich ruhende Alte geschätzt werden.

Die Symptome, die wir mit dem Alter verbinden, und die Leiden, die wir in der letzten Lebensspanne so fürchten, werden wir in diesem Buch diskutieren und deuten, um sie zu verstehen und um später unter anderem festzustellen, dass sie beim Schreckgespenst Alzheimer-Demenz[1] gleichsam »nur« in verschärfter Form auftreten. Es wird gezeigt, wie ihnen mit praktischen Konsequenzen vorzubeugen ist. Selbst wenn sie schon aufgetreten sind, lassen sie sich damit mindestens noch deutlich abmildern, oft aber auch heilen, wie die Bredesen-Studie zeigt, die in einem eigenen Kapitel noch vorgestellt wird.

Tatsächlich will dieses Buch aber nicht nur Hoffnung auf Linderung von Altersbeschwerden machen, sondern ein ganz anderes Altern ermöglichen: eines voller Würde, Weisheit und Anmut, das auf viele der typischen Alterssymptome schlicht verzichtet und eventuell verbleibende mit Gelassenheit und sogar Humor zu nehmen versteht.

Weder ist Altern eine Krankheit, noch sind Alterssymptome ein naturgegebenes Schicksal, dem wir hilflos ausgeliefert sind. Im Gegenteil wird sich zeigen, wie aus einem veränderten Verständnis ein anderes Verhalten erwächst. Dies sind die beiden ersten Schritte des Heilwerdens. Hinzu kommt der dritte Schritt der Einordnung und Sinngebung. Er wird offenbar, wenn wir aufbauend auf dem

Verständnis zur Bedeutung und damit zum tieferen Sinn eines Krankheitsbildes vorstoßen.

Einzelne Symptome werden so ebenfalls zu Chancen der Sinnfindung. Wenn wir sie engagiert deuten und nutzen, beginnen Vorbeugung und Heilung schon hier. Notwendig ist allerdings auch eine gewisse Disziplin, um durchzuhalten, wie der Münchner Professor für Medizinische Psychologie Ernst Pöppel zeigen konnte. Er brachte einem fast erblindeten Schlaganfallpatienten durch Übung bei, andere Teile seines Gehirns den Ausfall kompensieren zu lassen. Der Patient lernte, wieder zu sehen, aber ihm fehlte die Disziplin, selbstständig weiter zu üben, und so ließ er sich lieber wieder in die Blindheit zurückfallen. Wir brauchen also sowohl kindlich frische, jung gebliebene Neugier, Begeisterung, Bereitschaft und Offenheit als auch erwachsene, reife Disziplin, Einsicht und Sinngebung, um die Schrecken des Alters in Wohlgefallen zu wandeln.

Sich ein goldenes Alter gönnen

Die eigene Gestaltungskraft nutzen

Im Jahr 1978 untersuchte die Harvard-Psychologin Ellen Langer im Rahmen ihrer Forschungsarbeit zwei Gruppen von vergleichbaren Pflegeheimbewohnern; dazu hatten beide Zimmerpflanzen und neue Hausregeln bekommen. Der einen Bewohnergruppe wurde gesagt, jeder sei nun verantwortlich für die Pflanzen, und im Übrigen müssten alle ab sofort ihren Tagesplan selbstständig gestalten. Die andere Gruppe erhielt die Information, dass die Pflanzen vom Personal versorgt würden, und die Bewohner erhielten keine Wahlfreiheit bei der Tagesgestaltung. Nach anderthalb Jahren waren in der Gruppe mit (Selbst-)Verantwortung doppelt so viele am Leben wie von der Gruppe der »Versorgten«, die man verwaltet und damit letztlich auch entmündigt hatte. Ellen Langer zog daraus den Schluss, dass die herrschende Medizinauffassung mit ihrer Trennung von Bewusstsein und Körper grundfalsch ist und

Konsequenzen für die Behandlung nicht nur von kranken, sondern auch von alten Menschen haben muss. Und wir können schon jetzt erkennen, wie entscheidend wichtig Eigenverantwortung und Selbstbestimmung für unser Wohlergehen und ein langes Leben sind. Auf Selbst-Bewusstsein gründende Eigeninitiative ist gefragt, wenn wir das Alter(n) als Geschenk wahrnehmen und erleben wollen.

Ellen Langer führte eine weitere Studie durch, um die Bedeutung des Einflusses des Bewusstseins auf den Körper zu zeigen. 1981 gestaltete sie mit Doktoranden das Innere eines Gebäudes im Stil des Jahres 1959 aus – angefangen beim Mobiliar über die ausgelegten Zeitschriften und Bücher bis zum Programm des Schwarzweißfernsehers. Acht Männer über 70 sollten fünf Tage lang in diese Umgebung eintauchen und gleichsam die gute alte Zeit aufleben lassen. Sie durften nichts. von dem besprechen, was nach 1959 geschehen war oder was mit ihnen selbst, ihrer Familie und Karriere in späterer Zeit zu tun hatte. Die Studienteilnehmer wurden zudem so behandelt, als wären sie in ihren 50ern statt 70ern. Obwohl sie zum Teil mit Krücken kamen und hilfsbedürftig waren, verweigerte man ihnen jede Hilfe beim Einchecken und Gepäcktragen.

Am Ende von nur fünf Tagen zeigten die Männer messbare Verbesserungen, was Sehkraft, Hörfähigkeit, Gedächtnis, Geschicklichkeit und Appetit anging. Offensichtlich war es gelungen, sie mit ihrer *alten* Lebendigkeit in Kontakt zu bringen, sodass sie sich wieder jung fühlten. Sie erlebten sich nicht mehr als »altes Eisen«, und das veränderte auch ihre körperlichen Möglichkeiten, letztlich ihre Biologie.

Wer wir sind, hängt zu jeder Zeit vom Kontext ab, in dem wir uns befinden – so die These der Sozialpsychologie. Vor diesem Hintergrund regte Ellen Langer an, sich zu fragen, wer die jeweiligen Rahmenbedingungen eigentlich setzt. Sie plädierte dafür, aktiv zu werden und die eigenen Einflussmöglichkeiten kreativ zu nutzen. Das verlangt Bewusstheit, und je bewusster wir sind, desto besser können wir jenen Kontext selbst bestimmen. Wenn wir uns unserer Gestaltungsmöglichkeiten bedienen, ist es viel leichter, authentisch zu sein und uns in unserer Haut wohl zu fühlen. Langer betonte, dass Bewusstheit uns die Dinge in neuem Licht erscheinen lasse und wir dann auch die Möglichkeit von Wandlung und Weiterentwicklung in Betracht ziehen.

Die Ergebnisse der Studien von Ellen Langer wurden jahrzehntelang ignoriert; sie sind aber heute aktueller denn je, wenn wir unsere Lebensqualität bis ins hohe Alter positiv beeinflussen wollen. Anschaulich wird dies beispielsweise in der praktischen Erfahrung auf einer modernen Demenzstation, wo es Patienten ermöglicht wird zu erleben, was sie noch können, statt sie mit ihren Defiziten zu konfrontieren. Wenn wir nicht auf »normalem« Funktionieren bestehen und vor allem wenn Rollenerwartungen ausbleiben, kann sich eine neue eigene Lebendigkeit einstellen und die Einzigartigkeit des Individuums sogar noch entwickeln.

Die Tatsache, dass dem (Um-)Feld, in dem wir leben, entscheidende Bedeutung zukommt und wir auf den Kontext Einfluss nehmen können und sollten, ist mir für den Medizinbereich schon lange klar. So bekommt das von mir geförderte *Feld ansteckender Gesundheit* nun seine große Chance, weil unter anderem immer mehr Menschen das Fasten und die pflanzlich-vollwertige *Peace Food*-Ernährung für sich entdecken (siehe die Literatur im Anhang). Und bei diesem Prozess motivieren sich Ältere und Junge gegenseitig.

Dem Psychologen Benjamin P. Hardy sei Dank, dass er Ellen Langers Forschungen wieder ins Gespräch gebracht hat, denn sie betonen, wie wichtig unsere Lebenseinstellung ist als Grundlage von Eigenverantwortung und Selbstbestimmung und wie sehr es darauf ankommt, worauf wir unsere Aufmerksamkeit lenken. Wer sich jung, leistungsfähig und wach sieht, empfindet und verhält, wird es auch länger bleiben. In diesem Bewusstsein können wir uns wesentlich bessere Chancen ausrechnen als mit dem Einsatz herkömmlicher Anti-Aging-Programme, die eigentlich nur Oberflächenkosmetik betreiben. Wir gewinnen, wenn wir mit Verstand und in Würde altern und dabei persönlich wachsen und Erfüllung finden.

Auch der Dichter Mark Twain rät zu dieser Sicht auf das Alter und seine Herausforderungen:

>»*Age is an issue of mind over matter,*
if you don't mind, it doesn't matter.«

Eine wörtliche Übersetzung kann den eleganten Sprachwitz des Zitats nicht wiedergeben. Sinngemäß spricht

Twain davon, dass Alter eine Sache der Überlegenheit des Geistes über die Materie ist, und wenn einen das Älterwerden nicht bekümmert, dann müsse man sich ums Alter(n) nicht kümmern.

Wir können noch hinzufügen, dass körperliche Altersbeschwerden keine Macht über uns gewinnen, wenn wir gedanklich nicht auf das Thema Alter als Krankheit einsteigen. Die betagten Teilnehmer an den Studien von Ellen Langer belegen es eindrucksvoll.

Ein Umdenken ist also notwendig und überfällig, um mit der in unserer Kultur seit Aristoteles tief verwurzelten Vorstellung Schluss zu machen, Altern sei eine Art später, aber natürlicher Krankheit, die – von einer Fülle nicht behandelbarer Symptome begleitet – zum Tod führe. Ernährungspäpste wie Bruker oder Bircher-Benner widersprachen dem in moderner Zeit bereits laut und deutlich. Aber ihnen fehlte damals die wissenschaftliche Absicherung, und die Zeit war wohl noch nicht reif. Jetzt aber ist sie reif, in mancher Hinsicht sogar überreif.

Wie sehr die Rollen, die wir im Leben spielen, uns bestimmen, zeigt uns in aller Deutlichkeit das *Stanford Prison Experiment* von Philip Zimbardo: Versuchspersonen wurden dabei in zwei Gruppen eingeteilt, in Gefangene und Wärter. Doch der Versuch musste abgebrochen werden, weil sich die Beteiligten ihre jeweilige Rolle auf gefährliche Weise zu eigen machten. Die Gefangenen reagierten unterwürfig, passiv und verloren die Hoffnung; die Wärter agierten so brutal, dass sie einigen Versuchspersonen ernsthaft zu schaden drohten. Das heißt, im Guten (siehe

Ellen Langers »Zeitreise«) wie im Schlechten (siehe Philip Zimbardos »Gefängnisexperiment«) bestimmen die Rollen, die wir im Leben spielen, unser Selbstgefühl und Wohlbefinden – offenbar von der seelischen bis zur körperlichen Ebene.

Die positive Nachricht ist: Mit den Freiheiten im Alter bekommen wir die freie Rollen- und damit Lebens(abend)-wahl. Im Alter eröffnen sich verlockende Möglichkeiten eines Rollenwechsels. Fixieren wir uns also nicht auf die Angst, nicht mehr mitspielen zu dürfen und ausgemustert zu werden. Es bestehen in der Reifezeit des Alter(n)s gute Chancen, das eigene Spiel zu entwickeln und Spaß daran zu finden. Vielleicht schaffen wir es so charmant wie Robert De Niro in dem Film *Man lernt nie aus* (*The Intern*). Darin spielt er einen über 70 Jahre alten Praktikanten, der mit neuem Anfängergeist wieder aufblüht; mit seiner Erfahrung hilft er, ein Start-up-Unternehmen junger Leute auf (Erfolgs-)Kurs zu bringen.

Wir dürfen unsere ganz andere, eigene Art finden, aus unserem Alter etwas völlig Neues zu machen. Und wir tun uns etwas Gutes, wenn wir im Zuge des Älterwerdens jenes Anfängerbewusstsein kultivieren, wie es im Osten und speziell in der Zen-Tradition so betont wird. Ähnlich formuliert es der Religionsphilosoph Martin Buber: »Altsein ist eine wunderbare Sache, wenn man nicht verlernt hat, was anfangen heißt.« Konkret könnte das heißen, dass wir dafür sorgen, dass unsere alterprobte Erfahrung mit neuerworbenen digitalen Fähigkeiten zusammenfindet zum Nutzen aller.

»*Panta rhei* – alles fließt«, lehrte schon der Vorsokratiker Heraklit, und so werden wir uns am wohlsten fühlen, wenn wir innerlich im Fluss bleiben und unsere Lebendigkeit befreien, statt sie weiter blockieren zu lassen. Das Leben ist Veränderung; auch unser Charakter unterliegt dem Wandel. Es gibt natürlich frühe Prägungen, auch alte Starrheiten, aber wir können sie überwinden und verändern, indem wir unsere Einstellungen und Verhaltensmuster auf den Prüfstand stellen. Und das kann ganz spielerisch geschehen. Dabei lernt man nicht nur nie aus, es ist auch nie zu spät.

Wenn wir das Alter(n) als Chance zu begreifen verstehen, sind wir bereit, zu lernen und in Resonanz mit dem für uns Heilsamen und Bereichernden zu treten. Das fördert unser Wohlbefinden, vermittelt Glücksgefühle, und lernend geraten wir in den erstrebenswerten Zustand der Kohärenz, in dem sich für uns alles (zusammen)fügt.

Ins Gleichgewicht kommen und mitschwingen

Im Gegensatz zu seinen Medizinerkollegen, die sich der Pathogenese, der Lehre über die Entstehung von Krankheit, verschrieben, widmete sich der Arzt Aaron Antonovsky (1923–1994) der Salutogenese, dem Gesundwerden. Er erforschte, welche (Lebens-)Umstände uns weniger krank machen und welche uns rascher wieder genesen lassen. Das sich daraus ergebende Lebensgefühl nannte er Kohärenz (von lat. *cohaerere* = zusammenhängen). Kohärenz ergibt sich, wenn wir verarbeiten und bewältigen können, was immer uns geschieht, sodass wir wieder ins Gleichgewicht kommen und mit unserem Leben im Reinen sind. Weder bleiben wir in Störungen oder Trennungen stecken, noch beginnen wir, das Erlebte zu verdrängen und als Schattenthemen abzuspalten. So sind wir imstande, innerlich eine Lösung zu finden und alles wieder so in Ordnung zu bringen, dass es für uns passt. Wir verstehen unsere Probleme, können sie bewältigen und in den Gesamtzusammenhang unseres Lebens einordnen.

Je mehr wir in diesem kohärenten (Lebens-)Gefühl bleiben können oder uns darum bemühen, es wiederherzustellen, desto glücklicher fühlen wir uns und desto eher bleiben wir gesund. Wissenschaftlich betrachtet kommen beim Aufbau von Kohärenz unsere Emotionszentren im Mittelhirn in Schwung, und Neurotransmitter, eine Art von Hormonen, werden freigesetzt. Sie animieren unsere Nervenzellen dazu, neue Verbindungen zu knüpfen und effektiver zu arbeiten. Das Gehirn »wächst«, und diese Neuroplastizität oder Formbarkeit gilt es zu erhalten. Dabei ist es aber nicht das objektive Geschehen in unserem Leben, sondern unsere eigene subjektive Bewertung, die unsere Gehirnreaktionen bis hin zur Ausschüttung der für die Neuroplastizität verantwortlichen Hormone bestimmt. In diesem Sinne sollten wir uns in jedem Lebensabschnitt auf Wachstum und Entwicklung freuen, sie als Chance erkennen und danach streben, unser Leben aktiv zu gestalten.

Wer dagegen in einer sich ständig verändernden Welt, wie sie Heraklit mit »*panta rhei*« (»alles fließt«) beschreibt, sich gegen Veränderung sperrt und sein inneres Gleichgewicht einbüßt, fällt zunehmend aus dem Zustand der Resonanz als eines lebendigen Mitschwingens heraus. Das Resultat sind Stress, Verunsicherung und Angst, und wir geraten in Inkohärenz, was auf Dauer hoffnungslos und krank macht. Das heißt, wer freudlos nur der Routine folgt und sich lustlos durchs Leben schleppt – und am Morgen schon auf den Abend wartet, am Montag auf den Freitag und im Januar auf den Juli –, der riskiert Inkohärenz und Stagnation auf Gehirnebene mit fatalen Folgen für die physische wie seelische Gesundheit.

Um akute kritische Phasen oder einen Schock zu überstehen, verfügt der Organismus natürlich auch über Notfallreaktionen. Biochemisch wird unter anderem Cortisol ausgeschüttet. Es hilft, das Überleben zu sichern, aber auf Dauer behindert es die Gehirnentwicklung. Regenerationsprozesse stehen bei der Bewältigung des aktuellen Notfalls nicht auf dem Programm, sondern müssen anders angegangen werden. Um gesund zu werden oder zu bleiben, wäre es deshalb bis ins hohe Alter so wichtig, seinen Körper fortwährend in Resonanz mit Seele und Geist zu bringen und den (spirituellen) Sinn des Ganzen vor Augen zu haben. Anders gesagt sollten wir immer versuchen:

- zu verstehen, was in unserem Leben gerade geschieht,

- zu spüren, wie wir es beeinflussen und gestalten können, und
- zu erkennen, wie es – zumindest rückblickend –
einen Sinn ergibt.

Allerdings ist unser aller Problem, dass wir das Leben meist nur rückwirkend verstehen und nur vorwärts leben können – was wiederum Rückblicke und Bilanzziehen so wichtig macht. Das Alter ist archetypisch gesehen genau die richtige Zeit dafür.

Moderne Ersatzbefriedigungen wie Konsum ermögli-chen hingegen kein Kohärenzgefühl und lassen uns das Leben weder verstehbar noch veränderbar und daraus folgend nicht bedeutsam erscheinen. Wir sollten uns viel-mehr darauf besinnen, wie wir fortwährend in Kontakt mit uns selbst bleiben und auch das Zusammenleben mit anderen so gestalten, damit es uns weniger Angst macht und mehr mit unseren Bedürfnissen und Wünschen har-moniert.

Wir sind immer dann glücklich, wenn wir – am besten aus eigener Kraft – einen Weg finden, uns mehr in Reso-nanz mit der Welt zu bringen. Wenn wir Probleme bewäl-tigen, Herausforderungen meistern, Streit beilegen und uns versöhnen können, werden jene Neurotransmitter freigesetzt, die die Neubildung von Nervenverbindungen im Gehirn anregen und das Auftreten von Alzheimer, dem großen Schrecken des Alter(n)s, unwahrscheinlicher ma-chen. Der Neurobiologe Gerald Hüther spricht in diesem Zusammenhang vom »Düngen« des Gehirns.[2] Aus der

Forschung wissen wir, dass Glück weiteres Glück fördert. Wer schon viele Glückserfahrungen erleben konnte, darf mit weiteren rechnen, und wer jetzt gar nicht weiß, worum es geht, müsste die Weichen in seinem Leben entsprechend anders stellen.

Allein vom Aufbau unseres Gehirns her betrachtet, sind wir viel freier, als wir immer dachten und uns frühere Neurowissenschaftler lehrten. Mit Hilfe der Computertomographie konnten inzwischen Um- und Aufbauprozesse im Gehirn – auch von älteren Erwachsenen – nachgewiesen werden, die auf Neubildung von Nervenvernetzungen (Synapsen) durch das Lernen von Fähigkeiten wie Jonglieren, Schwimmen und Klavierspielen zurückgehen. Das heißt nichts anderes, als dass unser Gehirn normalerweise bis ins hohe Lebensalter fähig ist, Nervenverknüpfungen und -verschaltungsmuster an veränderte Bedingungen anzupassen und selbst neue Nervenzellen zu bilden.

Die passende Rolle und Bühne wählen

Wir alle können uns als Schauspieler auf der (Lebens-) Bühne sehen, und die ganze Welt steht uns tatsächlich als Bühne zur Verfügung, wenn wir sie denn dazu machen.

Betrachten wir doch einmal unsere Rollen, das heißt unsere Wandlungsfähigkeit, als Spiel, denn spielend können wir uns am besten neuen Begebenheiten anpassen, um ständig ganz bewusst im Fluss (neudeutsch: *Flow*) zu bleiben. Solcherart in Resonanz lebend werden sich Glücksgefühle wie von selbst einstellen und jene fließende Art des Seins, die Wissenschaftler Kohärenz nennen.

Im Grunde kennt jeder seine verschiedenen Rollen und Kostüme. Selbstverständlich ziehe ich mich anders an für eine Vortragsveranstaltung als für einen Strandtag und benehme und fühle mich dann auch anders. Ein Pfarrer erkannte während seiner Schattentherapie, dass er je nach Bedarf ein Tauf-, ein Hochzeits-, ein Konfirmations-, ein Beerdigungs- oder ein sonntägliches Predigtgesicht aufsetzte.

Die gewählte Maske und Kostümierung bestimmen uns wesentlich. Aber wenn wir eine Fassade aufbauen und mit einer bestimmten Rolle geradezu verschmelzen, ohne uns dessen länger bewusst zu sein, werden wir ihr Opfer. Deshalb ist es so wichtig, sich der herrschenden Vorurteile zum Alter bewusst zu werden. Dann kann es gelingen, die damit verbundenen Rollenmodelle zu durchschauen und sie hinter sich zu lassen – gerade wenn sie schon so lange als geradezu allgemeingültig galten wie Verlust der Attraktivität, zunehmende Schwäche und Krankheitsanfälligkeit, Nachlassen der Intelligenz, Unvermögen, noch länger mithalten und mitreden zu können, und was der Vorurteile mehr sind.

Wenn wir alle Schauspieler auf der Bühne unseres Lebens sind, könnten wir (uns) gut und vor allem bewusst spielen und uns im Hinblick auf das Alter(n) nicht nur ein spätes Ende ohne körperliche und geistige Einschränkungen, sondern auch ein befriedigendes, sogar erfüllend glückliches bis zum Moment der (Er-)Lösung vornehmen. Konkret könnte das heißen, mit Freude in die Rolle der Groß(en)mutter, des Groß(en)vaters hineinwachsen und noch von den Enkeln lernen, außerdem das eigene Innere Kind verwirklichen, neue Freunde finden, Ehrenämter übernehmen und vieles andere mehr. So könnten wir Paulo Coelhos Lebens- und Todeseinstellung übernehmen, der sich als Inschrift auf seinem Grabstein wünscht: *Er lebte noch, als er starb.* Das heute üblich gewordene schon mit 40 langsam einsetzende Sterben, um dann bei Erreichen der (Früh-)Pensionsgrenze wirklich fertig, lebensmüde und am Ende zu sein und doch erst nach langweiligen Jahren des Rentnerdaseins, nach schweren Zeiten des Dahinvegetierens oder gar Siechtums sich mit Mitte 80 eingraben zu lassen, das wäre das Gegenstück zu dieser Lebensfreude.

Wir wissen inzwischen alles Notwendige, um die für uns passende Rolle im Alter zu spielen, daran Freude zu haben und als alte, erfahrene Menschen auch zu einem Geschenk an die sich immer wieder verjüngende Welt zu werden. Dazu reicht es aber nicht, fit und von der Haltung her jugendlich im Sinne von Anti-Aging zu bleiben, sondern wir müssten auch die Chancen des Alterns erkennen und ergreifen, indem wir seine Archetypen in uns er- und beleben. Dazu gehört, die Würde des Alterns neu zu entdecken, die wachsenden Möglichkeiten unseres im übertragenen Sinn weiter werdenden Herzens und unseres zur Weisheit fähigen Hirns zu erschließen und zu genießen. Und vor allem auch den Gegenpol, unser Inneres Kind, wieder an unserem Leben zu beteiligen. Dann könnte sich der Lebenskreis schließen im Sinne von vollenden, und unser Leben würde zu einer runden Sache. Das wäre das größte Geschenk, das wir uns selbst und zugleich der Welt machen könnten.

Neben einem Rollenwechsel und neuen Selbstverständnis für uns persönlich wäre auch gesellschaftlich ein großes Erwachen ebenso notwendig wie überfällig. Die Widerstände und Hindernisse sind ja bereits erkannt – auch wissenschaftlich – und stehen damit zu ihrer Überwindung an. Doch viele Mitmenschen ignorieren diese Situation und Chance. Weder definieren und spielen sie ihre Rollen bewusst, noch erkennen sie, dass sie sie selbst(verantwortlich) gewählt haben. Obendrein sind die Rollenmuster so stark eingefahren und konventionell, denn unser Gehirn wurde über Jahrtausende auf Energiesparen eingestellt und damit leider auch zur Denkfaulheit erzogen. Diese gilt es heute zu überwinden und endlich zu erkennen, dass wir unsere Bühne wählen (können) – und wer wir darauf sein wollen und wie hingebungsvoll wir (mit)spielen möchten. Wer dies in seinem Leben umsetzt, wird staunend erleben, wie willig Körper und Seele dem neuen Weg und Sein folgen.

Spirituell Gebildete wissen natürlich, dass sie ihre Lebensbühne und die Stücke, die dort zur Aufführung kommen, selbst gewählt haben. Viele haben im Rahmen der Schattentherapie erkannt, wo ihre Selbstverantwortung und verborgene Kraft liegt. Aber auch ihnen geht diese Erkenntnis nur allzu leicht in der alltäglichen Hektik wieder verloren. Wir können deshalb nicht oft genug daran erinnert werden, dass wir die Wahl haben, ob wir die Geschichte unseres Lebens selbst schreiben oder ob wir dies anderen überlassen, um dann vielleicht auch noch unter deren Konzept zu leiden.

Wer erkennt, wie flexibel wir Menschen veranlagt und gemeint sind – was sich bis in unsere Gehirnstruktur zeigt –, mag schon jetzt die Chance ergreifen, aus der eigenen Vergangenheit auszusteigen, seine (Lebens-)Bedingungen zu ändern und so ein neues bewussteres Leben(sende) zu beginnen. Das gelingt besonders leicht, wenn wir mit unserer Vergangenheit fertigwerden und sie abschließen. »Unerledigte Geschäfte erledigen«, das waren dafür die Zauberworte von Elisabeth Kübler-Ross, der großen Lehrerin des Lebens(endes und Sterbens).

Wir profitieren dabei zum einen von der bereits erwähnten Neuroplastizität des Gehirns. Zum anderen ist auch unser Erbgut nicht annähernd so festgelegt wie lange geglaubt. Heute wissen wir, wie gering die Zahl unserer Gene insgesamt ist und dass sie sich nur in weniger als zwei Prozent von denen der Schimpansen unterscheiden. Es muss da also etwas anderes, mindestens genauso Wichtiges geben, das uns bestimmt. Auf wissenschaftlicher Ebene wird es im Rahmen der Epigenetik erforscht, der Lehre von der Wirkung der Lebensumstände auf unser Erbgut. Es hat sich herausgestellt, dass unsere Lebensbedingungen entscheiden, ob sich ein Gen überhaupt auswirkt oder ob es zeitlebens still und bedeutungslos bleibt. Mit der Ernährung etwa können wir Gene ein- und ausschalten, und auch Bewegung – körperliche wie vor allem geistige – spielt hier eine wesentliche Rolle.

Für unser Altern und Reifen bedeutet es – und das sei neuerlich betont –, dass wir alte Verhaltensmuster und Rollen jederzeit bewusst ablegen und neue wählen können. Wir sind sowohl im Hinblick auf die (Epi-)Genetik als auch die Entwicklungsfähigkeit unseres Gehirns so ausgestattet, dass wir uns die Freiheit nehmen können, uns neue Bedingungen zu schaffen. Letztlich erleichtert es uns, in neue Rollen hineinzuwachsen. Der Wandel etwa von Ernährungs- und Bewegungsmustern kann auf Körper- und Bewusstseinsebene krankmachende Faktoren abschalten und andere, für Gesundheit und Langlebigkeit zuständige aktivieren. Jüngste Forschungsergebnisse belegen das sehr deutlich.

Die Tür zu neuen Freiheiten öffnen

Aus der Schublade, in die wir uns begeben haben oder in die wir gesteckt worden sind, können wir jederzeit aussteigen, und die zweite Lebenshälfte bietet besonders gute Chancen dazu. Im Alter wird es außerdem höchste Zeit, ganz wir selbst zu sein. Anders gesagt ist das Alter nicht mehr die Zeit, um noch mehr festzuhalten und am Müll im eigenen Gehirn zugrunde zu gehen, sondern eine Zeit des vermehrten Aufräumens, um mit (Alt-)Lasten fertigzuwerden. Allerdings steht es nun auch an, die Quittungen für die bisherige Lebensweise anzuerkennen und Rechnungen zu begleichen. Dafür ist es eben nicht zu spät, sondern höchste Zeit, gleichsam *Hoch*zeit, für einen auf Erkenntnis aufbauenden Wandel, um den Zusammenhang zum großen Ganzen und tiefsten Sinn zu erfassen. Beim großen Lebensthema der Heilung (oder Salutogenese) ist das die letzte wichtig(st)e Stufe. Wenn wir unsere Symptome, Probleme und eben Altlasten (an)erkannt und durchschaut haben, können wir unsere Rolle ändern und letztlich ihre und unsere Bedeutung im Gesamtzusammenhang erfassen und so dem Leben(sabschnitt) des Alter(n)s gerecht werden.

Fassen wir also Mut, die zu werden, die wir immer sein wollten und als die wir aus einer spirituellen Perspektive auch immer gemeint waren. Statt – im alten Muster verharrend – unseren Eltern immer ähnlicher zu werden, können wir uns als ihre Töchter und Söhne mit ihnen zusammen- und auseinandersetzen und schließlich aus*söhne*n, um frei zu werden für unsere ureigenen neuen Möglichkeiten. Das kann ganz moderat und allmählich geschehen, etwa wenn einer meiner Kollegen in seinen 60ern plötzlich der Arzt wird, der er immer sein wollte, und mit »den Kassen« all die ursprünglich wohl gutgemeinten Zwänge von Vater Staat hinter sich lässt. Der auflebt und seine Patienten mit ihm, weil er endlich seine *Medi*zin und Mitte findet und sie ihre. Es kann aber zu noch viel grundsätzlicheren Veränderungen führen. Lassen wir uns überraschen, entdecken wir die noch ungewohnte, aber in uns angelegte und uns so sehr entsprechende Freiheit. Wir können uns und unsere Umwelt gestalten, sind sogar verantwortlich dafür, können unser Bühnenbild selbst entwerfen und große Sprünge machen, Rollen wechseln, wenn wir wirklich wollen.

Bei jeder Veränderung wird die alte Ruhe gestört, der alte Zustand infrage gestellt. So ist jeder Lebensübergang als Krise zu beschreiben, natürlich auch das Alter. Aber Krise bedeutet nicht von vornherein etwas Negatives. Das Wort setzt sich im Altchinesischen aus zwei Schriftzeichen zusammen, dem für »große Gefahr« und für »große Chance«. Demnach könnten wir entscheiden, ob wir beim Übergang in einen neuen Lebensabschnitt nur die Gefahren sehen und Ängste aufbauen – oder ob wir auch die Chance zu positiver Veränderung und neuer Freiheit entdecken. Beides ist möglich, weil alles möglich ist.

Im Griechischen hat Krise auch die Wortbedeutung »Entscheidung«. Wir können uns ent-scheiden, das heißt, mutig das Schwert aus der Scheide ziehen und nach Belieben, also mit Liebe, loslegen.

Die Schritte sind wirklich einfach, um sich in der Krise des Alterns die Vorteile zu sichern:

- neue Ziele wählen oder wenigstens ein wesentliches. Wer sich wirklich entschieden hat, mit dem wird das Universum an der Verwirklichung zusammenarbeiten,
- die Perspektive wechseln; von der gedanklichen Einstellung in ein vitales Lebensgefühl eintauchen (sich wieder jung fühlen dürfen, ohne sein Alter zu verleugnen); sich mit Ängsten und Schattenthemen auseinandersetzen,

- die Rollen selbst festlegen, die man in Zukunft spielen will, neuen und vielleicht auch uralten Wünschen und Träumen nachgehen, aktiv werden,
- sich mit anderen zusammentun und sich ein unterstützendes Umfeld schaffen, gut für den Körper sorgen; klaren Kopf auch im Alter bewahren durch Nervenregeneration dank Denk- und Ernährungsumstellungen.

Wenn wir das Leben als kosmisches Spiel *Lila*, wie die Inder sagen, entdecken, in dem wir eine Rolle spielen und unsere Rolle auch wechseln können, ist das die beste Voraussetzung, um ein Segen für uns selbst und andere zu werden.

Licht ins Dunkle bringen, Schatten auflösen

Wenn alle etwas werden wollen, was die meisten gar nicht zu schätzen wissen und keinesfalls sein wollen, wenn sie es erreicht haben, entsteht ein Problem. Wir werden dann nämlich als alte Menschen sehr unglücklich. In unserem Fall steht dahinter die Angst vor den Krankheitsbildern des Alters und schließlich vor dem Tod, der nicht mehr als (Er-)Lösung und letzter Höhepunkt des Lebens geachtet, sondern verdrängend ignoriert oder panisch gefürchtet wird.[3]

Wenn wir uns daranmachen wollen, Krankheitsbildern und Ängsten vor dem Alter(n) den Boden zu entziehen, müssen wir uns grundsätzlich mit unseren inneren Widerständen beschäftigen und Licht in Schattenthemen bringen. So wichtig die Auseinandersetzung mit dem Verdrängten und Ungeliebten ist, um zum Verständnis von *Alter(n) als Geschenk* zu gelangen, so hart und sogar abstoßend mögen solche Erkenntnisprozesse sein – wie im Übrigen jede Konfrontation mit eigenem Schatten.

Unsere Lichtseiten kennen wir und rühmen uns ihrer. Unsere Schattenseiten aber haben wir verdrängt und wollen nichts von ihnen wissen. Doch der Schatten gehört zu uns; er ist Teil unserer Persönlichkeit, oder wie C. G. Jung es kurz und knapp formulierte: Selbst = Licht + Schatten.

Wohin verdrängen wir eigentlich unsere ungeliebten Seiten? Einerseits projizieren wir eigene Schattenaspekte auf andere Menschen, die dadurch für uns zu störenden, missliebigen Gestalten werden. Andererseits verlagern wir sie in unseren Körper, der auf diese Weise zu einer sehr ehrlich(machend)en Bühne wird. Doch weder wollen wir die Menschen, die wir im Zuge unserer Projektionen und Verdrängungen als unsere Widersacher sehen, noch die Krankheitsbilder als unsere eigenen Schöpfungen erkennen, die wir annehmen und wieder integrieren müssten, um Selbstverwirklichung zu erreichen. Lieber möchten wir sie ganz schnell loswerden. Solch eine Abwehrstrategie funktioniert jedoch nicht. Bestenfalls bringt sie kurzfristig eine scheinbare Erleichterung. Sie ist nicht nachhaltig, sondern führt zu immer mehr Krankheitssymptomen und chronischen Krankheitsbildern im Innern und immer mehr Feinden im Außen. Also machen wir uns darauf gefasst, dass bis ins hohe Alter vor der Selbst-Verwirklichung die Schattenreise an-steht.

Alle mythischen Helden geben uns ein Beispiel für diese archetypische Reise zu sich selbst. So musste etwa Odysseus diesen Weg nehmen und kam um eine Auseinandersetzung mit den Wahrheiten aus dem Mund des blinden Sehers Teiresias nicht herum. Erst dann gelang es ihm, zu seiner geliebten Penelope zurückzufinden – seiner besseren Hälfte oder, mit C. G. Jung gesprochen, seiner Anima.

Wir können auch von Christus lernen, der vor seiner Auferstehung am dritten Tag ins Reich der Toten niedersteigen musste. Und solches steht uns mit der bewussten Konfrontation der körperlichen Symptome des Alters im Allgemeinen gleichsam unter dem Vergrößerungsglas und obendrein im Zeitraffer ins Haus. Denn nur was wir konfrontiert haben, was von uns verstanden und akzeptiert ist, können wir wandeln und einordnen und damit den ersten beiden Schritten der Heilung oder Salutogenese als Gegenpol zur Pathogenese gerecht werden.

Eine wirklich an unsere Wurzeln reichende Psychotherapie, wie sie etwa im Heilkunde-Zentrum in Johanniskirchen als Schattentherapie praktiziert wird, kann das Leben neu sehen lehren. Insofern wäre sie natürlich umso wirksamer und erfolgreicher, je früher man sich dazu entschließt. Aber persönlich habe ich auch schon viele ältere Menschen therapiert und auch solche über 80 mit beglückenden Ergebnissen.

Angst vor dem Altern als Vorstufe der Angst vor Niedergang und Tod ist als Antrieb für nachhaltige Änderungen des Lebensstils ungeeignet. Schon der Volksmund weiß, welch schlechter Ratgeber die Angst ist. So tun wir gut daran, uns zuerst mit den Inhalten der Angst auszusöhnen und entsprechende Widerstände aufzulösen. Es dürfte bereits klar sein, dass Medikamente hierfür keine echten Helfer sind und es in erster Linie auf ordnende innere Erkenntnis- und Klärungsprozesse ankommt, um diese Aussöhnung mit sich selbst und dem eigenen Schicksal zu erreichen.

Die zu ver*ordne*nde Medizin, um zurück in die Ordnung, zur eigenen Mitte zu finden, ist einfach, *natür*lich, althergebracht und nachhaltig. Das Gefühl, in der eigenen Mitte zu ruhen, entsteht, sobald wir in Resonanz mit dem eigenen Leben, mit uns selbst sind. Wir erleben es als eine Situation, in der alles (zusammen)passt, wir die vor uns liegenden Aufgaben verstehen und sie lösen können und es uns gelingt, sie in den Gesamtzusammenhang unseres Lebens einzuordnen, sodass sich Sinn ergibt oder Kohärenz (nach Antonovsky). Den Weg dorthin nennen wir Heil(werd)ung beziehungsweise Salutogenese. Diese steht im Gegensatz zur Pathogenese, dem Weg des Krankwerdens, auf den die Schulmedizin sich spezialisiert hat.

Wirkliche *Medi*zin und entsprechende Heil*mittel* (lat. *re-medium* = zurück zur Mitte) sind keine Produkte von Pharmakonzernen und folglich nur ausnahmsweise (in Apotheken) erhältlich. Ärzte könnten sie aber ver*ordnen*, wenn sie diese Ordnung in sich selbst erkennen und ihren Patient(inn)en Wege weisen, wieder in Ordnung zu kommen. Die eigene Mitte und Ordnung zu finden war ja ursprünglich Anspruch der *Medi*zin, weshalb sie die *Mitte* sprachlich noch immer in sich trägt. *Medi*zin und *Medi*tation hatten einmal dieses selbe Ziel.

Heute brauchen wir ein entsprechendes Umdenken auf ganzer Linie, sozusagen eine Lebensstil-Ver*ordnung*. Sie würde unsere heutige Lebensweise umkrempeln, damit auch Wirtschaft und Medizin, speziell die Pharmaindustrie. Kein Wunder, dass hier die Widerstände groß sind.

Die Bequemlichkeitszone verlassen

Wir fürchten die Veränderung. Hinter dem bürgerlichen Mantra »Hoffentlich geschieht nichts« stecken nicht nur Feigheit und Angst, sondern auch physische Mechanismen, die sich über die Jahrhunderttausende der Evolution bewährten und sich ihren Platz geschaffen haben mitten in der Schaltzentrale unserer *Haupt*sache.

Unser Gehirn ist ein Energiefresser und verbraucht bereits im Ruhezustand ein Fünftel unserer Gesamtenergie. Dieser Energiebedarf steigt noch dramatisch an, wenn wir uns bewegen und unseren Bio-Computer in der Zentrale fordern. Solche Forderungen wären zwar zugleich Förderungen, aber die Evolution hat uns Vorsicht gelehrt und den Sparmodus antrainiert.

Natürlich wissen wir seit Langem, dass Muskeln nur durch Krafteinsatz wachsen. Das kostet Energie, und so hat die Evolution auf das Gegenteil gesetzt, nämlich möglichst weitgehende Schonung. Wir haben andererseits keinen Schonungs-, sondern einen Bewegungsapparat. Wer ihn erhalten will, muss sich bewegen und Energie aufwenden. Bei den Muskeln ist das längst durchschaut, aber beim Gehirn keineswegs, obwohl ein Wissenschaftler wie Rüdiger Ilg vom Klinikum rechts der Isar in München mit bildgebenden Verfahren belegen konnte, dass die graue Substanz des Gehirns (also unsere Nervenzellen) unter Anforderung wächst. Diese graue Substanz ist die Basis unseres Denkens und flößt uns keinesfalls *Grauen* ein. Sie lässt sich im Alter sogar besser ordnen und organisieren, wie der Psychologe Ernst Pöppel in seinem Buch *Je älter desto besser* belegt.[4] Doch dies gehört leider noch nicht zu unserem Allgemeinwissen, und so stecken wir weiter in dem Dilemma falscher Schonung unserer Ressourcen fest.

Eine Änderung von Weltbild und Verhalten, wie sie etwa nötig sind, um mit Schattenthemen aufzuräumen, würde unser Gehirn enorm herausfordern und sehr viel Energie verbrauchen. Deshalb versucht es, solche Anstrengungen um fast jeden Preis zu verhindern – und macht uns alle erstaunlich konservativ. So konservativ, dass wir nicht nur Wesentliches und Wichtiges bewahren, sondern einfach alles, was sich irgendwann in unserer kollektiven wie individuellen Geschichte einmal bewährt hat. Somit hält unser Gehirn aber auch viel Überlebtes und längst Überflüssiges noch lange fest, wenn wir nicht energisch einschreiten und beherzt umdenken.

Da ein konservatives, auf Energiesparen gepoltes Gehirn immer das vertraut Gleiche und schlimmstenfalls »immer das gleiche Falsche« (Paul Watzlawick) will, tun wir uns schwer, uns in einer sich rasch verändernden Welt oder in einer persönlichen Krisensituation von alten Mustern, die uns schaden, zu lösen. Es muss schon viel passieren, damit Umdenken in Gang kommt, wir uns umbesinnen und sogar radikal, das heißt an die Wurzel (lat. *radix*) gehend, neue Lösungen anstreben.

Dabei brauchen wir heute in unserem Alltag – auf Gehirnebene – gar keine Energie mehr zu sparen. Was für unsere Urahnen so entscheidend wichtig war, gilt für uns nicht mehr. Wir dürfen so viel denken und können dabei so viel Energie verbrauchen, wie wir wollen. Im Gegensatz zu allen früheren Epochen haben wir heute einen enormen Energieüberfluss durch ständig verfügbare Lebensmittel und ein vergleichsweise körperlich bequemes Leben. Heute gehen wir ja auch ins Fitnessstudio, um unsere Muskeln überhaupt noch zu trainieren, nachdem wir so lange gelernt hatten, uns möglichst wenig und nur kraftsparend zu bewegen. Insofern gilt durch unsere unbestreitbaren technisch-medizinischen Fortschritte in vielen Bereichen das Gegenteil von früher. Wir dürfen und müssen demnach umlernen. Und Lernen macht obendrein glücklich, wie die moderne Glücksforschung belegt.

Neugierig bleiben, den Sprung in neues Denken wagen

Es kommt uns zugute, dass der Mensch ein neugieriges Wesen ist – zumindest als kleines Kind. Manche von uns bleiben es sogar ein ganzes Leben, weil sie sich den Kontakt zu ihrem Inneren Kind erhalten. Sie gehören zu jenen zwei Prozent, denen es nach Gerald Hüther gelingt, sich ihre Kreativität und Aufgewecktheit trotz Erziehungsmaßnahmen und Schulalltag zu bewahren. Demgegenüber verlieren 98 Prozent der Kinder in unseren Schulen den Kontakt zu dieser inneren Quelle von Frische, Wahrhaftigkeit, Lebenslust und sogar von Genialität, wie Hüther sagt.

Obwohl es uns nicht erspart bleibt, zuerst in die Schattenwelt der Alterssymptome abzusteigen, um all die Angst und Enge vor dem Alter und seinen Krankheiten in Weite und Lebensfreude zu wandeln, kann ich doch schon jene bewährte Medizin der Freude verordnen, die sich in der Wiederentdeckung und Neubelebung des eigenen Inneren Kindes entfaltet. Auf spielerische Weise hilft es, das Alter als große Chance und Geschenk zu erkennen und zu erleben.

Das Innere Kind ist der Archetyp der Neugier auf das Leben, der Unvoreingenommenheit, mit der wir der Welt begegnen, der Zuversicht, geborgen und geschützt zu sein, was auch immer kommen mag. Wenn wir auf dieses Innere Kind hören und im christlichen Sinne *werden wie die Kinder*, heißt das nicht, sich kindisch zu benehmen oder naive Vorstellungen zu entwickeln. Vielmehr ist damit gemeint, endlich wieder anzufangen, die eigene Lebensfreude zu spüren und mit Neugier auf das Neue zu reagieren, das sich uns auch im Alter zeigt – vielleicht sogar mehr noch als zuvor, weil es nun wieder genügend Zeit und Gelegenheit gibt.

Wir haben spätestens im Alter nichts mehr zu verlieren und alles zu gewinnen. Ich bin sicher, wenn wir als alte Menschen in Resonanz mit dem Leben(digen) treten, ist das der entscheidende Schritt zum letzten Ziel. Er wird in das münden, was alle Traditionen als Einheit, Befreiung, Erleuchtung, Nirwana oder Himmelreich Gottes beschreiben. Wenn wir uns im Alter mit unserem Inneren Kind beschäftigen, es sprechen lassen, dann kann es uns helfen, Lebenssinn zu spüren, mit Gelassenheit den Entwicklungskreis zu vollenden und dankbar zu werden.

Wenn das Innere Kind wieder mehr herauskommen darf, beginnt Psychotherapie der besten Art. Solange wir leben, ist es möglich, unsere Biographie zu (ver)ändern, eingefahrene Wege zu verlassen und neue zu gehen, ja innerlich neu zu beginnen. Hier gründet auch die neuere psychotherapeutische Erfahrung, dass es nie zu spät ist, eine glückliche Kindheit zu haben. Mit dieser Einstellung wird das Leben zum Spiel.

Mir persönlich ist das Ausmaß des anstehenden Umdenkens in der Arbeit mit Gerald Hüther an unserem ursprünglich gemeinsamen Buchprojekt zum Thema Demenz (*Raus aus der Demenzfalle!*) klar geworden. Das wohl am meisten gefürchtete Krankheitsbild der Alzheimer-Demenz ist nicht allein als Kulminationspunkt einschlägiger Krankheitsbilder zu verstehen, sondern es spiegelt auch unsere Sicht auf das Alter an sich und den Abschluss unseres irdischen Lebens wider und unterstreicht die Notwendigkeit eines Wandels in unserem Denken und Handeln. Dank verschiedener aufsehenerregender wissenschaftlicher Studien, auf die ich noch eingehen werde, stehen nicht nur das Paradigma der Wissenschaft, sondern unser Weltbild insgesamt vor dem Umbruch. Es geht nicht nur um das Altern, sondern um das ganze Leben! Auch die Erfahrungen aus Jahrzehnten mit der Psychosomatik von *Krankheit als Symbol* (siehe Literaturverzeichnis), in die Bilder des zeitlosen Mythos und der volkstümliche Erfahrungsschatz, der in Redewendungen und Sprachbildern zum Ausdruck kommt, einfließen, sind hier wichtig. Für mich persönlich erlebe ich es als Geschenk zu erkennen, wie sich all das ergänzt und die Grundaussage stützt.

Mein Gehirn will übrigens bei vielen großen und kleinen Dingen auch erstmal am Energiesparen festhalten, aber mit vereinten Kräften ist der (Ab-)Sprung zu schaffen: Im erwähnten Beispiel hieß das, zwei Bücher herauszugeben – von denen dieses vorliegende sehr breit zum Thema Altern generell angelegt ist – statt ein gemeinsames zusammen. So wie mein Gehirn kann auch jedes andere dem sinnvollen Energieaufwand zustimmen und sich neu orientieren und mitmachen.

Genau das ist heute auch in der Medizin längst überfällig. Das Leid ist groß genug. Wir haben mehrheitlich solche Angst vor dem Alter, weil wir es immer noch für eine furchtbare Krankheit halten. Die damit verbundene große Lebensangst – dass wir nämlich den Höhepunkt und Schluss, das Ziel unseres Lebens nicht schaffen – projizieren wir gern auf die Alterskrankheit Alzheimer. Dies wird immer mehr zu einem gesamtgesellschaftlichen Thema und nimmt dadurch groteske Formen an. Dieses Buch macht sich zur Aufgabe, all die anfänglichen Schreckensbilder des Alter(n)s einmal genauer zu betrachten, um auf der erlösenden Lichtseite der Medaille anzukommen: einem reichen, erfüllten Leben.

Die große Krise kann für uns so zur großen Chance werden. Wir haben die Wahl und dürfen die Entscheidung fällen, ob wir uns aus Angst vor der Gefahr zum Opfer grau(sig)er Krankheitsbilder machen oder uns der Gefahr stellen und damit positive Veränderungen einleiten.

Angst lässt sich auflösen durch Wissen. Die Angstmache von Schulmedizin und Pharmaindustrie können und müssen wir jetzt durchschauen und überwinden, und viele haben es schon getan. Zum Beispiel habe ich nun 67 Jahre sehr gut überlebt, obwohl ich mich seit dem sechzehnten Lebensjahr nicht mehr impfen ließ, keine Schulmedizin schluckte und zu keiner sogenannten Vorsorge ging. Solche Dinge werden meist über Angstmache durchgesetzt und durch echte Vorbeugung im Sinne von *Krankheit als Symbol* statt Früherkennung sowieso überflüssig.

Wir brauchen also Wissen über das Alter und seine Probleme und Chancen. Das werden wir erwerben, indem wir zuerst das Alter und seine angeblich normalen, tatsächlich aber Schattenthemen durchschauen und verstehen. Die

Lernaufgaben dahinter zu erkennen wird dem Alter und seinen Symptomen bis hin zu Alzheimer den Stachel nehmen und angstvolle Enge in Weite wandeln.

Nur Mut!

Aufhören mit der Schonung des Gehirns ist durchaus radikal und anspruchsvoll, und das ist gut so. Denn aller Wandel ist fordernd und fördernd zugleich und macht dabei obendrein Spaß. Zum Schluss kann er sogar berauschend werden. Es geht um nicht weniger als die gelungenen, ebenso würdigen wie anmutigen, glücklichen Abschlussjahre des Lebens, die auch einen Höhepunkt von Lebensqualität darstellen können.

Irgendwann werden wir uns umgekehrt fragen, wieso der Bewusstseinswandel hinsichtlich eines erfüllten Alters nicht rascher eingetreten ist. Nachdem wir jetzt wissen, dass alles Zögern an unserem eigenen Gehirn und seinem trägen Energiesparmodus liegt, könnten wir in Zukunft etwas mehr Gas geben als gewohnt, um heilsame Umstellungen im Alltag zu verwirklichen.

Hier einige Mut machende Beispiele für erstaunliche Entwicklungen und Durchbrüche: Als Steve Jobs vor gut zehn Jahren das iPhone stolz präsentierte, hielten die Nokia-Bosse keineswegs den Atem an. Sie dachten offenbar: »Diese Leute können vielleicht Computer, aber Telefone, das sind wir« – und unternahmen lange nichts. Den Jungen aber stockte der Atem, und das schlug in lebhafte

Begeisterung um, denn sie erkannten und schätzten das kleine Ding sofort als Computer, der telefonieren konnte und darüber hinaus alles, was Computer können und noch lernen würden, also unendlich viel. Das Smartphone war da und blieb, Nokia und seine Bosse aber mussten gehen. Falls sie sich doch noch zu einer anderen Einschätzung dieser Innovation in der Kommunikationstechnik bequemten, war es jedoch zu spät; sie hatten den anstehenden Entwicklungssprung verpasst.

Ähnlich wird es jenen deutschen Autobossen ergehen, deren Gehirn ebenso mauert und die obendrein mit krimineller Trickbetrügerei an überholtem altem Denken und ebensolchen Modellen festhalten. Viele fragen sich, wie man so verbohrt sein kann und lieber in Kauf nimmt, Zigtausende buchstäblich zu vergiften aus lauter Angst vor gewandelten Erfordernissen. Das notwendige Umdenken hat ihnen erst einmal Elon Musk abgenommen, und die Zukunft des Autos wird wohl Tesla heißen. Wenn dessen Zukunft dann nicht Strom, sondern Wasserstoff ist, wird dies wahrscheinlich wieder verschlafen und derselbe oder ein anderer Elon Musk wird ihnen neuerlich wieder nicht nur die Show stehlen, sondern auch das Geschäft. Wir müssen diese Beispiele aus der Wirtschaft aber gar nicht wertend kommentieren, sondern es gilt, die Abläufe zu durchschauen und Vergleichbares bei uns selbst zu vermeiden oder rechtzeitig gegenzusteuern.

Paradigmenwechsel ereignen sich immer rascher und werden hoffentlich auch bald die Medizin erreichen, die sich im Schatten des großen Schlachtschiffs Pharmaindustrie diesbezüglich noch kaum bewegt. So lässt sich beobachten, dass die Behandlungskosten von Patienten gerade in den letzten Lebensjahren und -monaten sehr hoch sind, dieser Aufwand aber keineswegs zur Verbesserung der Lebensqualität beiträgt. Hier brauchen Betroffene und ihre Angehörigen viel Kraft und Ehrlichkeit, zu überflüssigen und sogar quälenden Maßnahmen entschieden Nein zu sagen. Wir sollten den Mut entwickeln zu spüren und zu sagen, was wir selbst wollen – und nicht nur darauf hören, was Mediziner und ihre Sponsoren von der Pharmaindustrie wollen.

Schwach sein ist keine Schande, sondern eine Chance

Die Überbetonung archetypisch männlicher Stärke und Durchsetzungskraft und die Unterschätzung archetypisch weiblicher Weichheit und fließender Hingabe haben sich tief in unser Bewusstsein gegraben. Dass Frauen in abwertender Weise als das schwache Geschlecht angesehen werden, hat in vielerlei Hinsicht fatale Folgen für unser Zusammenleben und auch Selbstgefühl, denn es führt unter anderem zu Machtmissbrauch. Doch ob Mann oder Frau – im Alter werden wir alle schwächer und neigen damit mehr dem archetypisch weiblichen Pol zu. Und ist Letzteres so schlecht?

Natürlich freuen sich die meisten, wenn sie jünger und stärker eingeschätzt werden. Ich selbst bin nicht frei davon, nicht einmal während ich dieses Buch schreibe und weiß, welche Chance im Akzeptieren der Schwäche des Alters und in der Hingabe liegt. Kürzlich wurde ich im Flugzeug von einem älteren Ehepaar angesprochen, das sich vergeblich mühte, sein Gepäck zu verstauen: »Bitte können Sie uns helfen, wir haben die 60 schon überschritten!« Ich hob den bleischweren Trolley in die Ablage über den Sitzen und konnte mir nicht verkneifen anzumerken, ich sei 66. Eigentlich hätte ich den beiden das gleich sagen und mir die Plackerei ersparen können, aber das wäre mir unhöflich und vor allem wohl als Zeichen von Schwäche erschienen.

Wir alle haben Angst vor Schwäche und Nicht-(mehr-) Können. Als unser kollektives Problem folgt daraus, dass wir die Schwachen in unserer Gesellschaft und die Nicht-(mehr-) Könner schnell ausgrenzen und damit vor allem Alte.

Doch Moment mal: Wer kann schon alles?

Die perfekte Gesellschaft ohne all die Schwachen mit ihren Schwächen wäre menschenlos, so die drastischen Worte von Marianne Gronemeyer, Professorin für Erziehungs- und Sozialwissenschaften aus Wiesbaden. Nach ihr sind wir aber inzwischen eine Gesellschaft, in der Scheitern und Schwäche als Minderform des Seins gelten. Dabei ist nach den Worten des Philosophen Theodor W. Adorno eine Gesellschaft nur so gut wie ihr Umgang mit den Schwächsten ihrer Mitglieder.

Die Ursachen für diese Schwächen oder Behinderungen sind vielfältig, genau wie deren Gestalt. Allein schon aus diesem Grund plädiert Marianne Gronemeyer dafür, die jeweiligen Schwächen nicht als mindere, sondern einfach als andere Form des Menschseins zu begreifen. Wenn man das Nicht-Können als eine Form des Menschenmöglichen begreift und nicht als Makel wahrnimmt, würde sich so vieles zum Besseren wenden.

Als Vater einer Tochter mit Down-Syndrom weiß ich natürlich, was Naomi alles nicht kann. Ich staune aber immer wieder, wie viel Gefühl und Herz sie andererseits ins Spiel des (Familien-)Lebens bringt. Solch eine Betonung des archetypisch Weichen, Emotionalen und auch Schwächeren steht uns allen im Alter ins (Körper-)Haus, und das ist auch unsere Chance. Wir können lernen, uns zu öffnen, ehrlicher von innen heraus zu kommunizieren, öfter um Hilfe zu bitten – und diese vor allem auch dankbar anzunehmen. So geben wir auch anderen die Chance, sich von ihrer besten Seite, nämlich liebevoll helfend, zu zeigen.

Es mag nicht einfach sein, Schwäche zu zeigen und sich berühren zu lassen von anderen und der Welt, aber genau darin werden wir unsere Stärke finden. Diese werden wir nämlich auch im Alter nicht mit Geld erkaufen können. In dieser Lebensphase dürfte es uns noch klarer werden, dass durch Geld niemand glücklich wird, aber viele unglücklich. Geld und seine Verknappung sind Ideen von Vater Staat, während Mutter Natur uns mit Überfluss beschenkt. Auch für diese Polarität können wir wach werden, um uns – zumindest im Alter – mehr auf die Seite unserer Mutter (Natur) zu stellen.

Orientierung finden

Die Lebensprinzipien beherzigen

C. G. Jung ging davon aus, dass die erste Lebenshälfte der Natur vorbehalten ist und die zweite der Kultur. Im Gegensatz zu anderen Lebewesen wie Tieren erhalten nur wir Menschen dieses Geschenk einer langen zweiten Lebenshälfte. Diesem Gedanken folgend wird deutlich, dass unsere erste Lebenshälfte (nur) die Vorbereitung der zweiten sein kann. Alles läuft auf das Alter hinaus, das wir nach persönlichen Vorstellungen mit Inhalten füllen und gestalten können. Das wird angesichts der heute steigenden Lebenserwartung, die eigentlich Alterserwartung ist, umso wichtiger.

Was wirklich wächst, ist die Zeitspanne ab der Lebensmitte und damit die Zeit der Reife und des Alters. Auf den damit verbundenen hohen Stellenwert des Alters sollten wir uns vorbereiten. In der klassischen indischen Kultur sah man dafür ein Modell vor, bei dem das Leben wie das Jahr geviertelt und in vier Quadranten zu jeweils 21 Jahren unterteilt wird. Demnach umfasst der Frühling die Kindheit und Jugend mit den Themen Säen und Lernen. Der Sommer ist die Aufbauzeit im Leben bis zum Alter von 42 Jahren. Im dritten Quadranten, dem Herbst, geht es um Ernte und Absicherung des Lebenswerks, die Übergabe von Verantwortung(en) und Pflichten, um sich mit 63 von der geschäftigen Welt zurückziehen zu können. Der vierte Quadrant, der Winter des Lebens, steht im Zeichen des Rückzugs und der Ruhe. Dieser Lebensabschnitt sollte dann der inneren Einkehr und spirituellen Entwicklung und Vollendung gewidmet sein.

Zwar ist anzumerken, dass im modernen Indien im Zuge des gewaltigen Umbruchs von einer traditionellen in eine Industriegesellschaft auch dieses Ideal von Lebenskultur verfällt und rasch vergessen wird. Aber es mag uns dennoch weiterhin Orientierung bieten und dazu inspirieren, dem Alterselend zu entkommen, indem wir nicht länger verleugnen, dass das Alter Ziel des Lebens ist und spezifische Aufgaben an uns stellt. Diese zu lösen könnte die natürlichste Sache der Welt sein, und es wird uns wie wenig anderes bereichern.

Die zentrale Lernaufgabe des heute meist negativ als grau empfundenen und erfahrenen Alters ist die Aussöhnung mit jenem Grau(en). Ergreifen wir also eine weitere Gelegenheit, uns mit dem Alter konstruktiv auseinanderzusetzen und den Tod als Gewissheit und Chance eines Übergangs in eine andere Welt zu erkennen – in eine geistige Welt, von der alle Traditionen und Religionen Positives zu berichten wissen. Die Kenntnis und praktische Anwendung archetypischer Lebensprinzipien ist nach meiner Erfahrung die wichtigste Grundlage für diesen persönlichen Entwicklungsprozess und für unser Heilwerden.

Um die Welt in ihrer unglaublichen Vielfalt zu verstehen, ist es hilfreich, sie in Kategorien zu unterteilen. Die naturwissenschaftliche Welt entwickelte beispielsweise das Periodensystem der Elemente (nach Mendelejew), das heißt, alle Materie auf dieser Erde besteht aus dessen etwas über 100 Elementen oder Urprinzipien. Naturwissenschaftlern gibt dieses System Sicherheit. Für unsere Persönlichkeitsentwicklung und Lebensorientierung kann die Lehre von den zwölf Lebensprinzipien, wie wir sie archetypisch im Tier- oder Entwicklungskreis dargestellt finden, in spiritueller Hinsicht Perspektive und Geborgenheit bieten.

Diese Lebensprinzipien spiegeln Urmuster der Seele wider, sogenannte Archetypen, ein zentraler Begriff im Werk von C. G. Jung. Bei unserer psychotherapeutischen und beratenden Arbeit stützen wir uns auf diese zwölf Archetypen, auch Lebensprinzipien oder -bühnen genannt, derer sich schon Paracelsus bediente. Sie lassen sich leicht überschauen: Basis der zwölf ist die Polarität. Dass es die beiden Pole weiblich und männlich (Anima und Animus oder Yin und Yang) gab, war den Menschen wohl immer klar aus dem Erleben ihrer gegensätzlichen Geschlechtlichkeit. Aus dieser Polarität ergaben sich die beiden weiblichen Elemente Wasser, das Fließende, und Erde, das Strukturgebende, sowie die männlichen Elemente Feuer, das Begeisternde, und Luft, das Beflügelnde.

Jedes dieser vier Elemente, mit denen sich die Welt schon besser, aber noch nicht ausreichend beschreiben lässt, wird weiter in drei Entwicklungsstufen eingeteilt. Zum Beispiel das Element Feuer: Hier erleben wir das lodernde stürmische Feuer des Anfangs, das sich auf der ersten Lebensbühne des Aggressionsprinzips (im Tierkreis durch Mars und Widder symbolisiert) zeigt, das strahlende Feuer des Sonnenprinzips (Löwe) der fünften Lebensbühne und die innere Glut der neunten Lebensbühne des Wachstumsprinzips (Jupiter/Schütze). Ganz ähnlich lassen sich die anderen drei Elemente in drei Stufen unterteilen, und so ergeben sich: vier Elemente mal drei Entwicklungsstufen gleich zwölf Lebensprinzipien oder -bühnen.

Im Laufe des Lebens werden alle *zwölf Lebensbühnen,* wie wir sie im Tierkreis (Zodiak) dargestellt sehen, wichtig. Das heißt,

- die ersten drei – 1. Mars/Widder, 2. Venus/Stier, 3. Merkur/Zwillinge – sind dem eigenen Körper gewidmet.
- Thema der nächsten drei – 4. Mond/Krebs, 5. Sonne/Löwe, 6. Merkur/Jungfrau – ist die Seele.
- Bei 7. Venus/Waage, 8. Pluto/Skorpion und 9. Jupiter/Schütze geht es um das Du, die Partnerschaft und den Geist.
- Der letzte Abschnitt mit den Lebensbühnen 10. Saturn/Steinbock, 11. Uranus/Wassermann und 12. Neptun/Fische entspricht dem Transpersonalen und unserer Bestimmung.

Im Alter haben wir uns mit diesen letztgenannten drei Lebensprinzipien und ihren Themen zu beschäftigen. Genauer gesagt, die *zehnte Lebensbühne (Saturn)* verlangt von uns, zum Wesentlichen zurückzukehren. Hier wacht der Hüter der Schwelle, der von uns erwartet, alles Unwesentliche, das nicht wirklich zu uns gehört, hinter uns zu lassen.

Die *elfte Lebensbühne (Uranus)* verlangt nach Entpolarisierung; das heißt, wir dürfen erkennen, dass jeder Pol und sein Gegenpol nur die zwei Seiten ein und derselben Medaille sind. Und spätestens hier darf auch Humor ins Leben einfließen. Wir werden dann die Fähigkeit entwickeln, über uns selbst und den eigenen Weg zu schmunzeln und schließlich vielleicht sogar zu lachen.

Auf der *zwölften Lebensbühne (Neptun)* schließt sich der Entwicklungskreis mit der Entdeckung der Allverbundenheit – dass wir alles in uns tragen und deshalb mit allem ständig in Beziehung stehen. Alle Menschen werden Brüder (wie es in Schillers »Ode an die Freude« heißt); wir erkennen Tiere als unsere jüngeren Geschwister, und die Einheit der fühlenden Wesen wird Wirklichkeit.

In Bezug auf die archetypischen Rollen oder Aufgaben ausgedrückt begegnen wir auf der zehnten Lebensbühne in der Auseinandersetzung mit dem Saturnprinzip dem Alten Weisen, auf der elften Lebensbühne des Himmelsgottes Uranus dem Alten Narren. Auf der zwölften des Neptunprinzips werden wir mit der Aufgabe konfrontiert, über den alltäglichen Dingen stehend und vielleicht schon schwebend, uns von Weltlichem zu lösen und so die große endgültige (Los-)Lösung vorzubereiten.

Insgesamt betrachtet ist ein erfülltes Leben verwirklicht, wenn wir alle zwölf Lebensprinzipien (an)erkennen und ihre Themen nicht nur leben, sondern auch von der destruktiven zur konstruktiven, von der unerlösten zur erlösten Seite wandeln. Heilwerden bedeutet, allen zwölf Lebensprinzipien in erlöster Form zu ihrem Recht im Leben zu verhelfen. Das Ergebnis ist jenes erfüllte Leben, das Christus uns ans Herz legt.

Das mag für uns im Alter heißen, mit dem Mut der ersten Lebensbühne zunächst noch einmal der vierten Lebensbühne des Inneren Kindes (Mond/Krebs) Aufmerksamkeit zu schenken und etwa von beleidigter Launenhaftigkeit zum Staunen der großen Augen des *Kleinen Prinzen* zu gelangen. Dann können wir bewusst die im Tierkreis gegenüberliegende zehnte Lebensbühne (Saturn/Steinbock) betreten und uns von der Angst, Starre und Sturheit im Alter zu Struktur, Klarheit, Ehrlichkeit und Bescheidenheit entwickeln. Wenn wir auf der neunten Lebensbühne zuvor Lebensphilosophie und Sinn gefunden hätten, wäre das eine große Erleichterung. Vielleicht besteht für uns ja auch die größte Herausforderung darin, Originalität und Unabhängigkeit und das Lachen wieder zu lernen (elfte Lebensbühne: Uranus/Wassermann), um letztlich unsere Allverbundenheit zu entdecken (zwölfte Lebensbühne: Neptun/Fische).

Die Zehn Gebote als Lebensstufen

Die Zehn Gebote können wir ebenfalls als Abbild unserer Lebensreise verstehen und daraus viel für den guten Einstieg ins Alter lernen. Jürgen Fliege beschreibt in *Die Ord-*

nung des Lebens[5], wie jedes Gebot für einen Entwicklungs-
schritt von sieben Jahren steht. Das erste Gebot ist hierbei
für uns, die wir in einer Welt der Polarität leben, das letzte
und höchste; das zehnte das uns nächstliegende. Die Zehn
Gebote gelten also für unseren Lebens(-Hin-)weg in der
umgekehrten Reihenfolge.

Im **zehnten Gebot** – *Du sollst nicht das Hab und Gut deines Nächsten begehren* – und im **neunten Gebot** – *Du sollst
nicht begehren deines Nächsten Haus* – geht es um unsere
Gier, die anfangs ganz natürlich ist. Wir haben von Lebens-
beginn an Hunger, brauchen ein Nest und verlangen als
kleine Kinder schreiend danach. Doch auch als Erwachsene können viele ein Leben lang nicht genug kriegen und
bleiben so auf »Anfängerniveau« hängen.

Auf unseren nächsten Entwicklungsstufen sollten wir
lernen, nicht (über andere) zu richten und Lügen zu ver-
breiten (**achtes Gebot** – *Du sollst nicht falsch Zeugnis reden
wider deinen Nächsten*). In der Peergroup mit ihrer Hack-
ordnung, die in der Pubertät entscheidende Bedeutung
hat, sind Werturteile ein großes Thema; typische Spießer
und Besserwisser allerdings lassen ihr ganzes Leben davon
bestimmen und ruinieren.

Mit 14 Jahren und der Konfirmation oder Firmung sollten
wir so firm sein (lat. *firmus* = stark), einen weiteren Schritt
hinaus ins Leben zu wagen, früher oft als Wandergesellen
und Handwerksburschen. Die Aufgabe lautet: Lerne das
Fremde kennen und akzeptieren, setze dich damit ausein-
ander, aber ohne es zu besiegen oder in Besitz zu nehmen.
Es geht darum, Ehrfurcht vor dem Leben zu entwickeln.

Bis zur Pubertät gehört uns praktisch alles in der Familie. Wenn wir aber anfangen, erwachsen zu werden und in die Fremde zu ziehen, müssen wir unterscheiden lernen, was wem gehört. Fremdes Eigentum gilt es zu respektieren und die Finger davon zu lassen (**siebtes Gebot** – *Du sollst nicht stehlen*).

Im Alter von 21 werden Sexualität und ihre Folgen – eigene Kinder, Ehe und Familie – zum Lebensthema. Nun heißt der Lernschritt: *Du sollst nicht die Ehe brechen* (**sechstes Gebot**). Im Mittelpunkt steht vor allem die Frage, wie wir mit der eigenen Geschlechtlichkeit umgehen.

Ab 28 müssen wir uns mit unserer tödlichen Aggression und Mordlust auseinandersetzen (**fünftes Gebot** – *Du sollst nicht töten*), was sich besonders an Männer richtet. In dieser Zeit erreicht der Mann seine höchste Testosteronproduktion; er will als Sieger dastehen und neigt dazu, Probleme schnell zu *killen, über Leichen* zu *gehen* und andere für eigene Interessen *über die Klinge springen* zu lassen. Da sich damit jedoch nichts wirklich lösen lässt, müssen wir lernen, andere Strategien zu entwickeln.

Wenn wir 35 geworden sind, können wir erleben, wie unsere Eltern allmählich älter und nicht nur schwächer, sondern heute vielfach auch krank werden. Jetzt gilt es besonders, den Eltern Wertschätzung entgegenzubringen und sich mit ihnen zu versöhnen (**viertes Gebot** – *Du sollst Vater und Mutter ehren*). Dafür wird uns von der Bibel ein langes Leben versprochen. Diesen Zusammenhang erkennt auch die moderne Wissenschaft immer deutlicher: Wer sich versöhnen kann, entlastet seine Seele und lebt deutlich länger.

Nur wenn wir uns mit den Eltern aussöhnen, sind wir auch mit Gott versöhnt, denn was wir ihnen – und meist der Mutter – vorwerfen, werfen wir letztlich auch Gott vor, nämlich: »Du hast dich nicht (genug um mich) gekümmert!« Das ist häufig das Thema ungezählter Psychoanalysestunden – auch meiner eigenen. Hinzu kommt: Wenn wir unsere Ahnen weder ehren noch uns mit ihnen versöhnen, können wir nicht einmal ahnen, was uns an diesen Punkt unseres Lebens gebracht hat, und bekommen keine *Ahn*ung, was sein Ziel ist und wer wir sind.

Nach Jürgen Fliege öffnet sich das Tor zum Alter, wenn wir für die Alten zu sorgen beginnen, und es ermöglicht uns einen weiteren Zugang zu Weisheit und Versöhnung. So sollten wir in diesem Lebensabschnitt endlich erkennen, dass der Chef, die Firma oder welcher Konzern auch immer nicht Gott ist und auch ein Sieg auf den diversen von Vater Staat initiierten Schlachtfeldern uns dem letzten Ziel der Einheit nicht näherbringt.

Griesgrämige, verbitterte Alte konnten in der Regel nicht vergeben und sich nicht versöhnen. Wer sich dagegen versöhnt hat, kann weinen, loslassen und danken. Vor diesem Hintergrund macht die Versöhnung ein zweites Leben möglich – mit der großen Chance, im Alter zu unser aller Bestimmung hin zu wachsen, die in der Rückkehr in die Einheit liegt.

Ab 42 werden wir reif für die Erkenntnis, dass das Leben und seine Zeit heilig sind. Wir beginnen zu verstehen, welche Bedeutung dem »Dein Wille geschehe« des Vaterunsers zukommt und wie wichtig es für uns ist, den

Feiertag zu ehren, um zu uns selbst zu finden und heil zu werden (**drittes Gebot** – *Du sollst den Feiertag heiligen*). Dann können wir auch erkennen, dass alles Leben (Bio-)Rhythmus ist, wie Rudolf Steiner sagte.

Zum aktiven Arbeitsleben gehört als Gegenpol der Sabbat, die Ruhephase. Aktivität und Passivität brauchen einander wie Yin und Yang, weiblich und männlich. Ein Leben lang musste *man(n)* immer etwas machen, und nun hat Ruhe einzukehren. Wir dürfen lernen, wie auch dadurch etwas passiert, dass wir nichts tun. Die Gegenpole Arbeit und Stille bedürfen einander, und das muss jetzt nicht nur theoretisch verstanden werden, sondern auch praktische Konsequenzen haben. Wir sollten uns Zeit nehmen, uns nach innen wenden und die Stille suchen.

Ein Paradigmenwechsel wird zudem fällig von Freiheit zu Schönheit. So wie in der jüdisch-christlich-muslimischen (Menschheits-)Geschichte alles im Garten Eden begann, gilt es auch, dahin zurückzukehren. Dafür haben wir Geduld zu lernen – vor allem wenn die uns auferlegten Dinge nicht abzuschütteln sind, sondern nur durch Annehmen und Ertragen erlöst werden. Wer unter einer Last bleibt, bekommt eine neue Perspektive; und die Geduld will sich später mit *Harmonia* (griech. Ebenmaß), der Schönheit, vereinen.

Wir kommen unter Leiden auf die Welt, wachsen und reifen am meisten durch Leid und können oft auch nur leidend wieder gehen. Ertragen werden muss alles – und zwar in Geduld und Demut. Der Demut ist die Dankbarkeit zumindest nahe. Außerdem können wir den Mut als

Gestimmtheit oder Stimmung verstehen – und hier als die des Bleibens und Aushaltens. Die *Cour-rage*, das wilde Herz, hingegen gehört in viel frühere Phasen des Eroberns, *Krieg*ens und Siegens.

Katholiken kommen mit der Vereinigung von Geduld und *Harmonia* im Alter oft besser zurecht, denn sie sind es gewohnt, die Schönheit Gottes anzubeten, wie ihre wundervollen Kirchen es nahelegen. Luther und seine Protestanten dagegen beteten – so Jürgen Fliege – von Anfang an die Freiheit an. Sie lebten zupackend, statt auf Seine Gnade zu warten. Auf diesem Boden konnte der Kapitalismus am besten gedeihen, was ihn als Kind des Protestantismus ausweist. Meine sehr gläubige Groß(e)mutter ist im hohen Alter noch Katholikin geworden – das schien ihr für die letzte Phase wohl sicherer oder vielversprechender. .

Frauen erleben die genannten Herausforderungen in vielem anders, denn statt Weglaufen, wie im (arche-)typisch männlichen Muster angelegt, neigen sie (arche-) typisch zum Bleiben – der Kinder zuliebe. Insofern altern Frauen und Männer auch anders. In diesem Lebensabschnitt, in dem wir alle lernen müssen, dass wir nicht mehr weglaufen können, tun sich Frauen folglich leichter. Sie haben von (Mutter) Natur aus ihre Wurzeln tief(er) in Mutter Erde.

Mit 49 beginnt die Zeit der Rückschau und der Lebensbilanzen. Es liegt nun mehr Zeit hinter als vor uns, was Vorausschau und Zukunftsplanung relativ unwichtig macht. Dafür rücken uralte unverarbeitete (Kriegs-)Geschichten in den Vordergrund, um endlich verarbeitet und eingeordnet zu werden. Die Fragen, wem wir gedient haben und worauf wir stolz sein können, beschäftigen uns. Nun kann vieles klar werden, selbst wenn wir uns möglicherweise schämen müssen, dass wir uns zu etwas haben hinreißen oder für etwas opfern lassen. So haben die meisten von uns nicht dem Gott der Liebe, sondern fremden Göttern gedient.

Wir merken jedoch auch immer mehr, dass wir geführt wurden, und sollten dies anerkennen. Es ist die Zeit, Beten zu lernen und zu akzeptieren, dass (fast) alles bestimmt ist und gut und richtig, wie es kommt. Die Lebensbilanz führt so zu der Erkenntnis, dass die wirkliche Führung nicht von uns ausging, sondern aus der Einheit kam. Die *Schick*salsgesetze können das in jeder Hinsicht enthüllen: Wo ich hingeschickt wurde, bin ich *geschickt* in des Wortes Doppelsinn; wo ich mich ungeschickt anstelle, bin ich nicht hingeschickt worden – oder höchstens von Eltern, Lehrern oder Berufsberatern, aber sicher nicht von Gott und meiner Be*stimm*ung, denn sonst würde ich dort *stimmen*.

Schließlich müssen wir – zwischen dem 56. und 63. Jahr – erkennen, dass die Einheit, das höchste Ziel des Lebens, nur zu erfahren, aber nicht zu beschreiben ist. Alle Bilder, die wir uns von ihr und Gott machen, sind falsch. Insofern sollten wir sie einfach von Anfang an vermeiden (**zweites Gebot** – *Du sollst dir kein Bild machen von Gott, deinem Herrn*).

Das **erste Gebot** – *Ich bin der Herr, dein Gott. Du sollst keine anderen Götter neben mir haben* – will uns letztlich zu der

Einsicht verhelfen, dass das Schicksal, die Einheit, Gott, hinter allem steht. Bis zum Alter von 70 haben wir viel Zeit und Gelegenheit zu klären, ob wir uns dieser höchsten Instanz anvertrauen. Am Anfang, in der Jugend, reden wir viel von Freiheit; am Ende, gegen 70, müssen wir aber erkennen, dass wir diese freien Entscheidungen meist gar nicht hatten. Die für uns bedeutsame Frage ist: Kann ich mich am Ende in seine Hand geben, mich letztlich mit allem, was er mir geschickt hat, versöhnen, indem ich es annehme – mein Leben – in Dankbarkeit?

Das erste Gebot könnte auch heißen: »Ich bin der Herr, dein Gott, der dich deinen Lebensweg – und oft auch Leidensweg – geführt hat.« Ohne Verständnis unserer Biographie ist Gott für uns also gar nicht erkennbar. Insofern ist die Beschäftigung mit der eigenen Geschichte von so großer Wichtigkeit für das Ende und den letzten Übergang in die Einheit.

Das Lebensmandala verstehen

Für die Themen und Entwicklungsprozesse, die das Alter mit sich bringt, leistet uns das Mandala, wie es im Buddhismus und Hinduismus gebräuchlich ist und wir es aus den Rosenfenstern der Gotik in so wundervoller Weise auch im Westen kennen, als weiteres Erklärungsmodell gute Dienste. Nicht selten sind die Fensterrosen in zwölf Felder aufgeteilt, den zwölf Lebensprinzipien oder -bühnen entsprechend. Wieder sind wir aufgerufen, uns die Lebensgesetze bewusst zu machen und nicht gegen sie anzukämpfen und uns dabei aufzureiben.

Ende, Tod und Erlösung fallen im Lebenskreis zusammen mit dem Punkt des Anfangs, des Neubeginns von Empfängnis und Geburt. Davon sind jedenfalls östliche Religionen und die Mehrheit der Menschen auf dieser Erde überzeugt. Betrachten wir ein Mandala, dann zieht es den Blick in die Mitte, wo der (Lebens-)Weg beginnt und dann auch wieder endet.

Das Zentrum des Mandalas, sein Mittelpunkt, steht in allen Kulturen für die Einheit und damit für Gott oder die große Göttin; auch in der Geometrie ist der Punkt nicht von dieser Welt, weil eindimensional und ohne Ausdehnung in Raum und Zeit. Von hier kommen wir, also ist die Einheit, das (christliche) Paradies mit seiner Zeitlosigkeit, unsere erste Heimat. Idealerweise werden wir in einer Einheitserfahrung, einem Orgasmus, gezeugt, und das Erbe unserer körperlichen Eltern findet in der Vereinigung von Ei und Spermium zusammen. Dann muss sich die befruchtete Eizelle beziehungsweise müssen wir uns in der weichen, bergenden und nährenden Gebärmutterschleimhaut unserer Mutter, unserer zweiten Heimat, einnisten und wachsen. In diesem Nest entfalten wir uns, bis wir für dieses zweite Zuhause zu groß geworden sind und mit der Geburt den Kopfsprung ins Leben wagen.

Im Mutterleib blieben wir der Einheit noch sehr nahe, hatten nur ein Herz, das sich erst bei der Geburt in ein rechtes und linkes durch die Scheidewand trennt und uns für das Leben in der Polarität, der Zweiheit oder Welt der Gegensätze, fit macht. Auch unser Körper ist in der Fruchtwasserwelt des Anfangs der Einheit noch nahe, Fotos Ungeborener von Lennart Nilsson[6] zeigen, wie transparent er erscheint, so wie unsere Wahrnehmung noch weitgehend transzendent ist und wir uns in dieser frühen Phase noch völlig eins mit unserer Mutter fühlen. Ganz zu Beginn im Mutterleib entwickeln wir aus diesem Einheitsgefühl heraus Urvertrauen, das später Selbstvertrauen und idealerweise die Basis eines glücklichen Lebens wird.

Anschließend müssen wir Übergang für Übergang und nicht selten (Lebens-)Krise für Krise weiter hinaus im Lebensmandala. Mit der Geburt in die Polarität geworfen, in die Welt der Zweiheit mit ihrer Verzweiflung und ihren Zweifeln, sind wir als Kleinkind noch weitgehend geschlechtsunabhängig. Die Pubertät zwingt dann dazu, uns noch weiter für einen Pol zu entscheiden, und mehr, als den meisten bewusst ist, folgen wir dabei (arche-)typischen Mustern. Partnerschaft und Beruf oder heute Job bringen weitere Entwicklung und nicht selten Kämpfe mit sich. Während Frauen dazu neigen, auf einen Ruf von innen zu horchen, warten Männer auf den Ruf von außen.

In der zweiten Lebenshälfte jedoch müssen wir das Kämpfen und Siegen aufgeben und uns Zeit für uns nehmen. Wir brauchen vor allem Zeit für die Entwicklung von Demut, damit wir uns nach innen wenden können. Zwar haben wir es weitgehend selbst in der Hand, wie schwer wir es uns dabei machen (lassen). Aber oft übernimmt das Schicksal die Aufgabe, uns so schwach zu machen, dass wir uns ergeben und loslassen können. Meist wachsen Männer in aller Regel innerlich schwerer und mit mehr Widerstand als Frauen, aber wir alle entwickeln uns beim Durchleiden der Lebensübergänge und -krisen, bis wir schließlich in der Peripherie des Mandalas ankommen: am Um- und Einkehrpunkt und dem Beginn des Rückweges, der Heimreise im Lebensmuster.

Diese maximale Entfernung von Mittelpunkt und Einheit bringt die größte Spannung ins Leben und ist zugleich die Klimax, der Höhepunkt unseres individuellen Weges, obwohl viele moderne Frauen den Beginn des Klimakteriums inzwischen als Tiefpunkt sehen. Von nun ab gibt es nur eines von Wichtigkeit: die Heimkehr oder Rückreise.

Gegen Ende der zweiten Lebenshälfte ist es Zeit, die eigene Lebensgeschichte und damit das eigene Märchen zu einem guten Ende zu bringen. Die Frage ist nur: Wann setze ich mir – mit Jürgen Flieges Worten – den Tod auf die Schulter und nehme ihn als den Gefährten an, der er immer war? Ohne Widerstände oder Versuche zu verhandeln? Oft ist gerade für Männer erst ganz am Ende auch Schluss mit dem (Ego-)Theater.

Nicht selten rufen wir im Sterben nach unserer Mutter. Die große Mutter und Mutter Natur sind uns nun wieder viel näher und wichtiger als der Vater (Staat) oder alles, was wir an Materiellem gehortet und gehütet haben. Im Sterben schließt sich der (Lebens-)Kreis; wir sind an unseren Anfang zurückgekehrt. In Gestalt von Gevatter Tod holt uns Mutter Natur zu sich zurück, und wir alle folgen ihr unterschiedslos, mehr oder weniger ergeben. Wie wir sterben, ist die letzte Wahl, die wir haben, nicht, ob wir sterben. Es liegt an uns, wie leicht oder schwer wir uns diesen Übergang machen, wie ergeben wir diesem Ruf folgen, vorbei am Sensenmann oder Hüter der (letzten) Schwelle.

Das Mandala symbolisiert diesen natürlichen, unausweichlichen Weg *aus der Mitte in die Mitte* oder kurz: *von hier nach hier.* In aller Deutlichkeit führt es uns vor Augen, wie nahe sich Kindheit und Alter sind und wie sie sich berühren. In vielen asiatischen Ländern ist dieses Lebensmuster noch lebendig, wie wir an der Ehrung des Alters erkennen und an dem Respekt, der betagten Menschen entgegengebracht wird. Vielleicht habe ich mich deshalb im Winter so gern nach Asien und nach innen zurückgezogen, um dort, in äußerer und innerer Ruhe, Bücher zu Themen wie diesem zu schreiben. Der Osten, aus dem – selbst nach unserer Tradition – *Orient*ierung und Licht kommen, ist auch der Platz, wo sich heute auf dieser Welt am schönsten alt sein lässt, da diesem Lebensabschnitt noch Bedeutung beigemessen wird. Hinduismus, Buddhismus oder Taoismus erlauben bis heute, die Würde dieses Lebens-Zeit-Alters zu spüren.

Persönlich fällt mir auf, dass ich in Asien auch am leichtesten Zugang zu meinem Inneren Kind finde und mit Begeisterung wieder angefangen habe, Moped zu fahren. Äußerlich betrachtet natürlich, um in Bali und Indien trotz gewaltiger Verkehrsstaus auf der Straße voranzukommen, aber innerlich betrachtet, weil mein Kind Spaß daran hat. Der innere Teenager der Sturm-und-Drang-Zeit freut sich zudem an der Wärme, die von der Partnerin ausgeht, wenn sie sich in den Kurven an mich schmiegt und Gedanken auslöst, was daraus noch alles werden könnte.

Über das Innere Kind den Alten Narren erlösen

Sobald wir seelisch erleben, wie unser Inneres Kind wieder erwacht, kehrt auch die Lebensfreude der Kindheit zurück. Falls das erst im höheren Alter geschieht, mag es durchaus auch etwas Närrisches mit sich bringen – in einem lebenslustigen, humorvollen Sinn und weit entfernt von den Alzheimer-Narren, bei denen das Thema, im Sinne der Krankheitsbilder-Deutung, in den Schatten gesunken ist, worüber später noch mehr zu sagen sein wird.

Mit der Gestalt des Alten Narren lernen wir einen sehr kraftvollen Archetyp des Alters kennen, der auf seine Art wieder *Leben in die (Lebens-) Bude* bringt. Kein Wunder, denn der Archetyp ist vom Himmelsgott Uranus (Wassermann) geprägt und gehört damit zum elften Lebensprinzip. Statt sich einzuordnen, *tanzt er aus (je)der Reihe, schlägt über die Stränge* auf seinem eigenen höchst originellen individuellen Weg zu sich selbst. Sein Motto ist: »Lasst uns verrücktspielen und alles bisher eingesperrte Närrisch-Übermütige befreien und auf die Welt loslassen.«

Alte Narren ecken an und verhalten sich für ihre in »ernste« Tagesgeschäfte absorbierten Zeitgenossen völlig unverständlich. Sie sehen die Dinge bereits aus anderer (himmlischer) Perspektive und halten sich nicht an Konventionen. Dank dieses närrischen Elements sind alte Menschen in der Lage, im alltäglichen Leben eine sehr positive, über alle Maßen originelle, entpolarisierende Rolle zu spielen.

Und noch viel wichtiger: Über die Wiederbelebung des Inneren Kindes können wir als Alte Narren oder Närrinnen vorbehaltlos diejenigen werden, die wir wirklich sind. *Wir haben nichts mehr zu verlieren, aber alles zu gewinnen*: Dieses Wortspiel kann nicht oft genug wiederholt werden – auch von den Leserinnen und Lesern dieses Buches innerlich als Leitspruch –, damit es tief einsinkt und sich in uns verankert.

Wer nichts mehr zu verlieren hat, kann ehrlicher werden und mutiger, offener und freier. Mit Ausblick auf das letzte Stündlein, das jedem von uns schlägt, lässt sich auch leichter verantwortlich leben und sprechen, selbst wenn das Nachteile in der gegenwärtigen karriereorientierten Gesellschaft mit sich bringt.

Oft haben mich Mitarbeiter ermahnt, mich doch bitte nicht mehr in politisches Geschehen einzumischen, das führe nur zum Verlust sogenannter Follower. Das stimmt, wie sich auf Facebook zeigt. Andererseits – es allen recht machen zu wollen, führt erst recht in die Sackgasse. Während heute viele Parteipolitiker klare Aussagen vermeiden aus Angst, Zustimmung zu verlieren, habe ich das Ende 60 – zum Glück – nicht (mehr) nötig. Im Gegenteil kann ich mich daran orientieren, was mir auf dem Totenbett zur Last werden könnte, wenn ich nicht reinen Tisch mache.

Was ich längst erkannt, aber aus Angst vor Zustimmungsverlust nicht sage, wird zur schweren, ja beschwerlichen Bürde. Mit meinem Tagwerk fertig zu werden ist wichtig, um am Abend gut einschlafen zu können. Mit meinem Lebenswerk fertig zu werden ist Voraussetzung, um am Lebensabend gut entschlafen zu können.

Ein wundervolles Bild für diese Befreiung ist für mich *Der Narr* im Tarot. Seine Karte trägt die Ziffer 0. Das lässt offen, ob er die erste oder letzte Karte ist oder der Joker, der überall hin(ein)passt. In der Tarot-Tradition, die ich lernen durfte, ist er die letzte Station, der Höhepunkt: völlig frei, gelöst und ungebunden. Er lebt ganz im Moment und im (großen) Gesetz, sodass er weder Rücksicht noch Vorsicht braucht. Seine Vergangenheit ist aufgeräumt, mit den alten Geschäften ist er in jedem Sinne fertig geworden. Was vor ihm liegt, nimmt er, wie es kommt, selbst wenn er über dem Abgrund wandelt wie in der Darstellung im Rider-Deck, dem bei uns bekanntesten Tarot-Kartenset. Er hat die Forderung »Lieben, was ist und was war« eingelöst – Ersteres im Sinne von Byron Katie und der Akzeptanz von Schatten, Letzteres im Sinne von Elisabeth Kübler-Ross und des Aufräumens von unerledigten Geschäften.

Nach dem alttestamentarischen (Karma-)Gesetz »Auge um Auge, Zahn um Zahn« hat der Narr die Karma-Früchte verzehrt und Bhoga, Welt-Essen, geübt, wie die Buddhisten sagen. Er ist im Moment des Hier und Jetzt angekommen und aufgegangen. Gleichgültig, ob er am Anfang oder Ende des Tarot-Spiels eingeordnet wird: Er steht am Anfang und Ende unseres Lebens(-Spiels). Und wir sind gut beraten, ihn in seiner erlösten Rolle einzuladen, nicht nur um die unerlöste (Alzheimer-)Variante zu vermeiden, sondern vor allem, weil das so berauschend und erfüllend ist.

Der Hofnarr kann die klassische Rolle des Narren und die darin liegende Chance weiter verdeutlichen. Er war lange Zeit der Einzige, der dem Herrscher ungeschminkt die Wahrheit sagen durfte. Er legte den Finger in die Wunde und machte sich über Schwachpunkte, Fehler und Scheußlichkeiten ungestraft lustig. War seine Botschaft humorvoll verpackt und witzig übermittelt, musste er dafür weder büßen, noch wurde er zur Verantwortung gezogen. Er stand außerhalb der normalen Gerichtsbarkeit, und sein einziges und größtes Vergehen bestand darin, Herrscher und Hofstaat zu langweilen, weil es ihm an Frechheit und gepfeffertem Humor fehlte.

Unser eigener (Hof-)Narr ist wahrscheinlich ebenfalls der Einzige, der ungestraft dem Ego die Meinung und sogar die Wahrheit sagen könnte. Lassen wir ihn heraus(-kommen) und leben. Sein Humor ist nie wichtiger als in den letzten Abschnitten des Lebenskreises. Lasst uns also lernen, alles nicht so todernst zu nehmen und über uns und unser Ego zu lachen, darüber, wie es sich abstrampelt in diesem Rattenrennen, bei dem alles neben dem Geld, dem Fetisch der modernen Welt, zu verblassen scheint.

Der Narr kann verrückte, närrische und neue Ideen (aus uns) hervorbringen. Was wir im Tal des Fleisches, dem *Karne*val, zeitlebens versäumt haben, ließe sich nun auf närrische Weise ohne jede Peinlichkeit nachholen. Im Entwicklungskreis kommt jedenfalls der uranische Narr nach dem Weisen des Saturnprinzips (zehnte Lebensbühne). Er ist bereits auf der vorletzten Stufe angelangt und schon wieder verbunden mit seinem Inneren Kind, weshalb ihn auch fast alle Kinder so lieben.

Natürlich ist auch der Narr nicht schattenfrei. So verkleiden sich manchmal die Rattenfänger als Narren, wie der Legende nach in Hameln. Die heutigen Verführer setzen allerdings mehr auf Anlagetricks und finanzielle Betrügereien. Dabei steht im Alter die Jagd nach immer mehr Geld nicht mehr im Fokus; dieser verrückten Welt ist nun eher mit verrückten Ideen und Geistesblitzen beizukommen.

So könnten wir spätestens im Alter lernen, wieder zu lachen – am besten über uns selbst, weil das so befreiend und erleichternd ist, dann auch noch über den Zirkus dieser Welt. Wer es sich gestattet, auf diese Weise der Welt und sich selbst den Narren zu geben, der die Wahrheit spricht und andere zum Lachen bringt, könnte zum Erlöser werden – zuallererst von sich selbst, aber auch von anderen, die ebenfalls loslassen und sich aus dem allgegenwärtigen Monopoly-Spiel befreien, weil sie erkennen, dass das Ziel, der Reichste auf dem Friedhof zu werden, nicht lohnt. Und weil es mehr (Lebens-)Freude bringt und viel mehr Spaß macht, die vorgegebenen Trampelpfade zu verlassen, aus der Reihe zu tanzen und überhaupt einmal wieder ausgelassen zu tanzen – vielleicht motiviert durch Guru Ram Dass (der frühere Harvard-Professor Richard Alpert), der lehrte: »Alles Leben ist Tanz.« Der alte, von allen Zwängen des Jobs und Geldverdienens befreite Narr könnte den Tanz seines Lebens tanzen, wo und wann immer es ihm gefällt und ohne Rücksicht darauf, ob es der Gesellschaft von Vater Staat passt. Gerade für diejenigen, denen das Lachen auf dem Lebensweg so gründlich vergangen ist, also den meisten, wird es jetzt im Alter zu einer überaus lohnenden Sache. Lach-Yoga ist dafür zwar nur eine Notmaßnahme der spirituellen Szene, aber vielleicht auch ein Beginn und bestimmt besser als gar kein Lachen. Denn allein schon ein bewusst aufgesetztes Lächeln am Anfang einer geführten Meditation wird – ausgehend von den mimischen Gesichtsmuskeln – die innere Stimmung – nachweislich – beeinflussen in Richtung los- und lockerlassen.

Wir könnten es geradezu als Verantwortung und Aufgabe des Alters erkennen, der (letzten) Wahrheit auf der letzten Stufe ins Auge zu schauen und von ihr zu sprechen – am besten auf humorvolle Art – und sie in Form von Witzen ins Leben stolpern, springen und mit uns aufleben zu lassen. Das würde Freude in unser Leben bringen, wir könnten noch Freunde (fürs Leben) gewinnen. Es wäre so viel besser, als Menschen über die Klinge eigener Machtansprüche und Gier springen zu lassen und sich für Geld Feinde zu machen.

Im Spiel des Lebens sollten wir die närrischen Möglichkeiten des Alters und »Unruhestands« – wie sie sich im Lebensprinzip des Uranus (elfte Lebensbühne) ausdrücken – beim Schopf packen. Das Innere Kind, oft ein Leben lang vernachlässigt, kann nun, wie beschrieben, hervortreten – mit (s)einem ansteckenden Lachen und munteren Ideen. Andererseits könnte sich eine nicht gelebte,

»verpasste« Pubertät auf verstörende Art melden, etwa wenn alte Männer im Krankenhaus- oder Pflegeheimbett an jungen Schwestern auslassen und ausleben wollen, was sie zur rechten Zeit, nämlich in ihrer Jugend, nicht gewagt und dann anschließend verdrängt haben.

Die seelische Aufgabe dieser Lebensphase ist märchenhaft deutlich und heißt, nochmals ausziehen – wie in Jugend und Pubertät –, um das Fürchten zu lernen beim Abstieg zum dunklen Schattenpol. Also freiwillig dorthin gehen, wo das Leben ohne Farbenfreude und Buntheit auf die wesentlichen Grundfragen reduziert ist: Woher komme ich, wohin gehe ich? Was war und ist der Sinn meines Lebens und des Ganzen?

Und diese Fragen sind alles andere als schreckenerregend oder deprimierend. Sie ermöglichen uns, heil zu werden, und sind so auch Anleitung zu einem erfüllten Leben.

Wir durften mit unserer Tochter Naomi, die aufgrund ihres Down-Syndroms ganz aus dem Gefühl lebt und gar nicht von intellektuellen Erwägungen geprägt ist, miterleben, wie sich auch schwerwiegende Erfahrungen des Sterbens geradezu humorvoll auflösen lassen. Sie hat den langen Abschied ihrer Groß(en)mutter hautnah miterlebt, und deren Bereitschaft, mit den Clini(c)-Clowns zusammenzuarbeiten beziehungsweise zu lachen, gab dieser Zeit eine sogar heitere Komponente und vonseiten meines »Schwiegertigers« auch Größe. Als die Oma dann gegangen war, erlebte Naomi unseren Abschiedsschmerz mit und entsprechende Trauerrituale wie das Aufstellen einer Kerze neben dem Bild der Oma. Nach einiger Zeit aber bedeutete sie uns dann, es sei nun genug gestorben, und die Oma solle gefälligst wiederkommen. Und sie hatte mal wieder recht: Das Festhalten an Trauer führt nicht weiter, und alles hat seine Zeit.

Und da wir nichts mehr zu verlieren haben im Alter, müssen wir nichts mehr horten und könnten im Gegenteil großzügig verteilen: unser Wissen, unseren Witz und sogar unseren Be*sitz*, statt wie früher geradezu besessen darauf sitzen zu bleiben. Wer das auf humorvolle und verantwortliche Art vollzieht, verbindet sogar die beiden ursprünglich in einem Prinzip verbundenen, aber doch recht gegensätzlichen Archetypen des Alters: das strenge Saturn- und das lustig-lockere Uranusprinzip. Bezeichnenderweise waren beide früher unter einem Dach vereint und stehen sich nicht nur im Entwicklungskreis, sondern auch in ihrer Bedeutungstiefe immer noch nahe. In den Saturnalien feierten die alten Römer das Ende einer strengen, von Saturn geprägten Zeit. Rituell befreiten sie den gefesselten Saturn, damit er seine ganze Verrücktheit in ihrer Art von Karneval herauslassen konnte. Und bis heute beenden wir mit dem Karneval oder Fasching die strenge Zeit des harten Winters, in der das Leben weitgehend ruht, und feiern ausgelassen die Befreiung aus der Strenge, Beschränkung und Enge des Winters. Anschließend kommt mit den Aschekreuzen des Aschermittwochs wieder das Saturnprinzip zu seinem Recht – der Rhythmus des Lebens.

Abgesehen von Ritualen, die Teil von Brauchtum und öffentlichem Leben sind, können die von den verschiedenen Lebensbühnen und Archetypen vermittelten Botschaften und Einsichten natürlich auch sehr wirkungsvoll auf kontemplativem, meditativem Weg vertieft werden. Deshalb gebe ich bei manchen Abschnitten dieses Buches kurze Anregungen, einmal innezuhalten und sich Zeit zur Selbstbesinnung, zur Meditation über eines der Themen dieses Buches zu nehmen. Wer sich diesem Weg der Klärung und Bewusstwerdung intensiver widmen möchte, dem seien als Einleitung und Einführung – anfangs in die Entspannung und später bis in Trancetiefe – die im Literaturverzeichnis angegebenen geführten Meditationen empfohlen. So lässt sich Trance-Formation noch weit besser verwirklichen als mit vom Intellekt gesteuerten Überlegungen.

Meditation

- Auf welche Stationen oder Dinge in meinem Leben könnte ich – wenigstens rückwirkend – den Ausdruck »Humor ist, wenn man trotzdem lacht« anwenden, um Härten besser zu verarbeiten und Schattenerfahrungen einzuordnen?
- Wo konnte und könnte meine Lebenslust mir weiterhelfen auf dem Weg zu mir selbst?
- Besitze ich meinen Besitz wirklich, oder bin ich davon besessen? Wenn ich ihn be-sitze, kann ich auch einfach aufstehen und weitergehen und -geben; dann geht etwas in meinem Leben (voran).

Die Freiheiten und Freuden der Groß(en)eltern

Nur selten finden sich heute gutgelaunte, anregend närrische Alte. Am ehesten begegnet man ihnen im Familienkreis. Als Großmütter und Großväter werden sie von den Jüngsten als ihresgleichen angenommen, weil sie die Regeln ihrer Spiele genauso wichtig nehmen wie die der Erwachsenen. Weder denken sie gering vom kindlichen Spiel, noch übertreiben sie den Ernst der Erwachsenen (-Spiele). Dem biblischen Auftrag gemäß sind sie den Kindern ähnlich geworden und werden deshalb von diesen oft sogar den angestrengten und anstrengenden (kleinen) Eltern vorgezogen.

Groß(e)eltern und Enkel verstehen sich oft auffallend gut und meist besser als Eltern und Kinder, weil sich kleine Kinder und Alte Narren zeitlich im Leben(smuster) nahekommen: Erstere begegnen sich auf gleicher Strecke im Lebensmandala, wenn auch mit gegensätzlicher Blickrichtung. Die Distanz zwischen Eltern und Kindern ist – bei gleichem Blickwinkel – viel größer.

Das wiederentdeckte Kind der vierten Lebensbühne (Mond/Krebs) kann sich also wunderbar mit dem Archetyp des *ewig* jungen Alten Narren zusammentun. Das Verrückte, Närrische auf solche Art und Weise bewusst zu leben ist auch die beste Prophylaxe bezüglich jener unerlösten psychiatrischen Verrücktheit, die das Alter sonst häufig heimsucht und bei uns in der schlimmsten Abteilung der geriatrischen Psychiatrie versteckt wird.

Ich selbst hatte eine Groß(e)mutter, die sich und der Familie eine Freude war und ein Segen für uns Kinder. Sie konnte nicht nur problemlos die angeheirateten Kinder aus zweiter Ehe meiner Mutter als ihre Enkel annehmen, sondern noch all unsere Freunde obendrein. Sie war fast wie eine alte Indianerin, die nach der Lebensmitte alle Kinder des Stammes als ihre (an)erkennt. Oft hörte sich Oma Änne unsere Sorgen an und war bekannt und von uns Kindern geliebt für Sätze wie: »Wenn es nur Geld ist, bekommen wir es wieder hin.«

An meinen Großvater erinnere ich mich wenig, etwa wie er am Meer in seinen Lackschuhen durch den Sand zum Strandkorb stapfte, um dort zu lesen und zu arbeiten. Sonst sortierte er seine Briefmarken und war stolz darauf, nicht schwimmen zu können, arbeitete er doch für eine Reederei, und richtige Seeleute, so hieß es, verlassen nie ihr Schiff. Dabei fuhr er gar nicht zur See, sondern blieb als Prokurist immer an Land. Er hat viel gearbeitet und gut verdient, und sein Porträt stand dann – schön eingerahmt – auf dem Kaminsims. Ab und zu sprach unsere Groß(e)mutter davon, was alles wir ihm zu (ver)danken hätten. Aber wir Kinder taten es nicht wirklich, kannten wir ihn doch kaum, weder als Groß(en)vater noch als Freund. Er ist früh dem Stress erlegen und (ab)gegangen. Wäre er nicht so stolz gewesen auf sein Nicht-schwimmen-Können, was ich nie verstand, ich hätte ihn wohl ganz vergessen.

Von den beiden anderen Großeltern wussten wir genauso wenig. Opa Werner war Chef zweier Privatkrankenhäuser und bestimmt ein guter Arzt. Oma Mama, seine Frau, war von dem Ehrgeiz erfüllt, mit dem von ihm verdienten Geld an der Börse und mit Immobilien noch mehr Geld zu machen, was ihr offenbar oft gelang. Beide starben sehr früh, sehr krank und ziemlich beladen beziehungsweise begütert. Sie hinterließen viel Vermögen, aber keine Spuren in unseren (Kinder-)Herzen. Was für ein Segen, dass wir Oma Änne hatten, unsere Groß(e)mutter.

Diese hatte aber bei unseren Eltern und überhaupt unter Erwachsenen keinen guten Ruf. Es gab sogar den Spruch: »Du willst doch nicht werden wie Oma Änne!« Doch wir Kinder wollten alle werden wie sie, so lebendig und witzig, frei und frech. Sie war bestrebt, die beiden ihr zustehenden Renten bis zum jeweiligen Monatsende auszugeben, und lud uns Kinder oft dazu ein. Sie kaufte sich modische Kleidung und Schmuck, auch schon im Hinblick auf meine Schwestern, die das alles erben und also auch gleich mit aussuchen sollten. Mag sein, dass einiges deshalb auch etwas (zu) jugendlich für Oma Änne war. Aber was machte das, da sie nichts gegen Jugend(liche) hatte! Was ist schon überflüssig und geschmacklos – und meine Mutter fand da einiges –, wenn es denn Spaß macht und Geld keine so große Rolle spielt!

Ein Hoch auf Oma Änne aus tiefstem Herzen, dass sie so anders, so verrückt (aus Sicht der Erwachsenen) und so herzlich (aus Sicht von uns Kindern) war. Ich wünsche jedem Kind so eine Groß(e)mutter und natürlich auch einen Groß(en)vater. Aber den hatte ich nicht und spüre diesen Mangel, denn auch der männliche Pol hat solch einen erlösten Narren in nächster Nähe (des Kinderherzens) verdient.

Betrachten wir den Lebensweg im Mandala, aus der Mitte kommend, wird der später für uns viel wichtigere Zusammenhang zwischen Kindheit und Alter noch deutlicher. Sie bilden dort gemeinsam den inneren Kreis – der Einheit noch beziehungsweise schon wieder nahe. Sommer und Herbst des Lebens bilden den äußeren, der Welt der Gegensätze verhafteten Kreis; er ist der Polarität mehr ausgesetzt und oft ausgeliefert.

Meditation

- Wie will die Groß(e)mutter, der Groß(e)vater in mir (noch) leben, was (noch) erleben und den Kindern hinterlassen?
- Wie will und kann ich meinem eigenen Inneren Kind (Lebens-)Freude schenken?

Alte Weise

Wir können uns auf dem Weg der Archetypen bemühen, Wissen zu erwerben und dieses Wissen in Weisheit zu wandeln, indem wir etwa das Urwissen in der Tiefe in Gestalt der Lebensprinzipien erfassen. Schon Plato, der das von seinem Lehrer Sokrates übernommene Wissen über die Welt in Gleichnisse kleidete, sprach von der Idee hinter jedem Ding. Auf diese Ebene der Ideen vorzudringen ist uns möglich. Man kann es mit Goethe auch so verstehen, dass alles Geschaffene ein Gleichnis ist. Gleichnisse vermitteln Muster des Lebensweges in bildhafter Form. Insofern ist Vertraut-werden mit der Seelen-Bilder-Welt ein wichtiger Schritt in Richtung Weisheit und Tiefe.

Je sicherer und vertrauter wir mit der Ideenwelt und jener der zwölf Lebensprinzipien werden, desto mehr wandelt sich unser Wissen in Weisheit. Und der meistzitierte Archetyp des Alters ist der Alte Weise. Er gehört wie das Alter selbst und der Tod zur zehnten Lebensbühne (Saturn/ Steinbock). Er ist weise, weil er wie Sokrates weiß, dass er nichts weiß und das Leben sowieso viel mehr ist als Wissen und Machen.

Einer Machergesellschaft wie der unsrigen sind Alte Weise jedoch extrem unangenehm, und sie haben so gut wie gar nichts zu sagen, sondern werden eher als Provokation erlebt, da sie aus neu gewonnener Bescheidenheit auf das Wesentliche zielende Fragen stellen und sich dem Wirbel um die beste Performance entziehen. Andererseits können Alte Weise in unserer Gesellschaft schon deshalb keine Rolle spielen, weil sich eine Mehrheit in hohem Alter so krampfhaft ans Leben klammert, dass ihr jene Gelassen- und Gelöstheit fehlt, die den Alten Weisen auszeichnen. Gleichzeitig geht ihnen aber auch der Mut ab zum eigenen Leben und seiner Originalität. Das ist generell unser Hauptproblem in der letzten Lebensphase des Alters und vor allem auf dem Totenbett: Wir haben uns nicht getraut und trauern über alles, was wir versäumt haben. An zweiter Stelle trauern wir über unseren Mangel an lebensfördernder Disziplin – ein Thema des Saturnprinzips, dessen erlöster Form wir im Archetyp des Alten Weisen begegnen.

Alte Weise (Frauen und Männer) besitzen prinzipiell den *not*wendigen Abstand, um selbst schwierige Themen anzusprechen, Rat zu geben und aus ihrem Herzen keine Mördergrube zu machen. Sie wären damit – nach C. G. Jung – genau jene »Kulturschaffenden«, die den großen Aufgaben der zweiten Lebenshälfte gerecht werden. Und sie könnten nicht nur mit ihren (Lebens-)Erfahrungen und ihrem in Weisheit gewandelten Wissen zum Gemeinwohl beitragen, sondern auch gleich die dunklen, anstößigen Schattengestalten im Schutze des Alters ans Tageslicht holen. Wenn sie mit gutem Beispiel vorangehen und sich im Rahmen einer Schattentherapie von Ängsten und Projektionen lösen, wird es sie bereichern, und sie können ihrem Umfeld wesentliche Anstöße geben. Ihre Mahnungen würden entsprechend der Bedeutung ihres (Berufs-) Lebens und (Bewusstseins-)Standes gehört und könnten rechtzeitig vor Gefahren warnen und viel Unheil verhindern.

Befreit von den Lasten der Rücksichtnahme und mühsam beschwerlicher »Gesellschaftsspiele«, könnten Alte Weise ihre Weisheit mit dem kindlichen Staunen der vierten Lebensbühne (Mond/Krebs) und der übersprudelnden (Lebens-)Freude der elften (Uranus/Wassermann) vermischen, um zu den Geheimnissen und Überraschungen des Lebens zurückzukehren und andere dorthin zu führen.

Meditation

- Wo möchte in mir noch Wissen in Weisheit gewandelt werden?
- Wo habe ich das Zeug zur Alten Weisen (Frau), zum Alten Weisen (Mann)?

Mystiker und Erleuchtete

Im Entwicklungskreis folgt auf die uns nun schon vertrauten Lebensprinzipien von zehntens Saturn (Steinbock) und elftens Uranus (Wassermann) das Prinzip der Transzendenz und Mystik, des Einswerdens mit allem: zwölftens Neptun (Fische).

Saturn, Uranus und Neptun vollenden den Kreis der Entwicklung und machen den letzten Quadranten der Lebensreise aus. Diese drei bestimmen die Muster und Themen des Alter(n)s, die von Überpersönlichem geprägt sind. Nun geht es um das Wohl aller. Im Alter sollen wir über den Tellerrand hinausschauen lernen und das Transpersonale, unsere Botschaft für die Allgemeinheit ins Auge fassen.

Praktisch alle philosophischen wie spirituellen Traditionen widmen der letzten Entwicklungsstufe im Alter, jener Lebensbühne der Vollendung, große Aufmerksamkeit. Die entsprechenden Wege dorthin sind zwar zahlreich und unterschiedlich geprägt, aber ein Kriterium ist immer gleich: Verwirklichte, Befreite, Erleuchtete sind frei von Widerständen. Sie haben das Annehmen aller Lebensumstände gelernt, und die daraus folgende (Ver-)Wandlung ist ihr Geheimnis. Mit allem ausgesöhnt, weil sie das Geschehen in seiner Sinnhaftigkeit durchschauen, greifen sie meist nicht mehr ein und wollen nur noch selten aktiv verändern. Wenn sie es tun, dann mehr als sinnstiftende symbolische Geste oder als Ritual im Sinne der großen Lehrer Christus und Buddha. Wenn Christus etwa die Geldwechsler und Vorfahren unserer Bank(st)er aus dem Tempel warf, wollte er damit wohl weniger etwas konkret durchsetzen, als symbolisch auf ein Missverständnis hinweisen.

So haben viele große Geister und Mystiker die Tendenz, sich zurückzuziehen aus der polaren Welt, um mit sich allein und alles in einem zu sein. Berühmte Klöster und Einsiedeleien zeugen überall auf der Welt von *Resignation* in erlöster Hinsicht. Die Menschen, die dort ein kontemplatives Leben führen, ziehen von der geschäftigen Welt ihr Signum, ihr Zeichen, ihre Unterschrift, zurück (lat. *re-signare*).

Auch wenn Rückzug kein genereller Weg für alle sein kann, zeigt doch die berühmte Nonnenstudie, die noch genauer vorgestellt wird, wie sehr solch eine Zurücknahme aus dem Trubel des modernen Lebens vor den typischen Zivilisationskrankheitsbildern schützt, zu denen auch Alzheimer zu rechnen ist.

Die Bodhisattvas des Ostens und die Engel des Westens, die aus purer Nächstenliebe weiter inkarnieren und in die Welt der Gegensätze zurückkehren, sind als Helfer und Lehrer bekannt und geschätzt. Viele Menschen haben eine tiefe Sehnsucht, ihnen zu begegnen. Aber sie treten erst in unser Leben, wenn wir und die Umstände reif dafür sind. Wir brauchen sie auch nicht zu suchen; sie kommen, wenn es an der Zeit ist, und verschwinden genauso spontan wieder, wenn wir allein weiter- und zurechtkommen. Es hat also wenig Sinn, verzweifelt zu warten, sondern wir sollten uns lieber für ihre Nähe öffnen. Oft waren sie schon lange da, und wir haben sie nur nicht erkannt. Dazu ein Tipp: Den Film *Die Legende von Bagger Vance* anschauen und sich seiner Deutung widmen. Er inspiriert auf unterhaltsame Weise dazu, sich seines Schutzengels bewusst zu werden, seine Hilfe anzunehmen und dafür Ignoranz und Ego-Zentrik abzustreifen.[7]

Meditation

- Welche Schutzengel kann ich auf meinem Lebensweg erkennen, wenn ich zurückblicke?
- Wo habe ich hilfreiche Geister im Leben übersehen und kann sie nun rückwirkend doch erkennen und würdigen?
- Bringt der Bibelsatz »Das Licht kam in die Welt, und die Welt erkannte es nicht« etwas in mir zum Klingen? Was kann er mich lehren?

Personifizierte Güte und Nächstenliebe: Engel in Menschengestalt

Wir begegnen dem Alten Narren genauso wenig wie etwa dem Alten Weisen in Reinform. Vielmehr mischen sich die Archetypen des letzten Lebensabschnitts und zeigen sich auf unserem Weg ins Alter in Ansätzen und Abstufungen. Darüber hinaus sind wir nicht darauf beschränkt, nur für unsere Enkel und (Inneren) Kinder als Alte Narren oder als Groß(e)väter und Groß(e)mütter zu wirken und wichtige Impulse zu vermitteln. Wir können auch jedem Mitmenschen etwas von unserer Lebensweisheit schenken, indem wir für sie zum Engel werden – etwa durch die »Technik« positiver Enttäuschung, was beiden Seiten unglaublich viel Freude machen wird. Das heißt, sobald unser Gegenüber eine Zurechtweisung, eine harte Kritik oder Demütigung erwartet, könnten wir es mit dem Gegenteil überraschen und es auf die Höhen des Glücksbewusstseins heben. Das durfte ich in meinem Leben mehrfach erfahren, wie es folgende Beispiele zeigen:

Als ich mich in der Schulzeit in einem Aufsatz einmal zu einem Gedankenausflug hinreißen ließ, der mich ganz weit vom Thema abbrachte, und ein »Mangelhaft« und herbe Kritik erwarten ließ, schrieb meine Lehrerin nicht einfach die vernichtende Note aufs Blatt. Stattdessen wartete sie, bis alle gegangen waren. Ich war auf eine Standpauke gefasst, aber ganz unerwartet sagte sie sinngemäß: »Du weißt sowieso, was passiert ist. Du hast das Thema ignoriert. Aber das, was du geschrieben hast, ist gut, und von dir will ich noch lesen, wenn du die Schule schon lange hinter dir hast.« – Ich glaube zwar nicht, dass ich deswegen zu schreiben begann, aber ich habe es (ihr) nie vergessen, und es hat mein Herz berührt.

Später, zu Beginn meines Klinikjahres in München, wurde ich der Station des berühmten Professors Begemann zugeteilt, auf der es um Blutkrankheiten und Krebs ging. Die für Universitätskliniken typische lange Prozession der Visite hatte sich um das Bett meines Patienten geschart, die Kurve lag darauf, und ich merkte geschockt, dass ich die Bestimmung des wesentlichsten Blutwertes vergessen hatte. Mir wurde heiß, und mit rotem Gesicht und Herzklopfen erwartete ich die öffentliche Hinrichtung. Aber nichts dergleichen geschah. Ich dachte, der Professor habe tatsächlich so viel Stil, das erst draußen vor der Tür zu machen. Aber auch da geschah nichts, und die ganze weitere Visite und den Vormittag lang fiel kein Wort. Ich wusste, dass er es nicht übersehen haben konnte, und hatte den Wert sofort nachbestimmen lassen. Erst als ich mittags einen Moment allein war, kam er extra vorbei und sagte nur beiläufig: »Danke, dass Sie es gleich haben nachmachen lassen.« Ich war völlig platt: Dieser Hämatologe von Weltruf hatte so viel Einfühlung und nahm so viel Rücksicht! Er hatte die Gesundheit des Patienten, aber auch meine Seele die ganze Zeit über im Hinterkopf behalten und selbst nachgesehen, ob ich die Scharte ausgewetzt hatte, und bedankte sich dann auch noch bei mir, obwohl ich eine Abreibung erwartete und verdiente. Er hat mich sicher bald vergessen, aber ich werde mich immer an ihn erinnern.

Beinahe wäre ich sogar Hämatologe bei ihm geworden; zum Glück war mir die entsprechende Warteliste zu lang. Rückwirkend betrachtet war da wohl noch ein Schutzengel im Spiel, denn ich gehöre sicher mehr an den Platz, wo ich heute bin.

Und dann kam ganz am Anfang in der Chirurgie die erste Operation bei einem als streng und geradezu hart bekannten Chef auf mich zu. Ich durfte und musste Haken halten – der geringste Job am Operationstisch –, um ihm ein gutes Arbeitsfeld zu öffnen. Nach einer guten Stunde wurde mir ziemlich warm von unten herauf und von innen heraus, eigentlich angenehm, aber auch irgendwie komisch, und es wurde mir auch schon komisch. Da hörte ich diesen Chef wie von ferne sagen: »Schwester, einer von den Jungen soll sich sofort waschen und bereitmachen. Und der junge Kollege an den Haken kneift ab sofort die Arschbacken zusammen und hält noch ein paar Minuten durch.« Vor Schreck wie gelähmt, kniff ich sie zusammen und merkte, wie es wirklich half. Dann wurde ich abgelöst. Meine Erwartung war: »Setzen! Sechs.« Aber nach der Operation sagte der Chef im Vorbeigehen nur: »Mach dir nichts draus, kann jedem passieren. Aus dem Holz sind die besten Ärzte geschnitzt.« – Das war wie eine Erlösung nach dem angespannten Warten auf Tadel und Abstrafung. Wobei ich bis heute nicht weiß, wieso eine Ohnmachtsneigung zum guten Arzt befähigt. Aber ich habe mich sehr bemüht, seiner Prognose gerecht zu werden.

Mit Dankbarkeit darf ich rückblickend feststellen, dass mir derlei noch öfter passiert ist. Offenbar habe ich eine

Resonanz zu solchen positiven Enttäuschungen und menschlichen Engeln, die sich darauf verstehen und damit so beeindruckende Wandlungen ermöglichen. Das hat mir geholfen, mich meinerseits in dieser Richtung zu engagieren und die Technik der positiven Enttäuschung zu entwickeln und zu propagieren. Es gibt so viele Gelegenheiten dafür, gerade auch für reife Menschen mit Altersweisheit.

Die großen Aufgaben
des Alters

Sinnvolle Beschäftigung

Eine im Herbst (ihres Lebens) welkende Blütenpflanze kümmert sich nur noch um die Weitergabe ihres Samens und damit ihrer Essenz und ihres Vermächtnisses. Auch für uns Menschen steht es im Alter an, uns um unsere Essenz, unser Vermächtnis zu kümmern und zu überlegen, was von uns bleiben soll. Das kann auf körperlicher Ebene in Kindern und Enkeln weiterleben und -wachsen, aber es kann auch im übertragenen Sinn in uns weiter gedeihen und sich nach außen auswirken. Dazu könnten wir uns im Alter die (An-)Spannung der Jugend erlassen und das große Loslassen im Bewusstsein üben, statt uns selbst hängen zu lassen und alle möglichen Körperpartien dazu.

Im Idealfall werden ab der Lebensmitte alle Kinder für den alten Menschen, der etwas weiterzugeben hat, zu Enkeln, und diese Aufgabe ist groß und anspruchsvoll. Sie fordert und fördert – die Enkel wie die Alten (Lehrer des Lebens). Wir alle werden auf diese Weise bis ins hohe Alter lernen und innerlich wachsen können. Das unterstützt wie wenig anderes unsere (Lebens-)Stimmung und reduziert damit Stress, der uns von Kopf bis Fuß schlecht bekommt.

Dabei spielt der Beruf, den wir ausgeübt haben oder in dem wir noch stehen, eine besondere Rolle. Wenn die Seele darin Sinn findet, darf die Arbeit auch schwer und sogar kompliziert sein. Sie darf Anforderungen stellen und wird damit sogar die innere Entwicklung fördern. Ob wir auf dem diesbezüglich richtigen Weg sind, zeigt sich daran, ob sie uns Freude macht. In Bezug auf Alterskrankheiten und ihre Vermeidung ist eine die Seele befriedigende, sinnstiftende Arbeit ein enormer Schatz. Und wollen wir uns wirklich schon zur Ruhe setzen? Ich selbst arbeite viel zu gern weiter, um bereits in Pension zu gehen.

Ein sicherer Weg zu einer Arbeit, die Freude macht, ist, schon frühzeitig auf den Ruf zu hören, der die Seele in ihren Bann zieht. Wer ihn hört und seine Berufung spürt und (sich) daraus einen Beruf entwickelt, ist auf sicherer Spur unterwegs zu sich selbst. Solch ein Beruf wird die Seele immer weiter nähren und ein Leben lang tragen beziehungsweise sich mit ihr entwickeln. Ich mache zum Beispiel heute kaum noch etwas so, wie ich es im Studium gelernt habe, aber die Basis stimmt weiterhin. Manchmal bin ich froh über Grundlagen wie Anatomie, Physiologie und Biochemie, die ich mitnehmen konnte und die mich seitdem begleiten. Der Ruf ist geblieben, der Beruf hat sich den wandelnden Zeiten und meinen sich verändernden Lebenssituationen angepasst. Er hat sich von einer »stechenden« zu einer »sprechenden« Medizin gewandelt.

Ich schneide längst nicht mehr konkret ins Fleisch, noch pikse ich Patienten körperlich, aber meine manchmal mit scharfen Worten gewürzte Sprache geht doch zuweilen unter die Haut und pikst auch oft; ich steche mehr mit Worten als mit Nadeln. Anfangs habe ich mit Nadeln Blut entnommen und Medikamente gespritzt; später zielten die Nadeln mehr auf Energielenkung im chinesischen Sinne von Tonisierung und Sedierung. Heute höre ich Patienten zu, achte sorgfältig darauf, was sie von sich geben, filtere die Lebensthemen heraus und gebe ihnen meine Deutungen zurück.

Es ist nie zu spät, sich rufen zu lassen und dem Ruf zur Berufung zu folgen. Selbst wenn das – wie heute so häufig – erst in der Zeit nach der Pensionierung geschieht. Solch späte Berufung kann Altersglück bescheren und Krankheitssymptomen die Chance nehmen beziehungsweise sie sogar zur Chance machen. Solche Tätigkeiten werden schließlich begeistern und die Seele mehr als beschäftigen, nämlich nähren, und dem Leben Sinn geben. Ideal wäre, bei solch einer Arbeit so lange bleiben zu können, wie sie Freude macht und erfüllt, um sie dann bewusst in andere, jüngere Hände zu legen. Man könnte aus dem Hintergrund vielleicht noch ein Auge darauf haben – wie ein abgedankter Staatsmann weiter auf sein Land schaut und eine graue Eminenz auf ihre Firma.

Neben Freude und Sinnstiftung ist Zufriedenheit ein weiteres wichtiges Kriterium. Wenn ich zurückblicke, stelle ich fest, dass ich in meinem ganzen Leben kaum *arbeiten* musste, sondern bei sich ständig wandelnden Aufgaben mit meinem Schaffen *zufrieden sein* durfte. Das verdanke ich unter anderem meinem Vater: Als ich am zweiten Schultag gelangweilt vorzeitig nach Hause ging, setzte es am Abend für mich völlig überraschend eine in dieser Form auch unbekannte Standpauke. Er machte mir klar, dass es keinen Weg zurück in mein wildes, freies, weil weitgehend unbeaufsichtigtes und draußen stattfindendes Kinderleben gab. Ab sofort hätte ich nur noch die Wahl, mir entweder nur den Vormittag oder, wenn ich so weitermachte, auch noch den Nachmittag verderben zu lassen. Er riet mir sehr deutlich dazu, mich am Vormittag in der Schule so zu engagieren, dass wenigstens der Nachmittag gerettet sei und es mir zweitens irgendwann Freude mache, so wie ich ja schon freiwillig frühzeitig lesen gelernt habe. Das konnte ich einsehen und mich daran halten. Versöhnlich fügte er noch hinzu, dass er keinen Aufwand scheuen werde, dafür zu sorgen, dass meine Schulen nicht so langweilig blieben, wie das jetzt begonnen hätte. Sie sollten mich fordern und fördern und mir bald sogar Spaß machen. Dafür bin ich ihm rückwirkend sehr dankbar. Er sorgte wirklich für beste verfügbare Schulen, und als ich in den 1960er-Jahren mit heiligem Ernst Sozialist wurde, förderte er Reisen in meine kommunistischen Traumländer – natürlich mit therapeutischen Absichten. So dauerte diese Phase nicht allzu lange und sparte mir Zeit. Er schickte mich anschließend auf ein sündteures College in den USA, beim Klassenfeind sozusagen, wo ich meine schönste Schulzeit erleben durfte. Um es abzukürzen: Meine (Aus-)Bildung machte mir bald Freude und war also auch nicht als Arbeit zu bezeichnen.

Bis heute betrachte ich (m)eine befriedigende, sinnstiftende Berufung als großen Schatz – einer entsprechenden
Beziehung vergleichbar – und würde auf beide nicht ohne
Not verzichten wollen. Natürlich gibt es bei fast jeder Berufung auch harte Zeiten, aber gerade dann wird sie unsere
Lebensgeister anfachen und uns geistig fit und in Form
halten.

Meditation

- »Arbeit ist sichtbar gemachte Liebe« (Khalil Gibran) –
  gibt es in diesem Sinne eine Beschäftigung, die mir jetzt
  noch Freude bereiten würde?
- In welcher Weise kann mir die neue Freiheit, die ich
  durch die Pensionierung gewonnen habe, Möglichkeiten
  bieten, meiner Berufung, wenn auch spät, doch noch zu
  folgen?

Glückliche Partnerschaft

Der Mensch, das wussten schon die alten Griechen, ist ein
Zoon politikon, ein soziales Lebewesen. Wir alle brauchen
Nähe, Beziehung und Bezogenheit; wir wollen uns ausdrücken und von anderen wahrgenommen werden. Uns
tun liebevolle Gesellschaft und jede Form von Kontakt gut,
nachweislich auch der zu Tieren.

Soziale Einbindung trägt zu unserem Wohlbefinden bei, selbst wenn wir das gar nicht immer so empfinden. Die moderne Tendenz des Single-Lebens bekommt uns jedenfalls auf vielen Ebenen schlecht und macht uns besonders im Alter zu schaffen. Alleinlebende und vor allem einsame Menschen leiden rascher und deutlicher am Alter und laufen auch deutlich stärker Gefahr, dement zu werden. Es ist wissenschaftlich gut belegt, dass eine verlässliche, durchs Leben tragende Partnerschaft eine Art Lebensversicherung gegen Alzheimer-Demenz darstellt.

Ideal wäre eine Beziehung zu einem oder mehreren Menschen, mit denen wir uns austauschen, die uns berühren und für etwas Gemeinsames begeistern können. Mit dem Gefühl, an einem Strang zu ziehen, werden wir offensichtlich in guter Stimmung und ohne Angst älter. Und der da mitzieht, ist nicht zwingend ein Mensch, sondern kann auch ein Partner aus dem Tierreich sein. Jede Form von Partnerschaft scheint besser als keine zu sein, um dem Alter mit seinen Herausforderungen gewachsen zu bleiben.

Frauen haben im Übrigen das höhere Demenzrisiko, weil sie durchschnittlich einige Jahre jünger als Männer in die Ehe gehen und dann in Deutschland auch noch etwa fünf Jahre länger leben. Sie sind also am Lebensende durchschnittlich meist um die zehn Jahre allein. Alleinsein aber tut unserem Gehirn nicht gut. Auch wenn Partner sich vielfach auf die Nerven gehen und sich manchmal vorwerfen, einander den letzten Nerv zu rauben, regt ihr Zusammensein doch deren Neubildung nachweislich an.

Einsamkeit ist ein erheblicher Stress, zumal sie oft – durch den Tod des Partners – abrupt hereinbricht. Zugleich fällt meist die gewohnte körperliche Berührung weg und damit das Kuschelhormon Oxytocin. Da Frauen obendrein den Partner auch noch viel häufiger im Alter und bei Demenz pflegen, erhöht sich auch aus diesem Grund ihr eigenes Risiko um das Vierfache. Das Fehlen von körperlicher und emotionaler Zuwendung im Alter kann zum seelischen Schaden der Deprivation führen, die demenzähnliche Symptome wie Apathie oder Depression bis hin zu regressivem Verhalten aufweist. Bei Letzterem scheint das unerlöste »Werden wie die Kinder« schon durch.

Vor diesem Hintergrund ist es auf dem Weg ins Alter auch ratsam, Erwartungen zu überprüfen und dafür zu sorgen, dass hochfliegende Partnerschaftsträume Erdung finden. Vielleicht gibt es ja jene ersehnte Dualseele, den selbstlosen Engel oder den Prinzen in dieser himmlischen Form nur als Archetyp, um die Menschen zu begeistern und am Thema zu halten. Im Alter haben wir jedenfalls die Chance, etwas bescheidener und sogar demütiger zu werden, uns der (in und um uns) herrschenden Wirklichkeit anzupassen. Jetzt können wir erkennen und erleben, dass in Partnerschaften Forderungen zu erfüllen sind, um Förderung zu erleben und voranzukommen Richtung Wachstum und Entwicklung. Beziehungen brauchen unseren Einsatz und beinhalten viel mehr engagierte Arbeit an uns selbst als am anderen. Am Partner können wir uns abarbeiten, um schließlich aufzugeben. Wenn beide aber an sich selbst arbeiten und wachsen, sind die Chancen groß für Entwicklung und Reife und klein für Demenz – und das ist wiederum eine weitere Chance des Alters.

Allerdings ist uns heute auch auf dem Feld der Partnerschaft unser Gehirn mehr im Weg als früher. Denn heute wird die Partnerschaft nicht mehr gestiftet, sondern sie soll sich ereignen wie eine Naturgewalt. Früher haben Eltern Arbeits- und Lebenspartnerschaften – und zwar in dieser Reihenfolge – arrangiert nach dem Motto: »Wir haben eine Brauerei und die haben eine Brauerei, also braut was Schönes zusammen.« Und da hat sich dann einiges im positiven Sinne zusammengebraut: Sie haben zusammengearbeitet und Kinder bekommen und sich dabei vielleicht sogar lieben gelernt. Jedenfalls hielten solche Beziehungen einstmals länger, oft sogar ein Leben lang. Möglicherweise lag das aber auch an Resignation und fehlendem Selbstbewusstsein bei den (Ehe-)Frauen und an der geringeren Lebenserwartung.

Heute verharren die Jungen im Wartestand und hoffen, dass Eros' Pfeile sie zeitgleich mit dem Traumpartner treffen. Falls das geschieht, ist es die heißersehnte Liebe auf den ersten Blick, und wenn dann noch die Resonanzphase gut funktioniert, erleben sie Kohärenz auf allen Ebenen – den Himmel auf Erden. Aber auf die Schicksalsgesetze des Anfangs und der Resonanz folgt das wichtigste der Polarität, und die Liebenden fangen an – spätestens nach drei Jahren –, sich an Schattenthemen (auf)zureiben: Sie spiegelt ihm seine Schattenseiten wider und er ihr die ihren. Wer das nicht durchschaut und die Schicksalsgesetze nicht verinnerlicht, gibt heute an diesem Punkt meist schon auf.

Das moderne Elend ist wenigstens kurz: ein paar Sekunden Liebe auf den ersten Blick, maximal drei Jahre Resonanzphase unter dem Einfluss des himmlischen Hormonrausches und der sich daraus so angenehm ergebenden »Großhirnvergiftung«, und dann rückt die Polarität mit dem Schattenprinzip in den Vordergrund. Wer das Schattenprinzip – wie die Mehrheit – ignoriert oder gar nicht kennt, für den verwandelt sich jetzt oft heiße Liebe in kalten Hass.

Allerdings lassen viele junge Menschen ihre Partnerschaft inzwischen wieder stiften mit Hilfe der künstlichen Intelligenz der Computer und im Vertrauen auf Internet und Partnerschaftsportale. Die Auswahl ist dann riesig. Aber die Schicksalsgesetze bleiben in jedem Fall weiter in Kraft, und die Frage ist, worin die Prinzipien der Auswahl bei Computern liegen. Geht es nach dem Resonanzprinzip (*Gleich und gleich gesellt sich gern*) in Richtung einer *Beziehung zum Wohl* oder nach dem Polaritätsprinzip (*Gegensätze ziehen sich an*) mit dem Ziel einer *Beziehung zum Heil*? Im Extrem liegt in Letzterer viel Entwicklung, aber kaum Wohlgefühl, und in Ersterer viel Wohlfühlen, aber dafür kaum Entwicklung, vom Heil ganz zu schweigen.

Computersysteme verarbeiten ihre Daten sicher optimal und bringen so Beziehungen zum Wohl zustande, weil die Gemeinsamkeiten vom Computer leicht zu finden sind. Die Gegensätze, die eine Beziehung zum Heil ermöglichen, sind aber schwieriger zu ermitteln. Es wäre interessant, diese Komponente mit zu programmieren und die ideale Mischung zu finden.

Im Laufe des Lebens und mit zunehmender Reife könnten wir zu einer weniger ehrgeizigen und idealistischen Haltung finden und vielleicht verstehen, dass auf Dauer Wohlfühlen auch wichtig ist, um Entwicklung und Schattenintegration, die Voraussetzung für Heil(werd)ung, durchstehen zu können. Insofern ist wahrscheinlich für die meisten ein gelungener Kompromiss zwischen den beiden Prinzipien am besten beziehungsweise gesündesten: eine Mischung aus sich fordern und fördern, aber nicht überfordern.

Wie immer wir in Partnerschaften (hinein)finden und mit welchen Ansprüchen wir sie führen, sie lassen sich wohl nur mit Hilfe der Spielregeln des Lebens zu Wachstum und Entwicklung nutzen. Die gute Nachricht ist: Die Spielregeln der Schicksalsgesetze gelten nicht nur hier. Wer sie einmal begriffen hat, kann sie in allen Lebensbereichen anwenden.

So ist auch das Partnerschaftsthema im Hinblick auf ein gesundes Alter zu durchschauen: Die meisten Paare werden bei der augenblicklich vorherrschenden gutbürgerlichen Variante nur kurzzeitig richtig glücklich und langfristig ziemlich unglücklich. Das gilt es im Alter zu (er-) lösen und die Partnerschaft glücklich zu gestalten oder aufzulösen. Tatsächlich lassen sich laut Statistik immer mehr und insbesondere alte Paare scheiden. Zwischen 1961 und 2015 hat in Österreich (laut Statistik Austria) die Zahl der Ehescheidungen um sage und schreibe 200 Prozent zugenommen. Die Zahl der Scheidungen nach 25 und mehr Ehejahren hat sich aber sogar versiebenfacht, das heißt, sie ist um mehr als 700 Prozent gestiegen. Seit 1990 sind die absoluten Scheidungszahlen dann wieder ziemlich gleich geblieben, aber die der über 25 Jahre Verheirateten haben sich auch da noch einmal verdoppelt.

Obwohl wir heute insgesamt und besonders im Alter gewollt oder ungewollt den Weg in die Vereinzelung gehen, kann sie andererseits ebenfalls eine Chance bedeuten. Wir dürfen und können auch als Singles glücklich werden – in der Hoffnung, dass uns nach dem Resonanzprinzip dann später eine entsprechend glückliche Beziehung zufällt. Denn wir sind und bleiben Beziehungswesen, und Partnerschaft ist in vieler Hinsicht eine Chance für ein glückliches Leben(sende), bei dem wir den Verstand bis zum Schluss bewahren, aber nicht nur, sondern auch unsere Sinne und die daraus folgende Sinnlichkeit, unsere Gefühle und, bestens durchblutet, Herz und Hirn.

Die hohen Scheidungsraten im Alter könnten auch so interpretiert werden, dass sich inzwischen immer mehr alte Menschen auf sich selbst zurückbesinnen und lieber ihren eigenen Weg gehen, als sich für den Partner zu verbiegen. Statt einsam und all*ein* zu sein, können wir natürlich auch uns selbst suchen und verwirklichen – und in uns selbst alles finden, sozusagen all(es in)ein(em). Der Weg der einsiedlerisch lebenden Kartäusermönche ist geprägt von solch einem Streben nach Einheit mit Gott; einen wundervollen Einblick in diese bewusst gewählte Einsamkeit kann der Schweizer Film *Broken Silence* gewähren.

Obwohl wir wissen, wie günstig sich lebenslange partnerschaftliche Bindung auswirkt, können oder wollen wir uns offensichtlich nicht mehr dafür entscheiden. Der

Grund dafür dürfte in den hohen Ansprüchen beider Geschlechter liegen, dass der oder die andere einen glücklich zu machen hat. Die Lösung liegt aber eher darin, dass wir uns entwickeln und den Partner, die Partnerin als Spiegel und Lernchance erkennen und nutzen – und den Menschen an unserer Seite glücklich machen.

Zwei Meditationen

- Wie sehr kann ich den berühmten Ausspruch von Albert Schweitzer nachfühlen: »Ehrfurcht vor dem Leben bedeutet: Ich bin Leben, das leben will, inmitten von Leben, das leben will«?
- Welche Bedeutung haben Ausdrücke wie »Leben und leben lassen« und »Gemeinsam sind wir stark« für mich?
- Wie würde ich mich fühlen, wenn ich krank bin und mein Partner mich pflegt?
- Könnte ich in seinem Krankheitsfall bleiben und ihn pflegen, oder fiele mir das schwer oder würde ich mich gegebenenfalls sogar trennen? Wie ginge ich mit den dann auftretenden Schuldgefühlen um?

Abdankung und Dank

Bauern danken im Alter noch heute selbstverständlich ab; bei königlichen Herrschern ist es nicht ungewöhnlich, beim deutschen Papst war es die große Ausnahme. Am deutlichsten wird das altbewährte Konzept bei den Bauern: Wenn der alte Bauer nicht mehr so kann wie gewohnt und der junge schon bereit ist, kommt es zur Übergabe des Hofes. Die Alten ziehen sich in ein kleines Austragshaus zurück, während die Jungen das große Haus und den gesamten Besitz übernehmen. Der Rückzug aufs Altenteil klappt bis heute im Rahmen fest etablierter Tradition mit relativ gutem Ergebnis. Die Alten orientieren sich völlig um, halten sich (im Idealfall) aus den Tagesgeschäften heraus – die sie rechtlich auch nichts mehr angehen – und widmen sich auf dem (katholischen) Land im Wesentlichen der Religion. Dieser Weg erinnert an die alte Tradition des klassischen Indien. Beide haben sich bewährt, kommen aber für die Menschen heute offenbar immer weniger infrage. Das hängt sicher mit modernen Lebens- und Arbeitsstrukturen zusammen, aber auch mit unserer Schwierigkeit, loszulassen und dankbar zu sein.

Unübersehbar braucht eine gelungene Ab*dank*ung Dank – Dank für die geleistete Arbeit, das Lebenswerk. Wenn dieser Dank sicher ist, kann die Abdankung natürlich besser gelingen. Betroffene treten dann bewusst zurück und werden nicht wie in der heutigen Wirtschaft einfach ausgemustert und abgeschoben.

Das Lebensmuster naturverbunden lebender indigener Völker könnte uns hier als idealtypisches Vorbild gelten: Für die Frau solch eines Volkes sind die Schritte durch die Tradition und ihre Rituale vorgegeben und fester Lebensbestandteil. Als Mädchen ist sie schon einmal rituell gestorben, als der rote Mond der ersten Menstruation in ihr Leben trat und sie – mittels Pubertätsritus – zur Frau befördert wurde. Wann immer der rote Mond dann wieder ausblieb, bedeutete das für sie einen weiteren (Fort-)Schritt in Richtung Mutterschaft. Als er (im Klimakterium) ganz ausblieb und ihre Kinder ihre Enkel gebaren, stieg sie zur Groß(en)mutter auf, eine Art Höhepunkt (Klimax) ihres Lebens. Ab diesem Zeitpunkt trat sie von den Aufgaben des täglichen Lebens zurück und widmete sich nach einer längeren Ruhephase dem Rat der Frauen, um eine Alte Weise zu werden. Die Aufgabe dieses Rates war es, Frieden zu bewahren, statt Konflikte auszufechten. Letzteres war Aufgabe des Kriegshäuptlings – traditionell ein junger, mutiger, möglichst starker Mann, der aus unserer Sicht das Aggressionsprinzip der ersten Lebensbühne (Mars/ Widder) vertrat.

In unserer modernen Gesellschaft, in der schon die frühen Übergänge wie die Pubertät und die Adoleszenz bei der überwiegenden Mehrheit der Menschen kaum noch rituell bewältigt werden, geht in der Zeit der Abdankung bei vielen vieles schief. Wenn etwa der Beruf oder das Geldverdienen der wesentliche Lebensinhalt war, droht – vorzugsweise bei Männern – ein sogenannter Pensionsschock beziehungsweise eine Rentendepression. Waren Kinder ihr ganzer Lebensinhalt, gibt es – vor allem bei Frauen – immer öfter das Leere-Nest-Syndrom. Falls der Hausbau zum vorrangigen Lebensthema wurde, kann es zum Häuslebauer-Syndrom kommen. All das sind Synonyme für Depression und damit für eine Verweigerung der Seele auf ganzer Linie.

Abdanken hingegen bedeutet, im positiven Sinn mit Dank zu resignieren, das heißt, sein Signum unter das Erwerbsleben zurückzuziehen und zu akzeptieren, dass das bisherige Berufsleben Vergangenheit ist wie auch manches sportliche Hobby. Die Schwerpunkte verschieben sich mit zunehmendem Alter.

Für mich heißt das beispielsweise, dass ich nicht mehr so viel Zeit auf den Körper ver(sch)wenden will. Ich habe mich damit abgefunden, ihn sowieso nicht auf jugendlichem Niveau halten zu können. So frisch und fit wie einst wird er nie mehr ausschauen; so gut wie als junger Mann werde ich in diesem Leben auch keinesfalls mehr Ski fahren und surfen. Das ist vorbei – und darf und muss es auch sein. Es würde heute viel zu viel Zeit in Anspruch nehmen und mit Sicherheit im Misserfolg enden. Altherrenturniere zu gewinnen ist in meinen Augen nicht mehr als eine höchstens nette Ablenkung vom Wesentlichen. Vor allem aber ist es Zeitver(sch)wendung für überholte Themen und daher eher peinlich.

Viel wichtiger wird nun, im Kreis der Familie und in der Gesellschaft in neue Rollen schlüpfen zu dürfen. Man hat jetzt frei(e Zeit) und tritt in eine neue Identitätsphase über. Es gilt, die alte Haut abzustreifen und neue Perspektiven zu entwickeln. Die entscheidende Frage ist, was ab jetzt zählt.

Meditation

- Sich den aktuellen Platz im Entwicklungskreis des Lebens klarmachen und darüber meditieren, was noch ansteht und von mir gelebt werden will und muss.
- Wie steht es mit Abdanken und Danksagen?
- Inwieweit übernehme ich Verantwortung für mich selbst und meine Selbstverwirklichung?
- Was sagt mir das geflügelte Wort »Jeder Gedanke ein Danke«?

Konzentration aufs Wesentliche

Nur wirklich *Wesent*liches kann bleiben, auch die Hülle des Körperhauses muss letztlich vergehen. Der Volksmund erzählt vom Sensenmann, der am Lebensende Überflüssiges – wie den Körper – niedermäht. Die spirituelle Philosophie kennt den Hüter der Schwelle, der auf eine höher entwickelte Stufe der Anderswelt nur diejenigen lässt, die alles Unnötige und Unreine beim Gang durch die sogenannten Bardo-Zustände nach dem Tod abgelegt haben. Wie die großen östlichen Religionen sieht sie darin aber kein Drama, sondern sinnvollen (Fort-)Schritt, den verbrauchten, hinfällig gewordenen Körper wie ein abgetragenes Kleid rechtzeitig abzulegen, um der solcherart befreiten Seele die Weiterreise zu erleichtern und überhaupt erst zu ermöglichen.

Dagegen ist es ein typischer Ausdruck westlicher Todesangst, einen alten, schwerkranken, das heißt komplett verbrauchten Körper gleich nach dem Tod einfrieren zu wollen. Das ist getragen von der ebenso vagen wie verzweifelten Hoffnung, ihn wiedererwecken zu können, sobald das wirksame Krebsmedikament gefunden sei. Aber solange die Angst der Antrieb von Änderungen im Lebensstil ist, können diese Maßnahmen kein heilsames Potenzial entfalten. Die Enge der Angst, das destruktive Thema der zehnten Lebensbühne (Saturn/Steinbock), muss ehrlich betrachtet und überwunden werden.

Da Krankheit insgesamt zur zehnten Lebensbühne des Saturnprinzips gehört, melden sich natürlich bei denjenigen im Alter mehr Krankheitsbilder, die sich den dahinterliegenden Aufgaben verweigert und entzogen haben. Dann ist es Zeit zum Nacharbeiten und gleichsam Nachsitzen in dessen positivem Sinn: etwas nachzuholen, das früher versäumt wurde.

Mit dem Bisherigen abzuschließen und sozusagen Klarschiff zu machen für die Weiterreise ist eine grundsätzlich schöne Aufgabe. Wer nach langer Zeit wieder einmal aufgeräumt hat, was liegengeblieben war, erlebt, wie gut sich das anfühlt. Eine Fastenzeit würde dazu passen. Wer schon gefastet hat, weiß, wie im positiven Sinne herausfordernd Fasten sein kann, aber wie wundervoll es uns in der Zeit danach geht, wenn alles aufgeräumt und klar ist von Kopf bis Fuß und vom Körper über die Seele bis zum Geist. Weitere wichtige Schritte fallen jetzt natürlich sehr viel *leichter.*

In der Regel zeigt sich der körperliche Alterungsprozess vor allem an der Haut, und das damit verbundene Thema, die innere Aufgabe, lässt sich eigentlich gar nicht mehr übersehen. Welkende, an gegerbtes Leder erinnernde Haut, die sich über die Knochen spannt, lenkt bei entsprechender Deutung den Blick auf das konservierende und konservative Element, dessen einzig stimmiges Anliegen die Bewahrung des Wesentlichen, der Essenz, ist. So ist es wenig erstaunlich, wenn die meisten Menschen im Alter zu (noch) konservative(re)n Ansichten tendieren, als ihr an Energiesparen interessiertes Gehirn es ohnehin schon im Programm hat. Aber nun stehen nicht Politik und Wirtschaft im Fokus, sondern seelische Belange. Die Seele will zur Essenz gelangen und das Wesentliche bewahren. Wenn wir das zulassen und in den Mittelpunkt unseres Lebens stellen, sind wir auf bestem Weg in ein erfülltes Alter. Und statt auf Angst und Starrheit bezüglich alles Neuen zu setzen, die verbreiteten Fehler der Alten, sollten wir uns mit zeitloser Weisheit, mit spiritueller Tradition, Religion oder Lebensphilosophie beschäftigen und sie mit Leben füllen. Das ist die erlöste Ebene des Lebensprinzips oder Archetyps Saturn, zu dem, wie gesagt, das Alter insgesamt gehört. Angst, Starr- und Sturheit sind seine unerlösten, destruktiven Seiten. Struktur, Disziplin, Klarheit, Ehrlichkeit und die Reduktion aufs Wesentliche seine erlösten, konstruktiven.

Bildlich gesprochen geht es um die Wandlung von Kohle zum Diamanten. Dabei müssen ungeheurer Druck und starke Hitze einwirken, damit Kohlenstoff zu seiner höchsten Dichte, Härte und Reinheit im Diamanten findet. Und genau das sind die Themen des Alters, vor allem wenn diesen Aspekten in vorhergehenden Lebensphasen zu wenig Raum geschenkt wurde. Dann geraten Betroffene unter starken Druck und in eine an das christliche Fegefeuer erinnernde fieberhafte Hitze und Hetze. Hier liegt aber auch die wundervolle Chance des Alters, nachreifen zu können und Ehrlichkeit im Sinne von Reinwerdung zu fördern. Es gilt, das eigene Lebensmuster in aller Klarheit und Struktur zu erkennen und zu verstehen, um daraus die notwendigen Konsequenzen zu ziehen.

Dies deutlich zu machen und den Betroffenen auf ihrer Suche zu helfen war früher Aufgabe von Märchen, Mythen und Legenden. Unsere Vorgänger und Vorfahren maßen sich und ihr Leben an diesen archetypischen Vorgaben. Wunderbar, wenn wir diese Schätze unserer Kultur in der zweiten Lebenshälfte wiederentdecken und mit unserer Seele in Verbindung bringen. Heute können uns gute Filme dabei unterstützen, wie wir sie im Buch *Die Hollywood-Therapie – was Filme über uns verraten* (siehe Literaturverzeichnis) gesammelt und gedeutet haben. Ganz besonders hilfreich sind die im Abschnitt über das Altern und Sterben der zehnten Lebensbühne, die (Er-)Lösung, aber natürlich auch die der elften und zwölften und aller angesprochenen Lebensbühnen. Ob wir das heute mit unserer Angst vor diesem Thema fassen können oder nicht, es ist und bleibt der Höhepunkt des Lebens, auf den alles zielt, der Punkt der (Er-)Lösung und damit die größte Chance überhaupt. Nur wer den Schatten erlöst, kann zum Licht gelangen, und Filme lassen uns so leicht und nebenbei manches Licht aufgehen. Das kann – erfahrungsgemäß – mit ihnen sogar sehr viel Freude bereiten und anregende Zeiten und wirkliche Feierabende (besonders am Lebensabend) verschaffen. Früher nannte man die Stätten, die das ermöglichten, *Licht*-Spiel-Häuser.

Sich dem Grau(en) stellen

Das Thema Altern konfrontiert uns mit der Farbe Grau, wobei *Grau* und *Greis* dieselbe Wortwurzel haben. Farbveränderungen der Haut und ihrer Anhangsgebilde wie der Haare sind nur ein Aspekt des Grauwerdens; es reicht bis in den Bereich der Sinneswahrnehmungen hinein und betrifft auch die Weltsicht.

Nach Goethes Farbenlehre ist Schwarz keine Farbe, sondern der Mangel an allen Farben. Weiß ist der Gegenpol: Es enthält alle Farben, ist damit Zeichen der Vollendung, aber als Licht kaum sichtbar. Grau ist eine Entwicklungsstufe auf dem Weg dorthin und tatsächlich die Mitte zwischen Schwarz und Weiß. Trotzdem macht es Angst, und wir fürchten das (Er-)Grauen, obwohl es ein Schritt in die richtige Richtung ist, wie wir es beim Morgen-Grauen noch spüren.

Bei dem besonders schwierigen Schritt ins Dunkel, in die Schwärze des Schattenreichs, ist zu bedenken, dass er zwingend notwendig und durch nichts zu ersetzen ist. Wo der Abstieg besonders düster und beklemmend erscheint, wird das Licht später umso heller leuchten. Deshalb beschreibe ich bei der Krankheitsbilder-Deutung die Schattenseite oft so deutlich und drastisch; das aufgehende Licht ist dann umso besser und klarer wahrzunehmen.

Gegen das Grau des Alters anzukämpfen ist aussichtslos; altersbedingte körperliche Abbauprozesse künstlich stoppen zu wollen, ist vergebliche (Liebes-)Mühe. Auch Nachfärben und chirurgische Basteleien helfen nicht wirklich weiter, sondern peinigen die Betroffenen und sind vor allem peinlich. Die alte, nur äußerlich neu verspannte Haut wirkt gequält und ist es letztlich auch. Der Bogen ist vollends überspannt, wenn nach dem x-ten Lifting die Augen nicht mehr geschlossen werden können und für die Nachtruhe Augenbinden anzulegen sind, um überhaupt noch hinüber zu Hypnos, dem Schlaf und Bruder von Thanatos, dem Tod, zu gelangen.

Wir sollten diesen sinnlosen Kampf einstellen, so schwer es uns auch fällt in einer Zeit und Gesellschaft, die das Alte nicht zu schätzen weiß. Heute lässt sich kaum noch so schnell Neues anschaffen, wie Dinge veralten. Die Klamotten, Notebooks und Smartphones der letzten Saison lassen uns altmodisch erscheinen und ganz schön *alt aussehen*. Wir machen uns damit vor anderen unmöglich und gehören zum *alten Eisen*. Das jedenfalls suggeriert uns eine allgegenwärtige Werbeindustrie, die selbstverständlich zwanghaft auf Neues setzen muss, um den Umsatz zu steigern. Im modernen Bestreben, sich und alles um sich herum immer und unbedingt auf neu(est)em Stand zu halten, bricht sich neben dem Profitstreben ein eindrucksvoller Abwehrzauber Bahn gegen alles Alte und belegt es mit (s)einem Bann.

Unsere Gesellschaft versucht das Alte und den Gedanken an Vergänglichkeit und Tod genauso zu bannen, wie man es im Mittelalter mit Dämonen und Spukgestalten zu tun pflegte. Unsere Spukschlösser sind heute die Alten- und Pflegeheime, die wir am liebsten ignorieren würden. Früher versuchte man, Spukgestalten mit materiellen Opfergaben gnädig zu stimmen, um Ruhe vor ihnen zu bekommen. Heute zahlen wir fast alle verblüffend hohe Beiträge in Altersversorgungen in der vagen Hoffnung, dem Alter dadurch etwas von seinem Schrecken zu nehmen. Umfassende rein materielle Versorgung führt aber eher dazu, Langeweile und Sinnlosigkeitsgefühle noch bewusster und schmerzlicher zu erleben. Nun lenkt gar nichts mehr ab vom Thema der angebrochenen und allmählich sich neigenden und irgendwann abbrechenden Zeit, die in jedem Fall mit dem letzten Stündlein endet, das ausnahmslos jedem einmal schlägt – obwohl wir dies umso engagierter zu verdrängen suchen. Es macht uns Angst. Aber wir können dieser Angst begegnen und ihre Enge in Weite wandeln, die uns hilft, mit uns und unserem Leben ins Reine zu kommen. Die Zeit-Film-Serien in *Die Hollywood-Therapie* kann hier gut helfen.

Als die aufgeklärte Moderne die (Seelen-)Landschaften von Gespenstern und Spuk säuberte, die wir mit der Anderswelt und dem Jenseits assoziieren, wurde nicht bedacht, dass sich nichts endgültig aus der Welt schaffen lässt. Verdrängung entspricht dem Schattenreich sogar besonders gut, letztlich verdankt es ihr seine Existenz. So nahmen die Gespenster des Alter(n)s den Weg über das Schattenreich, der ihrem Wesen archetypisch durchaus nahe ist, und dringen nicht nur in Alten- und Pflegeheime sowie geriatrische Verwahranstalten der Psychiatrie ein, sondern auch – getarnt zwischen hochmodernen, glitzernden, aber leblosen Apparaten – in Intensivstationen. Sie haben sich ebenso in die internen Stationen der Kliniken eingenistet, wo das Durchschnittsalter der Patienten steigt und die Triumphe der modernen Medizin beinahe ebenso *gräulich* werden wie ihre Schattenseiten grauenhaft. Natürlich sucht niemand diese Orte freiwillig auf, sie sind meist die letzte Chance in doppeltem Sinn und in dieser Hinsicht so enorm wichtig. Insofern ist es vorrangig, sie in Orte der Heilung und positiven Abdankung zu wandeln.

In dem Maße, wie die Farbe aus dem Leben weicht, bleibt Grau. In dem Maße, wie das Leben weicht, bleibt unter (unbewussten) Umständen Grauen – jedenfalls bei vielen heute unvorbereitet Sterbenden. Es ist also wichtig, sich dem Grauen vor der Anderswelt zu stellen, sie rechtzeitig kennen- und damit auch schätzen zu lernen. Das Jenseits bleibt niemandem erspart.

Mit der Transplantation von Organen hat der *Handel* um Lebenszeit tatsächlich und im doppelten und wahrsten Sinn des Wortes eine neue Dimension erreicht. Routinemäßig entreißen Chirurgen Gevatter Tod einzelne Organe, um damit anderen eine Zeit lang die Begegnung mit ihm zu ersparen. Aber der Tod dürfte bei alldem ruhig und entspannt bleiben, denn auf Dauer bleibt all dieses menschliche Aufbäumen aus Angst vor dem Ende ein hoffnungsloses Unterfangen. Es kommt gegen die Macht und Würde des Todes nicht an.

Thanatos, der Tod, ist nicht unser Feind, sondern der große Bruder von Hypnos, dem Schlaf, der uns von jedem Tag erlöst wie Thanatos von jedem Leben. Sein alter Name *Gevatter Tod* zeigt noch den freundschaftlichen und jedenfalls freundlichen Umgang, den unsere Vorfahren mit ihm pflegten. Der über 90-jährige Familientherapeut Bert Hellinger stellte nach einer intensiven und nahen Begegnung mit Gevatter Tod jeweils einen »leeren« Stuhl für ihn neben sich auf die Bühne. Dieser Sitzplatz des Todes machte stets tiefen Eindruck und warf Licht auf die größte unter unseren Begegnungen und Lebensaufgaben.

Für Lebensfreude und Lebensglück ist wesentlich, dass wir uns mit dem Tod aussöhnen und ihn als Freund gewinnen. Wer ihn (wieder) als (Er-)Lösung sehen könnte wie unsere Vorfahren oder als Durchgangsstation wie Buddhisten und Hindus, hat nichts zu befürchten und ist frei und offen für alle noch anstehenden Erfahrungen und Erlebnisse. Ein entscheidender Aspekt des Alters liegt demnach auch in der positiven Annahme der Farbe Grau, die einen Seelenzustand im Angesicht des Todes beschreibt.

Meditation

- »Wer nicht stirbt, bevor er stirbt, auf ewiglich verdirbt.« (Angelus Silesius)

- »Und so lang du das nicht hast, / Dieses: Stirb und
  Werde! / Bist du nur ein trüber Gast / Auf der dunklen
  Erde.« (Johann Wolfgang Goethe)
  Was sagen mir diese beiden weisen Worte großer Geister unserer Kultur?

Der Körper spricht zu uns

Aufmerksamkeit für den inneren Whistleblower

Es ist durchaus möglich, bis ins hohe Alter alle Sinne beisammenzuhaben wie auch *alle Tassen im Schrank*, alle Zähne im Mund und sogar Haare auf dem Kopf. Aber wer in der zweiten Lebenshälfte Haare gelassen hat wie ich, die im Wettlauf zwischen Ergrauen und Ausfallen den Abgang vorzogen, und mit den Zähnen einige Vitalität drangeben musste, braucht sich noch nicht zu grämen, sondern kann deuten, verstehen und durch bewusstes Annehmen wandeln. Wer aber merkt, dass er langsam von Sinnen kommt, nicht mehr alle Tassen im Schrank findet, dafür überall lockere Schrauben und die Socken im Kühlschrank, der könnte sich mit Hilfe der schon gegebenen und noch kommenden sehr praktisch-medizinischen Anregungen zu einem lockeren, entspannten, würdevollen Altern hin entwickeln, bei dem er bis zum Ende seine Tasse sinnvoll bedienen und sich seiner Sinne und Sinnlichkeit erfreuen kann. Solch ein freudvolles, ja begeister-

'tes Alter wünsche ich mir und meinen Leserinnen und Lesern.

Was wir freiwillig einlösen an Schattenthemen und Lebensaufgaben, muss uns nicht mittels Symptomen und Problemen nahegebracht werden. Das heißt, all die im Folgenden angeführten grau(sig)en Symptome müssen für uns keine Rolle spielen, wenn wir sie als unerlöste Ausdrucksformen verstehen, sie in einem ersten Schritt durchschauen und annehmen lernen und sie in einem zweiten in konstruktive Formen wandeln. Und je weiter wir uns bei den Archetypen des Alters von den destruktiven zu konstruktiven, von den unerlösten zu erlösten Ebenen entwickeln, desto unwahrscheinlicher wird, dass die geschilderten und gedeuteten Alterssymptome – und sogar die Alzheimer-Demenz als ihrer aller Karikatur – bei uns auftauchen.

Wir sollten deshalb beizeiten, und nicht erst im fortgeschrittenen Alter, aufmerksam wahr- und ernst nehmen, was unser Körper uns an Signalen sendet, und auf frühe Warnzeichen achten. Sie wollen immer auf etwas aufmerksam machen. Je achtsamer wir werden, desto besser (für uns). Das wird uns vor (bösen) Überraschungen bewahren, die zum Uranusprinzip der elften Lebensbühne (und seiner destruktiven Seite) gehören.

Ein Symptom ist dazu da, Alarm zu schlagen und uns eine Überlastung des Organismus oder ein verdrängtes Thema zu melden. Zwar ist seine Warnung nicht immer so deutlich wahrnehmbar wie etwa das Pfeifen bei Tinnitus. Das Beispiel Ohrgeräusch lässt uns aber gut nachvollziehen, dass Symptome wie ein innerer Whistleblower funktionieren. Ihm ähnlich – Edward Snowden sei hier stellvertretend genannt – ist ein Symptom einerseits aufschlussreich für die Behebung eines Missstands und wichtig für den heilsamen Umschwung. Andererseits ist es lästig, weil es am Status quo rüttelt und sozusagen den Finger in die Wunde legt. So haben wir Whistleblower auch in uns, die uns *verpfeifen*, wenn wir vom (Entwicklungs-)Weg abgekommen sind und etwas in uns schiefläuft. Unsere Whistleblower sind zum Beispiel Organe, die nicht mehr mitspielen, sondern *darauf pfeifen*, weiter gute Miene zum bösen Spiel zu machen, und Gewebe, die sich (und uns) hängen lassen. Oder es sind Probleme, die uns immer wieder einholen, oder Unglücksfälle und all die Zufälle, die uns zufallen, um uns aus dem Trott unseres Alltags und aus schlechten Gewohnheiten herauszuholen. Dank dieser Alarmzeichen könnten wir frühzeitig herausfinden, ob wir beispielsweise so essen oder denken, wie es eigentlich unserem Erkenntnisstand und den Notwendigkeiten unserer Lebenswirklichkeit entspricht. Solche Warnungen zu ignorieren oder gar zu unterdrücken kann sowohl in der äußeren politischen Welt als auch auf unserer persönlichen Ebene lebensgefährlich werden. Je früher wir diese (Warn-)Zeichen beachten, desto größer unsere Chance, vital und bei Verstand zu bleiben und Gevatter Tod noch länger warten zu lassen. Wer rechtzeitig auf Störungsmeldungen in Form von Symptomen hört, kann sein Leben freier und ungezügelter weiterleben, ohne dass es gefährlich wird. Wer so lebt, dass der Körper gar nicht erst Alarm schlagen muss, übt echte Vorbeugung. Die traut sich die Schulmedizin gar nicht zu, sondern zieht sich auf Früherkennung zurück, was zwar besser ist als Späterkennung, aber überhaupt nichts mit echter Vorbeugung zu tun hat.

Wenn uns Symptome und Probleme den Marsch blasen, was mit Schmerzen und Unwohlsein spürbar wird, ist das als eine Art Weckruf zu verstehen. Wir können erkennen, dass etwas grundsätzlich falsch läuft und wir besser aufwachen, um gegenzusteuern. Wenn wir sie ignorieren durch Überhören, Verdrängen, Projizieren oder wie diese Psychospiele alle heißen, mündet dies in eine Eskalation von Problemen und Schwierigkeiten.

 Wer dank des Alarms aufwacht und bei der Neubesinnung Hilfe benötigt, wird sie bekommen und sollte sie annehmen. Heißen wir also – anders als die Politik – unsere Whistleblower in Gestalt von Symptomen und Problemen willkommen; sie sind unsere Helfer, unsere Schutzengel, und das gilt natürlich fürs ganze Leben, aber ganz besonders fürs Alter. Gerade in der *Grau*enhaftigkeit der gängigen Alterssymptome können wir uns unserer Kraft bewusst werden, die hier verborgen liegt.

Wenn wir nun noch tiefer in den Schatten von Alterssymptomen eindringen, sei darauf verwiesen, dass wir es tun, um gleich anschließend umso leichter und fundierter das Phänomen des Alterns bereitwillig annehmen und zum Wachsen nutzen zu können. Das ist – wie immer bei der Krankheitsbilder-Deutung – zuerst homöopathisch gedacht, das heißt: nicht dagegen angehen, sondern die

Thematik erlösen. Wir wollen nicht gegen die Symptome, sondern mit ihnen arbeiten und wachsen.

Das Prinzip der Symptome zu verstehen und ihre Idee aufzunehmen und auf konstruktiver Ebene zu verwirklichen, all das macht es möglich, das Thema zum Positiven zu wenden und Kraft daraus zu ziehen. Vor diesem Hintergrund ist Altern kein eingebauter Systemfehler, sondern eine Chance zu mehr Bewusstheit und innerer Freiheit. Um gerade keine Angst vor den Alterssymptomen zu haben, müssen wir sie deuten und verstehen. Denn nur wenn wir sie durchschauen, können wir ihnen mit Gelassenheit und Würde begegnen und daran wachsen und uns wandeln und die beiden ersten Schritte des Heilwerdens verwirklichen.

Symptome »normalen« Alterns

Die Haare machen den natürlichen Weg des Rückzugs ab der zweiten Lebenshälfte besonders auffällig deutlich. Die Farbe weicht aus dem Leben; das lässt sich allgemein als Zeichen der Resignation deuten. **Graue Haare**, dieses typische Alterszeichen, sind besonders für Frauen ein *Graus*. Graue Schläfen bei Männern erfreuen sich dagegen einer gewissen Beliebtheit, besonders wiederum bei Frauen, die sich selbst jedes graue Haar übel nehmen, es anfangs ausreißen und später dagegen anfärben. Bei Männern zeigen die grauen Schläfen angeblich jene Welt- und Lebenserfahrung, die mit dem Alter(n) zu gewinnen wäre. Aber auch

117

hier sind die Farbhinweise des Körpers nur Steilvorlagen, um diese Themen auf übertragener Ebene zu bewältigen.

Andererseits gibt es Menschen, die bis ins hohe Alter ihre natürliche Haarfarbe bewahren und offenbar solche Hinweise nicht brauchen. Und es gibt inzwischen auch eine Gegenbewegung bei modernen Frauen, die ihre grauen Haare zeigen, zu dieser Veränderung stehen und mit einem gewissen Stolz damit Reife demonstrieren.

Die uralte Lehre der Alchemie stellt den für uns wichtigen Erlösungsweg symbolisch über Tiere und ihre Farben dar. Der Weg beginnt demnach mit der Buntheit des Pfaus, seinen schillernden Farben in seinem großen Rad, das er schlägt, um Eindruck zu machen bei potenziellen Partnerinnen. Er lässt seiner Eitelkeit und seinem Ego freien Lauf und plustert sich auffällig und geradezu dramatisch auf – ein Vorrecht der Jugend. Dabei kommt ihm die Buntheit gut zustatten. Typischerweise sprechen wir bis heute davon, *ein großes Rad* zu *drehen* oder bei auffälligem und übertriebenem männlichem Balzverhalten davon, *ein großes Rad* zu *schlagen.*

Das nächste Entwicklungsstadium ist die vom Raben symbolisierte Nigredo, die Schwärze, die Farbe der zehnten Lebensbühne des Saturnprinzips. Hier muss alles Überfällige und Überflüssige abfallen und sterben, wie das Ego insgesamt, damit schließlich die weiße Albedo, die Vollkommenheit des weißen Schwanes, verwirklicht werden kann. Der Schwan selbst muss ein graues Durchgangsstadium, das *hässliche Entlein*, durchleben, um weiße Vollkommenheit zu erlangen.

Dieses Weiß nicht nur körperlich in der Haarfarbe, sondern auch in *Weis*heit zu verwirklichen ist die Aufgabe des Alters und führt zum Archetyp des Alten Weisen. Der alte weise Mann, die alte weise Frau haben ihre Struktur und sich in ihr gefunden – wahrscheinlich mit Disziplin und harter oder jedenfalls konsequenter Arbeit an sich. Manche Alte tragen ihr schneeweißes Haar denn auch mit entsprechendem Selbstbewusstsein.

Die **Geschmacks- und Geruchsempfindungen** sind ebenfalls auf dem Rückzug. Die Wahrnehmung für pikantere Nuancen beginnt oft zu schwinden, und das Essen scheint fader und langweiliger zu werden. Der Hinweis ist deutlich: Schlemmen und üppige Mahlzeiten, aber auch alles Aufwendige, Opulente, Anspruchsvolle und Komplizierte sollte allmählich überwunden werden und jedenfalls in den Hintergrund treten, damit wir uns auf den Geschmack der Essenz des Lebens, des Wesentlichen, konzentrieren. Sich das Einfache und Natürliche von ganzem Herzen zu gönnen ist das höhere Ziel. Die praktischen Hinweise im Kapitel »Lebensstil-Medizin« bieten hierzu viele Hilfen an.

Der **graue Star** schiebt ebenfalls (s)einen grauen Vorhang vor die lebendig bunte Welt. Objektiv lässt die Farbwahrnehmung in dem Maße nach, wie sich die verantwortlichen Zäpfchen im Augenhintergrund zurückbilden.

Ge- und betrübte Blicke finden nur noch trübe Aussichten. Würden die Einsichten und daraus folgenden Bewusstseinserkenntnisse einfacher, strukturierter und wesentlicher, müsste das Auge dieses Phänomen nicht so deutlich machen. Und darin liegt auch die Chance, da wir uns mit dem Ergrauen in Richtung Weiß und Ganzheit bewegen. Wer einen Farbkreis aus allen Regenbogenfarben immer schneller rotieren lässt, wird erleben, wie die vielen Farben zuerst zu Grau und schließlich Weiß verschwimmen.

Obendrein ist Grau als Mitte zwischen Schwarz und Weiß auch ein Symbol der Gegensatzvereinigung, die in dieser Zeit ansteht. So muss die Frau ihren männlichen Seelenanteil, den Animus, integrieren und der Mann seine Anima, den weiblichen Anteil. Sobald dies auf geistig-seelischer Ebene geschieht, entlastet es die Körperbühne von dieser Darstellungsaufgabe.

Es gilt, sich freiwillig auf diesen (Farb-)Weg einzulassen und sich allmählich von den Verlockungen der Welt zurückzuziehen beziehungsweise sie als immer weniger bunt und verlockend und eben zunehmend *grau* zu erkennen. Wichtig ist, wie schon gesagt, *Grau* als Durchgangsstadium zu begreifen und als jene Farbe der Mitte zu verstehen, die es zu verwirklichen gilt.

Die Grauschleier des Alters machen auch vor den Ohren nicht halt, deren Hörfähigkeit besonders für hohe Töne oft sehr nachlässt, was bis zur **Schwerhörigkeit** führen kann. Der Organismus macht deutlich, wo die Betroffenen zunehmend nicht mehr mitschwingen können und sollen. Für sie wäre es ratsam, herunterzukommen zu den irdischeren tieferen Tönen und realistischeren Aspekten des Lebens.

Wenn wir uns vor hochfliegenden Einflüsterungen und unrealistischen Träume(reie)n, den eigenen wie auch denen der Eltern, die immer noch in uns leben, befreien, können wir unseren physischen Hörsinn von dieser Darstellungsaufgabe entlasten. Vor allem können wir uns der inneren Stimme und damit auch spirituellen Aufgabe auf einer konkreteren, »geerdeteren« Ebene öffnen.

Wer außen weniger hört, ist mehr auf das Innen verwiesen, hier liegt die wahre (Er-)Lösung. Nicht die Stimmen der anderen, sondern Gottes Stimme, die Stimme der Einheit, das ist das letzte große Ziel. Dafür brauchen wir die Stille – und eine Um- und Neuorientierung von außen nach innen, bei der wir auf realistische Weise uns selbst treu bleiben.

Die Altersschwerhörigkeit kann uns auch offenbaren, dass wir vieles gar *nicht mehr hören sollen*, es ist sozusagen nicht mehr alles für unsere Ohren bestimmt. Vielleicht haben wir es schon zu oft ge- und überhört (»Ich kann das nicht mehr hören!«), und nun haben wir (es) *abgeschaltet*.

Wahrscheinlich hätten wir schon längst im übertragenen Sinn mehr abschalten und uns nach innen wenden sollen. Dazu passt die eigenartige Diskrepanz bei der Hörfähigkeit: Viele Altersschwerhörige hören einiges überhaupt nicht mehr, anderes aber wider Erwarten doch noch sehr gut. Im Umgang mit Altersschwerhörigen kann man sich oft des Eindrucks nicht erwehren, ein gewisses »Schwindeln« und »Tun-als-ob« spiele mit herein. Während nämlich der schon seit Jahren nervende und genervte Partner im selben Raum laut brüllen muss, um überhaupt noch durchzudringen, sind die ungleich spannenderen Unterhaltungen der Freunde oder Enkel im Nebenzimmer noch ganz gut mitzubekommen, obwohl vielleicht gar nicht für lauschende Ohren bestimmt.

So erscheint dieses Symptom nicht selten wie ein unbewusster und deshalb unerlöster Rückzug aus einer unangenehmen Welt in einen eigenen Raum, in den Unbefugte selbst schreiend nicht mehr folgen und eindringen können und eben oft auch nicht sollen. Meist geben die unerwünschten Eindringlinge früher oder später auf, denn wenig ist anstrengender, als zu einem Schwerhörigen durchzudringen, der nicht mehr hören will und andere einfach (unbewusst) aussperrt. Kaum eine Symptomatik isoliert und distanziert mehr von der Welt und macht einsamer und verschlossener. Insofern wird Schwerhörigkeit und ihr Extrem, Taubheit, auch seelisch viel schwerer ertragen als etwa schlechtes Sehen und sogar Blindheit. Schwerhörige schaffen sich gleichsam selbst aus der Welt (der anderen) und schwingen nicht mehr mit (ihnen mit). Das macht die Situation so unerträglich. Ihr Reich ist gleichsam nicht mehr von dieser Welt und sollte es – im christlichen Sinne – auch nicht mehr sein.

Wenn der Zugang zur Außenwelt schwindet, liegt darin immer die Aufforderung, den Weg nach innen zu suchen und zu öffnen. Die Herausforderung stellt sich, wie gesagt, schon mehr im Transzendenten und Jenseitigen. Im Extrem zeigt sich die Lösung: Wer gar nichts mehr hört, landet in der Stille. Gottes Stimme hören wir am besten in der Stille, lehrt uns Meister Eckhart. Sobald wir mehr nach innen horchen, vernehmen wir die eigene innere Stimme oder die des inneren Arztes oder Heilers oder sogar die der großen Göttin oder Gottes oder unseres Schutzengels. Wenn wir hören, horchen und gehorchen, kommen wir auf den Weg zu uns selbst.

Die Tatsache, dass so viele alte Menschen mit dem Symptom Altersschwerhörigkeit ringen, zeigt, wie gesellschaftstypisch und krankmachend die bei uns überzogene Außenorientierung bis ins hohe Alter ist. Viele müssen hierzulande offenbar erst über Symptome zum Rückzug gezwungen werden. Indigene Kulturen, die wir so gern und so falsch als primitiv bezeichnen, verraten mit ihrem weitgehenden Verzicht auf solche typischen Altersbeschwernisse und -behinderungen, wie keineswegs normal und schon gar nicht natürlich ist, was bei uns bereits als alltäglich und normal gilt.

Trotz technisch immer raffinierterer und differenzierterer Prothesen ist Schwerhörigkeit weiterhin ein Symptom, das viele ausgrenzt und zu *Außenseitern* degradiert. Während wir nämlich beim aktiveren Sehen durchaus *mehr machen können*, bleiben wir beim passiveren Hören trotz sich rasant entwickelnder Technik recht hilflos. Die schwerhörigen Alten, deren Zahl stark zunimmt, verkommen in ihrer Vereinsamung und Isolation geradezu zum gesellschaftlichen Schatten, und wie jeder Schattenbereich wird auch dieser äußerst ungern wahr- und wichtig genommen. Be*herr*schen und *Beherrschung* stehen heute so im Vordergrund; Zuhören, Horchen und Gehorchen fristen eher ein Schattendasein. Das wachsende Heer der Alten, die nicht mehr hören und (ge)horchen können (und manchmal wollen!), zeigt, wohin das führt. Gerade im Horchen und Gehorchen liegt aber die große Hoffnung, und Letzteres kann bis zum »Dein Wille geschehe« des Vaterunsers gehen.

In **Altersweitsichtigkeit** deutet der Organismus an, wie sehr wir Nächstliegendes übersehen und darüber hinwegsehen und -gehen und stattdessen in die Ferne schweifen. Und genau darum sollten wir uns kümmern, aber nicht auf körperlicher, sondern auf übertragener Ebene.

Bei der Altersweitsichtigkeit verschwimmt das Naheliegende, denn jetzt wird es für uns immer wesentlicher, unseren Blick in die Ferne zu richten und vermehrt unsere Aufmerksamkeit in die Weite zu lenken und uns *klar*zumachen, worum es im Leben im Großen und Ganzen geht und was an Wesentlichem noch auf Integration und (Er-)Lösung wartet. Naheliegendes darf und soll hinter den Über- und Ausblick zurücktreten; der scharf bleibende Lebenshorizont aber wird betont und hervorgehoben.

Es geht jetzt um den großen (Lebens-)Bogen und die verbleibende Lebensperspektive. Statt sich mit naheliegendem Alltagskram zu beschäftigen, sollten wir Übersicht gewinnen. Das Naheliegende wird deshalb entzogen, und *die Arme werden zu kurz zum Zeitunglesen.* Die (Tages-)Zeitung sollte in dieser Lebensphase eben keine Rolle mehr spielen und zurücktreten zugunsten der eigenen Lebensgeschichte, des eigenen Lebensfilms. Der (Lebens-)Kreis sollte sich schließen, das Ganze sich offenbaren und abrunden, um *rund* im Sinne einer *runden Sache* zu werden. Spielfilme ohne rundes Ende empfinden wir als unbefriedigend. Beim Lebensfilm ist das ähnlich; ein *Happy End* tut gut. Altersweitsichtigkeit fordert uns deshalb auf, die Weite zu betrachten und den Horizont unseres eigenen Lebens zu erweitern, um im übertragenen Sinne weitsichtig zu werden und Überblick und Übersicht zu gewinnen.

Das **Nachlassen des Kurzzeitgedächtnisses** ist ähnlich zu deuten. Während entscheidende Ereignisse aus der Jugend in Erinnerung bleiben und jederzeit vor dem inneren Auge auftauchen, verschwimmt die nähere und sogar unmittelbare Vergangenheit, etwa in Gestalt der Dinge, die wir gerade einkaufen wollten. Doch der Nebel des Vergessens ist hier als etwas Konstruktives und Hilfreiches zu sehen: Er verschleiert jetzt weniger Wichtiges, und so kann das Wesentliche noch deutlicher hervortreten. Erst bei Nichtbeachtung breitet sich der Nebel aus der Gegenwart nach hinten in die Vergangenheit aus. Dieser Prozess lässt sich aber aufhalten, wie sich zeigen wird.

Erneut sind wir aufgefordert, den großen Bogen des Lebens in den Mittelpunkt zu stellen, ohne Rücksicht auf alltäglichen Kleinkram, der nicht länger essenziell wichtige Lebensthemen überlagern und verdrängen darf wie bisher. Wenn wir anfangen, die Vergangenheit zu verstehen – sie uns nicht nur in Erinnerung zu rufen, sondern sogar zu *verinnerlichen*, das heißt, ihren Sinn zu erkennen –, und daraus praktische Konsequenzen im Sinne von Wandlung ziehen, werden wir erleben, wie sich die Nebel wieder lichten.

Das Nachlassen des Kurzzeitgedächtnisses, das Vergessen, kann uns im Grunde helfen, uns von Unwichtigem zu befreien zugunsten wirklich wesentlicher Dinge. Es kann uns entlasten, damit wir viel leichter in der Lebensmitte umkehren, um *zu werden wie die Kinder*, die mit weit geöffneten Augen das Wunder des Lebens bestaunen. Hadern wir also nicht mit solchen Alterssymptomen, denn sie weisen uns den Weg (zu uns selbst). Allerdings müssen wir uns von der körperlichen Ebene, wo sie uns das Thema bildlich deutlich und deutbar machen, zur übertragenen Ebene durchringen beziehungsweise weiterentwickeln. Wenn wir uns um das Wesentliche in Gestalt unerledigter Themen unserer Vergangenheit kümmern, um damit fertigzuwerden, erlösen wir die Körperbühne von ihrer Darstellungsaufgabe, und das Kurzzeitgedächtnis kann sich wieder erholen.

Zu den angeblich »normalen« körperlichen Abbauerscheinungen gehört das **Unbeweglich-** und **Ungelenkig-Werden**. Die **Verknöcherung** der Gehörknöchelchen (Otosklerose) als Ursache von Schwerhörigkeit verdeutlicht das Thema im Bereich von Hören und Gehorchen. Man *hat genug* (gehört und gehorcht im Sinne von pariert), *versteift* sich gegenüber äußeren Schwingungen und verkriecht sich in sein Schneckenhaus. Betroffene *machen sich* gleichsam selbst *zur Schnecke,* und die körperliche Gehörschnecke offenbart es auf der Körperbühne in zunehmendem Funktionsverlust.

Hier gilt alles für Schwerhörige Beschriebene. Die (Lern-)Aufgabe ist auch hier, zur Ruhe zu kommen, wirklich Einkehr in die Stille zu halten und sich auf sich (zu-) rückzubesinnen, Außenkontakte freiwillig zu reduzieren und statt weiter auf andere zu hören, nach innen horchend der eigenen inneren Stimme gehorchen zu lernen. Das Bild eines Einsiedlers mag dazu auftauchen, der ganz für sich in seiner Klause oder Kartause in schweigender Innenschau kontemplativ die innere Stille genießt. Übrigens ist das Kloster der einzige Ort, wo in unserer Gesellschaft Männer fast so alt wie Frauen werden. Außerdem werden Nonnen wie Mönche generell bei guter Gesundheit vergleichsweise uralt.

Die im Krankheitsbild aller Formen von Schwerhörigkeit zum Ausdruck kommende Tendenz, nur noch zu hören, was einen interessiert, zeigt die Richtung: Auf das Wichtige und Wesentliche – im tiefsten Sinn – ist zu horchen. Wenn äußere Stimmen nun leiser werden, können innere umso *deutlicher* erklingen. Die vom Symptom erzwungene Innenwendung bewusst anzunehmen ist die im Krankheitsbild verborgene Wachstums- und Entwicklungschance: nach innen horchen und der eigenen inneren (Seelen-) Stimme gehorchen lernen. Die Verknöcherung und Verhärtung in Konsequenz und Klarheit zu wandeln ist die homöopathische Erlösung, das Wiedergewinnen von Flexibilität der allopathische Gegenpol.

Entsprechendes gilt für den Bewegungsapparat, der ebenfalls zu verknöchern und verhärten droht. Das Nachlassen der Beweglichkeit kann im Alter bis zu **Gelenksteife** eskalieren. Unser Körper demonstriert, wie eingerostet er ist, wie viel Sand sich einerseits im Getriebe angesammelt hat und wie es andererseits an Öl, oder Gelenkschmiere, fehlt. Folglich läuft nichts mehr *wie geschmiert*. Der Organismus zeigt, wie schwer Bewegung fällt und dass *nicht mehr viel läuft* (im Leben) und *nichts mehr (voran)geht* und schon gar nicht aufwärts.

Als Aufgabe wird auch hier klar: äußerlich Ruhe geben und sich auf den eigenen inneren ruhenden Pol besinnen. Aus dieser Ruhe der Mitte können dann innereseelische Beweglichkeit, Flexibilität und Anpassungsfähigkeit neuerlich *(er)wachsen*. In Folge dieser sogenannten Resilienz lässt sich oft auch äußere Beweglichkeit in erstaunlichem Maß zurückgewinnen, vor allem im Zusammenhang mit der veränderten Lebensweise, die wir später kennenlernen, und den Auswegen, die diese ermöglicht. Geht aufgrund einer veränderten Ernährung die Übersäuerung zurück, wird auch die Gelenksteife – körperlich bedingt – nachlassen. Entscheidend bleibt jedoch, die äußeren Lebenskreise zu verringern, um geistig-seelisch und spirituell sich jene wahre innere Beweglich- und Lebendigkeit zu erhalten oder sie überhaupt erst zu verwirklichen.

Das »Altersdrama« auf der **erschlaffenden, gezeichneten Haut** ist ein ebenso verbreitetes wie unbeliebtes (Schatten-)Schauspiel, allerdings medizinisch meist harmlos. Im Alter wird die Haut unübersehbar zum Spiegel des Innenlebens. Aber kaum jemand mag es, wenn ihm seine Geschichte mit all ihren Auswüchsen – für jedermann sichtbar und so *deut*lich – auf die Haut beziehungsweise ins Gesicht geschrieben steht. Wenn die Gräben, die man im Leben aufgerissen hat, sich als tiefe Furchen oder auch nur Falten im Gesicht aufwerfen, ist das den meisten zu ehrlich. Oscar Wildes Mythos des Dorian Gray, der seine Seele dafür verkauft, sein Bildnis an seiner Stelle altern zu lassen, ver*deut*licht das Thema.

Falten und **Runzeln** sind Zeichen der von innen heraus um sich greifenden Vertrocknung. Das Gewebe verliert Wasser, und der Selbsttest beweist: Falten tendieren dazu stehenzubleiben. Wenn *man* beziehungsweise meist *frau* absichtlich eine Falte aufwirft, stellt sich im fortgeschrittenen Lebensalter zu ihrer Verzweiflung heraus, dass sich die Haut nicht sofort wieder von selbst glättet.

Spannkraft und Elastizität ziehen sich im Alter von Natur aus zunehmend aus den Geweben zurück, die Haut spiegelt es unübersehbar *deut*lich (nach außen) wider. Auf langer Lebensreise, die vor allem eine der Seele ist, hat das Körperhaus einfach viel Wasser, sprich Seelenflüssigkeit, eingebüßt. Aber je mehr wir unsere seelischen Angelegenheiten und Geschäfte erledigen, sie hinter uns bringen und damit fertig- und somit wesentlicher werden, umso weniger muss der Organismus – und vor allem das Haut- und Bindegewebe – stellvertretend für uns austrocknen bei dem Versuch, uns auf die Themen Reduktion und Konzentration aufs Wesentliche und Strukturfindung hinzuweisen.

Und noch etwas dürfen wir im Alter lernen: uns gehenzulassen, und zwar im wahrsten Sinne des Wortes und in dessen Doppelbedeutung. Irgendwann dürfen (oder müssen) wir alle gehen, wir bereiten uns im Grunde ein Leben lang darauf vor. Erschlaffung auf Körperebene ist als ein inneres Loslassen auf der Körper- und damit auf der ungeschickten Ebene zu begreifen. Wir müssen uns als Alte nicht mehr so zusammenreißen, sondern können uns ruhig auch mal gehenlassen – anstelle unserer Haut. Das kann Haut- und Bindegewebsschichten von dieser Darstellungsaufgabe entlasten. Wo Elastizität aber auf beiden Ebenen bewusst erhalten bleibt, wird das unser Alter(n) leichter machen.

Auch der sich ausbreitenden Trockenheit lässt sich etwas abgewinnen, wenn das Thema als Chance erkannt wird. Konkret kann das bedeuten, trockenen Humor zu entwickeln, sich nicht länger das herzhafte Lachen zu verkneifen und wenigstens ein Schmunzeln zuzulassen, vorzugsweise über sich selbst. Dies gilt umso mehr, als es sich hier in doppelter Hinsicht nicht um Krankheits-, sondern um positive Alters- und Reifezeichen handelt.

Vielleicht wird es allmählich Zeit, auf anderen Ebenen trockener zu werden. Empfiehlt nicht auch der Volksmund, *hinter den Ohren trocken zu werden* im Sinne von sich weiterentwickeln? Die faltigen Gesichter vor allem Alter Weiser oder auch Alter Narren imponieren oft durch ihre Ausdrucksstärke, die von Witz, Wachheit und beeindruckender (Lebens-)Weisheit zeugt. Gerade dieses Zusammenspiel von »trockenen« Falten und humorvollem Mitfließen mit dem Leben macht die Ausstrahlung, Anziehungskraft und das Charisma dieser Menschen aus.

Auf der Ebene der Lebensweise fällt zusätzlich und ganz praktisch auf, wie erstaunlich wenig alte Menschen ausreichend Wasser trinken. Wir brauchen aber viel Wasser (des Lebens) für unsere körperliche und geistige Frische. Ich empfehle deshalb jedem, sich entsprechend eigener Vorlieben ein gutes Wasser – am besten aus einer reifen Quelle – zu suchen, das dann gern und ausreichend getrunken wird, wie wir es statt mit einer Wein- mit einer Wasser-Geschmacksprobe vor jedem Fastenseminar in TamanGa machen. Die sieben reifen Quellen von *St. Leonhards* bilden einen idealen Grundstock. Und obwohl Weinproben sicher nicht zu verachten sind, ist solch eine Wasserprobe und bewusste Wahl des täglichen Trinkwassers ungleich wichtiger – besonders im Alter.

Chronischer Wassermangel wirkt sich verheerend auf Gehirn und geistige Gesundheit aus, und ich erinnere mich in diesem Zusammenhang an ein Erlebnis während meiner Tätigkeit in der Psychiatrie. Als junger Unerfahrener bestand ich darauf – selbstverständlich moralisch entrüstet –, Wassermangel mit Wasser statt mit Psychopharmaka zu behandeln. So setzte ich durch, bei ausgetrockneten alten Herren, die wegen Konfabulationen, das heißt verwirrtem Durcheinanderreden, eingeliefert wurden, einfach mit Infusionen den Flüssigkeitsspiegel zu erhöhen, ihr Hirn quasi wieder zu bewässern. Die erfahrenen Kollegen ließen mich schmunzelnd gewähren. Natürlich schärfte ich den alten Patienten und ihren Angehörigen auch ein, in Zukunft viel mehr auf Wassertrinken zu achten. Aber das nutzte wenig, die Alten waren schon bald wieder da und bekamen in der Folge Neuroleptika (starke psychiatrische Mittel).

Nach dem Motto »Was Hänschen nicht lernt, lernt Hans nimmermehr« ist lapidar festzustellen: Wir müssen beizeiten lernen, genug zu trinken, um uns solch ein Schicksal – am Tropf oder schlimmstenfalls in der geriatrischen Psychiatrie – zu ersparen. Und wir können noch mehr tun, indem wir uns um Selbsterkenntnis bemühen, um klarer zu reagieren, in mancher Hinsicht auch nüchterner und rationaler – mit viel trockenem Humor. Gönnen wir uns genug (Seelen-)Wasser des Lebens!

Sobald der natürliche Prozess des lebenslangen Trockener-Werdens, der so harmlos hinter den Ohren begann, sich immer deutlicher auf die Haut schlägt, wird es ernst mit der zweiten Lebenshälfte, und diese verschiedenen Zeichen sind durchaus be*denk*lich, aber auch in einem positiven Sinn. Lachen ist lernbar, Loslassen genauso, und mit Humor genommenes Alter(n) könnte viel Spaß machen und für ebenso viel Freude wie Witz *sorgen*, ohne Sorgen zu fördern. Das Alter ist spätestens die Zeit, um Mark Twains wundervollen Satz nachzuvollziehen: »Es gibt unendlich viele Sorgen, aber die meisten treten nie ein.« Und wie schon angedeutet, sind Angst und Sorgen die schlechtesten Wegbegleiter oder gar Ratgeber, weil sie die Regeneration unseres Nervensystems, die Erhaltung unserer geistigen Wachheit, so sehr behindern.

Krähenfüße markieren nachhaltige Ereignisse im Gesicht; **Lachfalten** vertiefen sich zu Furchen und zeugen von Frohsinn und Lebenslust. Dass selbst diese positiven Spuren humorvoll gelebten Lebens heute so unpopulär sind, verrät, wie wenig unsere moderne Gesellschaft (Lebens-)Situationen favorisiert, in denen uns zum Lachen zumute ist.

Humor (lat. *humor* = Feuchtigkeit) bezieht sich im Übrigen auf die Körpersäfte (lat. *humores*), die nach Lehre der aus der Antike stammenden Humoralpathologie im rechten Verhältnis zueinander stehen sollten, um Krankheit zu vermeiden. Auf alle Fälle ist es für uns moderne Menschen wichtig, die Säfte auch im Alter weiter fließen zu lassen, eben indem wir genug gutes Wasser trinken und zum Beispiel auch frische grüne Smoothies. Der Humor, mit dem wir bereits durchs Leben gehen, dürfte bleiben und sogar weiter (er)blühen, wie es der Archetyp des Alten Narren nahelegt.

Zur Flut der Flecken auf dem eigenen Fell, die sich im Laufe des Lebens ansammeln, gesellen sich irgendwann eigenartige Farbspiele, ebenso taktlos wie verräterisch als **Altersflecken** bekannt. »Sommersprossen auf den Händen«, wie es eine Freundin so charmant in Bezug auf meine ausdrückte, verraten aber eher, dass der Sommer endgültig vorbei ist und wir zumindest im Herbst des Lebens angekommen sind. Das Alter kann uns zeichnen, aber es könnte uns auch auszeichnen. So wird der Herbst zur Zeit der (Lebens-)Ernte, wenn wir bewusst anfangen, zu unserem Erfahrungsschatz zu stehen, das Erlebte erstens zu verstehen und zweitens daraus Konsequenzen im Sinne von Erkenntnissen und Veränderungen zu ziehen. Diese können drittens bis zur Sinnfindung reichen, aber auch kleine (Bewusstseins-)Schritte anregen in Bezug etwa auf

Ernährung oder Bewegung. Das Kapitel zur Lebensstil-Medizin wird hierzu noch einiges anbieten – von hirngerechter Kost bis zu bewussten Bewegungsübungen wie Tai-Chi, Tanzen oder Spazierengehen. Und wieder kommen alle drei Schritte des Heilwerdens, der Salutogenese, ins Spiel (des Lebens). Versuchen wir also, die Zeichen auf unserer Haut zu würdigen und in Auszeichnungen für ein gelebtes und verstandenes Leben zu wandeln, denn in ihnen können wir uns und unser (Lebens-)Alter erkennen.

Aus unergründlichen Tiefen tauchen im Alter außerdem oft seltsame Wucherungen auf. Diese eher graue bis gräuliche Umdekoration auf der alternden Haut verursacht erhebliches Unbehagen, denn vielen graut es vor dem Grau des Alters und seinen Auswüchsen und Schrulligkeiten. Der Jungianer Alfred Ziegler spricht in seinem Buch *Morbismus* respektlos von einer Karstlandschaft auf der Oberfläche, von Vergreisung und Gerümpelwerdung.[8] Doch weder Ziegler noch ich selbst gebrauchen solche Ausdrücke abwertend oder bös(artig), sondern zur Verdeutlichung, dass es sich um Schattenthemen handelt, und als Ermunterung zum Aufwachen für die Anforderungen des jeweiligen (Lebens-)Zeit-*Alters*.

Solche Kreationen, die im Fall von **(Alters-)Warzen** an Hexenhaftes erinnern, hätten wir dem Körper besser auf übertragener Ebene abgenommen durch entsprechendes Auf- und Auswachsen und vor allem Erwachsenwerden. Dann hätten wir in jüngeren Jahren mehr davon gehabt und später im Alter zauberhaftere Erinnerungen. Diese oft originellen Blüten aus der Tiefe der Seelen-Bilder-Welten bewusst im übertragenen Sinn zu leben ist *wunder*voll, um sich der sprichwörtlichen *weißen Weste* und dem reinen Gewissen zu nähern, die unsere positiven Ziele sind. Beide sind möglich und zu verwirklichen durch Aussöhnung mit eigenen dunklen Seiten und Flecken, das heißt dem persönlichen Schatten und seiner Annahme. So ließe sich sogar eine *alte Haut*, wie manchmal der ganze Mensch genannt wird, von dieser Darstellungsaufgabe auf der Außengrenze entlasten, wobei die Zeichen des Lebens auch einfach als Auszeichnung (an)nehmbar sind.

Schattentherapie bietet einen wundervollen Weg zur Erlösung dieser Situation und ermöglicht die Öffnung für wesentliche Themen – auch des Alters –, deren Annahme und Erlösung so ungemein viel Lebensfreude freisetzen kann.

Alzheimer-Demenz in der Krankheitsbilder-Deutung

Das heute wohl am meisten gefürchtete Krankheitsbild Alzheimer lässt sich als die Karikatur des unerlösten Alters bezeichnen, und so können wir – wie an jeder Karikatur – an ihm das Wesentliche über*deut*lich erkennen und verstehen, um es anschließend mit und in Gewinn zu wandeln. Schon der erste Schritt des Durchschauens wird die Angst minimieren und das Verständnis ermöglichen, das Alter im Allgemeinen und insbesondere das eigene in Zukunft anders zu sehen und zu l(i)eben.

Mit den von Alois Alzheimer (1864–1915) erstmals beschriebenen Symptomen seiner Patientin Auguste Deter
bekam das Alter eine neue, viel dramatischere Dimension. In dem historischen Krankenblatt, das Alzheimer für
seine Patientin angelegt hatte, finden wir jene berühmte
Gesprächsnotiz: »Wie heißen Sie?« – »Auguste.« – »Fami-
lienname?« – »Auguste.« – »Wie heißt Ihr Mann?« – »Ich
glaube Auguste.« Und dann fällt der typische Satz: »Ich
habe mich sozusagen selbst verloren.«

Die Antworten der Patientin, meist ohne Bezug zu Alois Alzheimers Fragen, enthüllten, wie wenig sie sich an
ihre Biographie erinnerte und wie orientierungslos, ohne
Bezug zu Raum und Zeit sie war. Obendrein verzeichnet
das historische Protokoll »Angst, Misstrauen, Ablehnung
und Weinerlichkeit« sowie »Stimmungsschwankungen
und Launenhaftigkeit«. Inmitten ihrer geistigen Verwirrung gab es bei der Patientin allerdings Momente der Klarheit. Diese hellen Augenblicke waren mit den Befunden
nach ihrer Obduktion, die Alzheimer selbst durchführte,
schwer zu vereinbaren – und sie sind bis heute von der
Schulmedizin unverstanden und werden deshalb ignoriert: Obwohl das Gehirn durch Löcher und Eiweißablagerungen, sogenannte Plaques, stark ge- und zerstört
war, konnte es trotzdem zwischenzeitlich fast einwandfrei
funktionieren. Hier erkennen wir schon die besondere
Problematik, die sich aus einer schulmedizinischen Fixie-
rung auf Obduktionsbefunde einerseits und den ihr völlig
widersprechenden Ergebnissen der sogenannten Nonnenstudie und einiger weiterer bemerkenswerter Studien an-

dererseits ergibt. Zu diesen neuen Erkenntnissen später mehr.

»Im Anfang liegt alles«, lehrt das dritte der Schicksalsgesetze, und der Fall Auguste Deter ist dafür ein gutes Beispiel. Eigentlich hatte schon Alois Alzheimer mit seiner ersten Patientin den Schlüssel in der Hand zu erkennen, dass es am Gehirn allein gar nicht liegen konnte, da Auguste Deter immer wieder diese hellen Momente hatte. Zumindest musste es für sie eine Möglichkeit geben, Ausfälle zu kompensieren. Bis heute werden solche Fragestellungen von der Schulmedizin aber kaum weiterverfolgt. Da an der Salutogenese, der Gesundheitsentstehung, grundsätzlich und nachhaltig desinteressiert, blieb sie auf die Pathogenese, die Krankheitsentstehung, fixiert und kam in der Behandlung gerade von Alterssymptomen wie Demenz seit vielen Jahrzehnten nicht oder jedenfalls nicht wesentlich weiter.

Die Schulmedizin sieht Alzheimer allein als Problem von Eiweißablagerungen (Beta-Amyloid), die sich in und vor allem zwischen die Verbindungen der Nervenzellen, die Synapsen, schieben. Sie verklumpen mit Aluminiumverbindungen zu einer Art Mörtel, der das Innere der Nervenzellen gleichsam aus- und die Zellfortsätze einbetoniert. Damit wird die wichtigste Funktion der Nerven, nämlich Verbindungen zu schaffen, lahmgelegt. Die Vernetzung wird gezielt am Verbindungsweg zwischen Großhirn, das für die herrschende Logik verantwortlich ist, und limbischem System mit dem Hippocampus, dem die Gefühlswelt untersteht, blockiert.

Doch das ist natürlich nicht alles, und dazu sollten wir wissen, dass körpereigenes Glutamat, das Nervenzellen an- und erregt – weshalb es auch als Geschmacksverstärker wirkt – für die Vernetzung neuer Nerven sorgt. Es hilft, unsere emotionalen Erinnerungen zu verkörpern. Beim Eingravieren der Erinnerungsspuren im Hippocampus ist Beta-Amyloid wiederum eine Art Erinnerungsschutz, der eine neuerliche Ausschüttung von Glutamat verhindert, damit die gerade gespeicherte Erinnerung nicht gleich wieder überschrieben wird. Cortisol, das (Anti-)Stresshormon der Nebennierenrinde, fördert die Produktion von Beta-Amyloid. So schützen Beta-Amyloid und Cortisol gemeinsam die Zellen des Hippocampus vor Reizüberflutung und Zelluntergang durch Stress. Ständig neu gebildete Nervenzellen können das Cortisol wieder herunterregeln, etwa weil die Gefahr nicht so groß war wie erwartet. Fällt aber die Nervenneubildung aus und Stressniveau wie Cortisolspiegel bleiben dauerhaft hoch, sinkt die Stresswiderstandsfähigkeit. Beide Stoffe schützen jetzt einmal Eingraviertes in übertriebener Weise und verhindern neue Einträge ins Gehirn. Betroffene werden zaghaft und ängstlich; sie meiden Neues, Unbekanntes – ein Frühsymptom von Alzheimer.

Infolge permanent hohen Cortisols durch hohes Stressniveau und sinkende Stressresistenz wird ständig neues Beta-Amyloid gebildet. Im Überfluss wird es also vom Schutz- zum Schadensfaktor und verklebt die Nervenenden mit dem Ergebnis der Bildung sogenannten Alzheimer-Toxins.

Die Schulmedizin sucht nun ebenso beständig wie erfolglos Medikamente, um die Bildung von Beta-Amyloid oder dessen Umwandlung und Verklebung zu Alzheimer-Toxin zu unterbinden. Das ist schwer, weil es sich um einen natürlichen und ursprünglich in weniger stressigen Zeiten auch sinnvollen Prozess handelt. Zum Gefahrenpunkt wird es durch den Dauerstress unserer modernen Lebenswelt.

Eine andere, bessere Lösung besteht darin, die Nervenneubildung oder Neurogenese wieder in Gang zu bringen. Damit lässt sich weiter vorn in der Entstehungsgeschichte ansetzen, was einen großen Fortschritt bedeutet, der durch unseren Ansatz noch verstärkt wird. Denn wenn wir begeistert leben und unser Inneres Kind wiederentdecken und zum Staunen bringen, aktivieren wir die Neurogenese von höherer Ebene. Neue Herausforderungen, aus denen Erfolgserlebnisse hervorgehen, sind als entwicklungsfördernder positiver Stress, sogenannter Eustress, wichtig. Überforderungen dagegen, vor allem auch zeitlicher Art, sind als negativer Stress (Disstress) zu meiden, da sie die Ausschüttung von Cortisol ankurbeln. So wichtig und hilfreich dieses Antistresshormon akut ist und in unserer Entwicklungsgeschichte war, so gefährlich wird seine Ausschüttung als Dauerprogramm im modernen Leben.

Das Krankheitselend beginnt im Hippocampus. Er ist Teil unseres älteren Gehirns, das uns mit allen Wirbeltieren seit Hunderten von Millionen Jahren verbindet. Das Großhirn, auf das wir so besonders stolz sind, teilen wir nur mit den Säugetieren und verfügen darüber auch erst seit wenigen Zehnmillionen Jahren. Letztlich ist unser Gedächtnis das Produkt von beiden Gehirnteilen. Zuerst wird im Hippocampus gespeichert, was uns persönlich berührt, um es dann in der folgenden Schlafphase in das Großhirn zu übertragen, auf die vergleichsweise »unpersönliche Festplatte«. Der emotionale Speicher im Hippocampus hat nur Raum für die Erinnerungen eines Tages. So muss er vor dem nächtlichen Speichern auf die viel größere Festplatte des Großhirns auch zwischen existenziell Wichtigem und Unwichtigem unterscheiden. Dafür berichtet er der Großhirnrinde allnächtlich, was sie sich merken soll. Der Hippocampus wird damit zum Geschichtenerzähler – und ihm sind nur die Erzählungen (be)*merkens*wert und *merk*würdig, die mit Emotionen (zum Beispiel Freude, Begeisterung, Zorn, Angst) verbunden sind. Kein Wunder, dass wir morgens und vormittags hirntechnisch wesentlich besser in Form und aufnahmefähiger sind, denn der Speicher ist – guten Tiefschlaf vorausgesetzt – wieder leergeräumt. So gesehen hat *Morgenstund'* tatsächlich *Gold im Mund*.

Es deutet sich schon an, was Demenzpatienten widerfährt, wenn diese Region langsam untergeht: Gedächtnis, Intelligenz, Entscheidungsfähigkeit, Orientierung, Sprache, schlicht alles, was wir mit unserem Verstand verbinden, schwindet. So wird auf körperlicher Ebene sichtbar, was im Bewusstsein zu geschehen hätte: loslassen und ankommen in der Stille, im Hier und Jetzt.

Die Patienten können sich neue Dinge kaum länger als 30 Sekunden merken, alte Erinnerungen bleiben ihnen dagegen länger. Deshalb können pflegende Angehörige noch gut mit ihnen über die gemeinsame Geschichte sprechen. Gefühle und soziale Muster, Rhythmusempfinden und Musikalität bleiben oft noch ziemlich lange erhalten, bis auch sie schließlich untergehen.[9]

Im Zuge des Krankheitsbildes sterben Hirnzellen massenweise ab, dadurch geht Gedächtnis verloren, und alles Weitere an Symptomen ergibt sich daraus – das klingt als Erklärungsmodell so überzeugend einfach, wenn man die Ausnahmen übersieht. Und Angst wird geschürt durch die Aussage, Alzheimer sei unheilbar; es gebe kein pharmazeutisches Gegenmittel, was – aus meiner Sicht – bei einem Krankheitsbild mit so verschiedenen Symptomen sowieso nie gelingen kann. Lediglich durch Sport und Gedächtnistraining sei der langsame Gehirntod hinauszuzögern. Leider bringt die Übernahme dieses schulmedizinischen Konzepts durch die Mainstream-Medien unzählige Menschen um ihre Heilungschance. Denn aus der neuen Sicht des Alter(n)s ergeben sich ausgesprochen wirksame ganzheitliche Behandlungsstrategien. Solange sich das Demenzgeschehen auf den Hippocampus beschränkt, ist Heilung noch möglich, wie die Ergebnisse der Bredesen-Studie nahelegen (dazu später mehr). Sie kann gelingen, weil die Nervenzellen dieser Gehirnregion das ganze Leben über regenerierbar bleiben, Stichwort Neuroplastizität. Sobald sich das Krankheitsbild über die verbundenen Nervenstrukturen in weniger regenerative Gehirnbereiche vorarbeitet, wird die Wiederherstellung allerdings schwieriger und schließlich unmöglich.

Alter ist nicht mit Alzheimer gleichzusetzen, wie das salopp gesprochen oft geschieht, gerade von jungen Leuten. Eine intensivere Beschäftigung mit Alzheimer im Rahmen der Krankheitsbilder-Deutung, wie es im Folgenden geschieht, hilft, die Probleme des Alters insgesamt zu durchschauen und zu (ver)meiden. Alles hier Gesagte gilt für das Alter allgemein, sogar für alle Zeiten und uns alle. Solche Vorbeugung auf seelischer Ebene ist nicht nur gesund, sondern macht Freude und bringt uns mehr ins Leben und mehr Leben in uns. Wir riskieren nichts außer einem freudvolleren erfüllteren Leben, zumal die Schulmedizin auf diesem Gebiet überhaupt nichts zu bieten hat. Das ist nicht erstaunlich, da sie generell keine Vorbeugung praktiziert, weil sie das Wesen der Krankheit, vor dem es sich freiwillig zu beugen gilt, gar nicht (an)erkennt. Das wäre schon Krankheitsbilder-Deutung. Die Schulmedizin betreibt, wohl um sich der Peinlichkeit ihres völligen Versagens bei echter Vorbeugung nicht stellen zu müssen, eine immer aufwendigere und offensiver propagierte Früherkennung und dazu den banalen Etikettenschwindel, sie als Prävention oder Prophylaxe zu bezeichnen und auszugeben.

Natürlich ist ein Krankheitsbild, das darauf hinausläuft, den Verstand zu verlieren, eine Provokation für Menschen einer Gesellschaft, die den Verstand über alles stellt und deshalb – ziemlich kopflos – nach Abhilfe in Form von medizinischem Gerät und Medikamenten sucht. Bei diesem Aktionismus wird jedoch verkannt, um welche an die Wurzel menschlichen Seins reichende Fragen es bei diesem Krankheitsbild geht: Ging es bei den Betroffenen überhaupt jemals um das Finden von Lebenssinn? Waren sie überhaupt je bewusst auf dem (ur)eigenen Entwicklungsweg?

Es ist nie zu unterschätzen, wie wichtig ein Ziel im Leben ist und wie zentral zu seiner Vermittlung wirkliche Religio(n) oder Philosophie sind und wie schändlich diese Möglichkeiten heute verspielt werden. Ganzwerden und Heilung können nicht gelingen, wenn das Leben weder Sinn noch Ziel kennt. Wo es kein Ziel gibt, ist (und hat) man immer verloren. Anders gesagt: Wer ohne Ziel(hafen) auf dem Meer unterwegs ist, ist in jedem Fall verloren. Genauso, wer aus Angst davor gleich im Heimathafen bleibt. Schiffe sind nicht dazu da, im Hafen zu liegen, und Menschen nicht dazu, bei Muttern zu bleiben. Der verlorene Sohn ist eben nicht annähernd so verloren wie der zu Hause sitzen gebliebene Nesthocker. Ersterem fällt – fast untergegangen in der Welt – sein Ziel wieder ein: die Einheit im Gleichnis durch den Vater verkörpert. Nach seinem Irrweg kehrt der Sohn gescheiter(t) zurück, und das ist so viel mehr, als das Leben gar nicht erst zu wagen.

Die Missachtung des Alters und der Alten, verkörpert und widergespiegelt in einem Krankheitsbild wie Alzheimer, lässt sich auch gemäß der *Lebensprinzipien* (siehe Literaturverzeichnis) als Ausdruck einer kaputten Welt deuten, in der das komplette archetypisch weibliche Wasser- und Seelenelement in seinen erlösten Formen erst fremd geworden und dann weitgehend abhandengekommen ist. Das heißt, wir haben es mit einer Welt zu tun, die ungerecht

zu Kindern und ihren Müttern und dem ganzen urweibli-
chen Mondprinzip ist. Einer Welt auch, der das Plutoprin-
zip fremd geworden ist mit seinen Themen der radikalen
(Um-)Wandlung und reuigen Umkehr, der Metamorphose
und Metanoia, und der Rückkehr zum Kohärenzgefühl. Einer Welt, der obendrein die mystische Weltsicht verloren
gegangen ist und damit der Zugang zum Neptunprinzip.

Könnte es sein, dass sich das Gehirn zunehmend wei-
gert, mit dieser ihm feindlichen Realität umzugehen, und
auf (kindliche) Stufen zurückfällt, von denen wir Menschen
gekommen sind, und uns somit auf der Körperbühne die
Notwendigkeit der geistig-seelischen Rückkehr deutlich
macht? Wie uns inzwischen klar sein mag, ist bei Demenz
die Rückkehr mehr ein Rückfall; sie geschieht auf destruktive und ungesunde Art *und gar nicht weise*. Alles, was auf
unser Gehirn im Rahmen einer immer schneller und dra-
matischer verlaufenden Entwicklung »draufgepackt« wurde, fällt nun unkontrolliert weg. Das ist eine harte Wider-
spiegelung der Nutzlosigkeit unseres Seins ohne Sinn in
einer immer bedrohlicher werdenden Welt, die, ver-rückt
und aus dem Gleichgewicht geraten, in extreme Einseitig-
keit (ab)gerutscht ist. Es kommt zu einem Verlust von Ver-
stehbarkeit, Gestaltbarkeit und Sinnhaftigkeit, und damit
versinkt die Salutogenese insgesamt im Schatten.

Und könnte es zudem sein, dass wir im Alter vor allem
daran kranken, die Süße des Lebens nicht mehr zu spüren, da wir den Kontakt zu unserem Inneren Kind verloren
haben oder es zu wenig am Leben beteiligen? Diese innere Gestalt baut ja Brücken zu unserer persönlichen Welt

der Gefühle und Kreativität, zu unserer Lebenslust. Doch es fällt uns schwer, zu unserem Inneren Kind vorzudringen, wenn wir auch das Schwelgen in der Süße des Lebens wie so vieles auf die materielle Ebene verschoben haben: Kinder ersticken in Süßigkeiten; auch Erwachsene essen und trinken wie Kinder viel zu viel Süßes. Zucker aber hat sich zum großen Feind unseres Gehirns und Lebens entwickelt.

Nach Michael Nehls, der intensiv zum Thema Demenz geforscht hat, ist unser Lebensstil heute einerseits kindisch und auf falsche Weise erwachsen, andererseits zu wenig lustvoll, zu archetypisch männlich an Effizienz orientiert und vor allem von zu wenig (Lebens-)Süße erfüllt.[10] So belasten wir mit übermäßigem Konsum an Süßigkeiten unsere Gewebe; alles erstarrt unter Zuckerguss. Verkrustete Nervenzellen mit unterbrochenen, nutzlos gewordenen Verbindungen, langsam vor sich hin sterbend an ungestilltem Hunger, das ist das bedrückende anatomische Ergebnis dieser aussichtslosen Situation. Folgten wir den kreativen, übermütigen Einfällen des Inneren Kindes, dürfte es uns leichter fallen, unser Leben im übertragenen Sinne zu versüßen. Wir würden dann nicht Gefahr laufen, *Honig im Kopf*[11] zu entwickeln, und die in den Körper gesunkene Süße könnte so wieder auf die richtige Ebene geraten.

Wir brauchen stattdessen eine Lebenssituation, die Zellnachwuchs ermöglicht und fördert – genauso eine Gesellschaft, die die Jungen zu Nachwuchs ermuntert oder Nachzug von integrationswilligen jungen Fremden ermöglicht, aber wirklich nur solchen. Nicht integrationswillige und

145

-fähige Zellen werden dem Mikrokosmos Körper wie dem Makrokosmos eines Landes zu Fremdkörpern und machen hier wie dort Probleme. Persönlich können wir – im Hinblick auf unser Heilwerden – dieses Dilemma durchschauen und verstehen, uns ihm stellen und die Bedingungen verändern. Wir brauchen auf beiden Ebenen Regeneration und (Zell-)Nachwuchs, so hält uns das Krankheitsbild auch in dieser Hinsicht den Spiegel vor.

Ein beklemmender Aspekt des Alzheimergeschehens ist letztlich auch der Mangel an Wärme im Leben von Demenzpatient(inn)en. Im übertragenen Sinn haben sie zu wenig Sonne in ihr Leben gelassen, und es war ihnen zu selten warm ums Herz. Am Ende können sie sich nicht mehr erwärmen für ein Leben, dem meist der tiefere Sinn fehlt oder in dem er jedenfalls im Laufe des Lebens abhandengekommen ist.

Unsere normale Körpertemperatur beträgt kaum mehr als 37 Grad, eher deutlich weniger. Im Laufe der letzten 50 Jahre ist sie bei Japanern nachweislich um 0,5 Grad gesunken, und sehr wahrscheinlich ist das bei den Menschen aller Industrienationen geschehen. Dieses »Kälterwerden« hat selbstverständlich Auswirkungen, die allerdings von der Schulmedizin noch ignoriert werden. Sinkende Körpertemperatur bei steigenden äußeren Temperaturen bis hin zur Klimakatastrophe sind aber wohl auch die Auswirkung beziehungsweise der Spiegel unserer innerlich abgekühlten Lebensstimmung. Das Elend der Welt lässt moderne Menschen zunehmend kalt, sie überstehen abgrundtraurige Nachrichtensendungen ohne jede Träne. Und wenn sich Demenzpatienten von der Welt der Norm(al)en immer mehr zurückziehen, hat das auch damit zu tun, dass diese sie kaltlässt, sie sich nicht mehr dafür erwärmen können. Auf der seelischen Ebene ist hier auch an den kaltherzigen Lebensstil zu denken, der uns von Vater Staat aufoktroyiert wird.

Fehlt es an Herzenswärme, mangelt es uns auch an innerem Feuer, an Begeisterung fürs Leben. Wir sind immer weniger heiß auf das Morgen, leben in vieler Hinsicht unterkühlt und haben gleichsam das Credo eines eiskalten Kasino-Kapitalismus verinnerlicht. Statt uns mit heißem Herzen für das Leben zu erwärmen und für große innere und äußere Ziele zu brennen, bleiben wir innerlich kalt und die Erwärmung auf überhitzte Konjunktur verschoben. Wir erleben fast nur noch Rushhour auf Straßen und Datenautobahnen, erlauben die Versiegelung letzter noch intakter Naturlandschaften der (Mutter) Erde und scheren uns nicht um platzende Spekulationsblasen. Wir heizen das Klima durch unser Konsumverhalten und rücksichtslosen Lebensstil in vieler Hinsicht an, und all das lässt uns immer kälter (zurück). Im Augenblick leben wir eher markt- als art- oder gar menschengerecht.

Dabei würde es uns viel besser bekommen, mitfühlender und gelassener zu werden statt cooler im Lebensgefühl und kälter im Herzen. Wir sollten sowohl die Konjunktur als auch den äußeren Wärmeverbrauch herunterkühlen und uns mehr für unser Innenleben und den tieferen Sinn des Lebens erwärmen und mit heißem Herzen für unsere einzige Erde und ihre Rettung brennen.

Im Großen wie im Kleinen verkörpern die vielen Symptome und Bedeutungsbilder, die bei Alzheimer-Demenz zusammenkommen, was im Bewusstsein zu geschehen hätte.

Gedächtnisverlust ist wohl das bekannteste und markanteste Symptom. Es thematisiert das Loslassen der eigenen Biographie, des Ego mit all seinen Vorstellungen und Konzepten und ein Leben im Bewusstsein für den Augenblick. Unser Leben besteht aus Erinnerungen. Wenn das große Vergessen auf körperlicher Ebene über uns kommt, ist es mit uns beziehungsweise mit dem Ich vorbei. Wer sich nicht mehr erinnert, ist irgendwann nicht mehr; er ist verloren und kommt auf schrecklichste Art im Hier und Jetzt an.

Die Symptomatik beginnt eher unauffällig und schleichend mit leichten Gedächtnisstörungen – vor allem des Kurzzeitgedächtnisses bei intakter Funktion des Langzeitgedächtnisses, wie es auch bei der beschriebenen Altersvergesslichkeit der Fall ist. Dieser allmähliche Beginn löst heute rasch Panik aus, denn schon jede harmlose Wortfindungsstörung wird inzwischen mit Alzheimer assoziiert. Es gibt sogar schon Selbstmorde aus Angst vor Alzheimer, der noch gar nicht diagnostiziert ist. Prominentes Beispiel ist Gunter Sachs.

Dabei ist es die für alte Menschen typische Situation, Nächstliegendes zu vergessen, sich aber gut und problemlos an weit Zurückliegendes zu erinnern. Allerdings wären auch solch harmlose Symptome schon ein (lebens-) wichtiger Hinweis, Lebensveränderungen anzugehen, die Altersverfall vorbeugen. Darüber hinaus gibt es auch noch andere Demenzformen wie vor allem die vaskuläre (gefäßbedingte) Demenz. Alzheimer aber ist die mit Abstand häufigste Form und diejenige, die am meisten Angst auslöst.

Letztlich laufen alle Demenzsymptome auf ein und dasselbe Thema hinaus und lassen sich als ein sowohl konkret als auch im übertragenen Sinn in den Körper gesunkenes unbewusstes Wieder-zum-Kind-Werden verstehen.

Sehr anschaulich drücken dies die Bilder des Malers William Utermolen aus, der Alzheimer bekam. Auch große Künstler haben klein angefangen und ihre Malkunst aus kindlichen Anfängen entwickelt, in seinem Fall bis auf hohes Niveau. Dann kam Alzheimer, und der Rückweg, das Wieder-werden-wie-die-Kinder, sank auf die körperliche Ebene. Bis kurz vor seinem Tod gemalte Porträts spiegeln es wider. Sie wurden Jahr für Jahr ungelenker und dann abstrakt, um schließlich in einem ungegenständlichen Gekritzel zu enden, wie Kleinkinder Gesichter »malen«. Hin- und Rückweg werden hier überdeutlich. Sie entsprechen sich und beginnen und enden beide am selben Punkt; Anfang und Ende fallen im wahrsten Sinne des Wortes bildlich zusammen, aber auf verstörende, unerlöste Weise.

Der bei Alzheimer-Demenz missglückte Versuch, im Lebensmandala von der Peripherie wieder in die Mitte, wo alles seinen Anfang nahm, zurückzukehren, zeigt sich beispielsweise darin, dass Betroffene ihrer Pflegeperson häufig wie Kleinkinder nachlaufen. Sie lieben es, an ihrem Rockzipfel zu hängen oder sich wenigstens durch akustische Signale wie Singen oder Summen ihrer Nähe zu versichern. Wie kleine Kinder hassen sie verschlossene Türen und jede Form von Unsicherheit. Sie wollen ihre gewohnte Umgebung und reagieren selbst auf gutgemeinte Überraschungen oder Veränderungen mitunter panisch. Mit Argumenten können beide, Junge wie Alte, kleine wie große Kinder, nicht viel anfangen, reagieren dafür aber sehr dankbar und erleichtert auf Zuwendung wie Streicheln und Lob. Will die Pflegeperson sich Wutausbrüche ihres Schützlings ersparen, gibt sie ihm am besten recht und immer nach, lässt ihn beim Spielen gewinnen und nimmt alle Schuld auf sich. Das Licht bleibt nachts an, die Tür einen Spalt offen, wie es eben kleine Kinder lieben.

Wer solche Behandlung als Erwachsener immer noch oder im Alter wieder erwartet, könnte sich klarmachen, wie sehr er hängengeblieben ist. Wobei es schon sehr spät ist, wenn es so weit kommt. Deshalb sind die Vorschläge zur Lebensgestaltung und Therapie je früher, desto besser zu verwirklichen, am besten als Vorbeugung und für jedermann.

Was früher süß war, erscheint nun kindisch und nicht selten nervend, denn Alzheimerpatienten übernehmen – wie Kinder – nicht nur keinerlei Verantwortung für ihr Tun, sie sind natürlich auch nicht mehr schuldfähig, da nicht mehr *zurechnungsfähig*. Nach den gesellschaftlichen und juristischen Normen des Zusammenlebens sind sie tatsächlich nicht mehr dazuzurechnen. So handelt es sich bei diesem Krankheitsbild auch um eine Flucht aus Verantwortung und oft auch aus konkreter oder eingebildeter Schuld. Betroffene wollen lieber vergessen, als sich der Verantwortung für die Vergangenheit zu stellen.

Zum Schluss werden sie in fast jeder Hinsicht wie Kinder versorgt, vom Füttern bis zum Wickeln. Darüber hinaus hat es sich bewährt, schwer an Demenz Erkrankte wie Kinder zu behandeln und sich entsprechend liebevoll und kreativ um sie zu kümmern. Das heißt, sie erzwingen sich – unbewusst – eine für die Kinderzeit typische bedingungslose Zuwendung, erpressen sich gleichsam Zutritt zu einem späten Schlaraffenland oder Paradies, wo – der Einheit so nahe – für die eigene Versorgung nichts zu tun und nicht einmal zu bitten ist. Solche Phasen unverdienten Glücks(gefühls) kommen bei Alzheimer tatsächlich vor. Dietmar Bittrich beschreibt diese Art *Altersglück* sehr berührend und humorvoll.[12]

Sicher wäre es ratsam, sich früher und rechtzeitig im übertragenen Sinn der Umgebung anzuvertrauen und auszuliefern, sich der Schöpfung hinzugeben und auf selbstverständliche Versorgung zu hoffen – entsprechend der christlichen Aufforderung »Sehet die Vögel des Himmels, sie säen nicht und ernten nicht und leben doch«. Oder buddhistisch ausgedrückt ganz entspannt im *Hier und Jetzt* zu leben. Wer aber zu lange und frustriert und völlig verspannt im *Wenn und Aber* verharrt, kann sich am Ende über Alzheimer unbewusst doch noch ein (Schein-)Paradies verschaffen. Auch hier scheint das Kind durch, wie es spielend völlig im Augenblick aufgeht und sein zeitloses Paradies genießt.

Während die Patienten – unbewusst – zu den Anfängen ihres Lebens zurückkehren, fordern sie von ihrer Umgebung eine Demut, die umso schwerer aufzubringen ist, als Hoffnung auf Besserung für die schulmedizin-gläubige Mehrheit nicht besteht.

Inzwischen gibt es sie aber, diese Hoffnung, die alles erleichtert – allerdings verlangt sie Mitarbeit und Engagement der Betroffenen und ihrer Umgebung. Deshalb ist dieser Ansatz früh umzusetzen, am besten als Vorbeugung – sowohl was die innere Haltung zum Leben angeht als auch die äußere Lebensweise im Hinblick auf Ernährung, Bewegung und Schlaf, letztlich den ganzen Lebensstil. Dazu später mehr.

Die verschiedenen Symptome der Alzheimer-Demenz unterstreichen diese grundsätzliche Einschätzung des Krankheitsbildes, und – viel wichtiger noch – ihre Deutung geht alle an, die in Würde altern und dabei das Leben schätzen wollen.

Die Akathisie genannte **Unruhe** beispielsweise, die demente Patienten in winzigen Trippelschritten umhertreibt, zeugt vom Drang zu gehen, zeigt aber auch, dass die Schritte klein und ohne Richtung sind. Die Patienten drehen sich *orient*ierungslos im Kreis. Tatsächlich ging es ein Leben lang darum, Schritte zu machen, ruhig auch kleine Babyschritte, aber dabei den Lebens- und Entwicklungskreis im Auge zu behalten und das Leben zu einer *runden Sache* zu machen.

Die **Unfähigkeit, stillzusitzen** und bei sich zu bleiben, demonstriert das Bedürfnis nach Kommunikation und

Verbindung zu Leben und Aktivität. Die Patienten wünschen sich Kommunikation und wahrscheinlich sogar Kommunion im tiefsten Sinn. Der Wunsch nach Aktivität verrät, dass sie noch nicht fertig (geworden) sind mit ihrem Leben und noch etwas und wahrscheinlich sich selbst verwirklichen wollen.

Orientierungsschwierigkeiten sprechen ihre eigene Sprache. Dass sich Demenzkranke bei jeder Gelegenheit verlaufen, da sie nichts mehr erkennen und dann herumirren, verdeutlicht, wie sehr sie auch im übertragenen Sinn vom Weg abgekommen sind. Mangels Orientierung wissen diese Menschen oft nicht mehr, wo sie sind und wo es langgeht. Mit der *Orient*ierung haben sie im wörtlichen Sinne den Osten verloren, die Richtung, aus der das Licht kommt. So fehlt am Ende ihres Weges mit dem Licht auch die Hoffnung. Häufig hinzukommende Depressionen verschärfen und verdeutlichen die Aussichtslosigkeit und fehlende Erlösungsperspektive (im Licht der Einheit). Stattdessen muss man Demenzpatienten oft wie Kindern in der Nacht ein Licht anlassen, damit sie sich nicht fürchten. Manchmal erwachen die Patienten laut schreiend und irren völlig verloren im Haus herum. Pflegepersonen können sich nur schwer in ihre Panik einfühlen: Die Patienten erwachen in jeder Hinsicht in völliger Dunkelheit – ohne zu wissen, wo sie sind, und später auch, wer sie sind, weshalb das Anlassen eines Nachtlichtes so erleichternd wirkt. Die dunkle Seite des Tages und der Wirklichkeit ist zu Anfang erschreckend, wenn Kinder noch wenig bis nichts wissen. Sie wird es wieder, wenn alte Menschen die wesentlichen Dinge ihres eigenen Lebens nicht wissen wollten, wenn sie kein der Seele wesentliches Ziel verfolgt, keinen eigenen Entwicklungsweg eingeschlagen und folglich kein Ziel erreicht haben. Die große Aufgabe (im Lebenslauf) wäre gewesen, im Dunkel des eigenen Schattens das Licht der Bewusstheit zu entdecken und wachsen zu lassen und so alle Angst zu überwinden. Und dafür ist es fast nie zu spät.

Andererseits verrät ihr häufiges **Davonlaufen**, dass sie noch etwas vor (sich) haben und auf Fortschritt setzen, obwohl dieser auf körperlicher Ebene zur Farce wird. Deshalb wären rechtzeitig eingelegte Phasen des Sich-Treiben-Lassens, des sprichwörtlichen In-den-Tag-hinein-Lebens und Mitfließens mit dem Strom des Lebens Gold wert. Wer so zum Weltenbummler wird und sich die ganze Welt in Ruhe anschaut, die innere eigene und die äußere, dürfte auch im Sinne von Alexander von Humboldt handeln, der davon sprach, dass die schlimmste Weltanschauung die von Menschen sei, die sich die Welt nicht angeschaut hätten.

Ständig verlieren die Betroffenen den Faden, wie sie meist auch schon lange den roten Faden im Leben verloren haben. Sogenannte **Filmrisse** häufen sich, bis am Ende nur noch einzelne unzusammenhängende Bilder (übrig) bleiben. Hier wird deutlich, wie der Lebensstrom immer häufiger stockt, dann abzureißen droht, bevor er versiegt. Andererseits erlangen einzelne noch verbleibende Bilder gleichsam Alleinstellungsqualität, was ihre Wichtigkeit und Bedeutung betont.

Der Filmriss ließe sich erlöst auch als Zäsur mit bewusstem Innehalten, Pausieren und Neuanfang verstehen. Im Sinne von Vorbeugung könnte das heißen, auch immer wieder einmal ganz neu anzufangen und nicht stur einem früh gefassten oder von den Eltern aufoktroyierten Lebens(fahr)plan zu folgen.

Unzusammenhängende Bilder lassen sich als Aufforderung interpretieren, die Bilder des Lebens rechtzeitig Revue passieren zu lassen und bewusst zu betrachten, um aus den Einzelaspekten das Mosaik des eigenen Lebens zu erkennen, entscheidende Seelenbilder festzuhalten und sich zu Herzen zu nehmen. Das Betrachten von Fotoalben mit Angehörigen – am besten mit Enkelkindern, aber auch mit den erwachsenen Kindern – ist insofern Therapie und, rechtzeitig angewandt, auch Vorbeugung.

Verbaler Kontakt wird schwer und zunehmend unmöglich. Wegen ihrer **Sprachstörungen** können Patienten sich nicht mehr adäquat ausdrücken, so wie sie wohl zeitlebens ihrer Seele und deren Ansprüchen nicht den passenden Ausdruck verleihen konnten. Jetzt sollten andere Wege der Kommun(ikat)ion gefunden werden, um mit der eigenen inneren Stimme zu kommunizieren, sich aber auch vermehrt auf Gefühls- und Emotionsebene mit den Nächsten auszutauschen beziehungsweise auf Schwingungsebene mit ihnen zu verbinden.

Wem die Sprache abhandenzukommen scheint, der könnte bewusst aufhören, so viel zu reden, und lieber mehr schweigen, sich den Eindrücken zuwenden, die hereinwollen. Er sollte verstärkt nach innen gehen, nach innen horchen, seiner inneren Stimme gehorchen und ihr folgen. Demenzpatienten versuchen stattdessen, Auswege zu finden, was aber misslingt: Sie fangen an, ständig vor sich hin zu brabbeln, zu summen, zu pfeifen oder einfach Krach zu machen. Und auch darin werden sie wieder wie die Kinder, die eben oft recht laut sind.

Die gestammelten Sätze werden immer kürzer, reduzieren sich dann auf einzelne Wörter und ergeben allmählich immer weniger logischen Sinn. Schlussendlich verstummen die Patienten; sie haben in vielerlei Hinsicht nichts mehr zu sagen. Auch im juristischen Sinne sind sie meist schon längst entmündigt und gehen ins Schweigen ein. Natürlich wären freiwillige Schweigephasen die diesbezüglich bessere Vorbeugung und auch Therapie, um rechtzeitig innerlich still zu werden, den inneren Dialog immer öfter anzuhalten und schließlich abzuschalten.

Außerdem ist der Machtaspekt zu bedenken: Wer nichts mehr zu sagen hat, entsagt damit auch der Macht(ausübung). Wer freiwillig und rechtzeitig aufhört, Macht auszuüben und das große Wort zu führen, wer davon Abstand nimmt, große Reden und das Zepter zu schwingen, erspart sich, dass ihm das Schicksal das Zepter mit (Über-) Macht und krankheitsbedingt aus der Hand winden muss.

Jedes Stummwerden lässt außerdem die alte Lebensweisheit anklingen, Reden sei Silber und Schweigen Gold. Möglicherweise haben Alzheimerpatienten spät zu erfüllen, was sie lange Zeit versäumten. Andererseits kann die Seele über nonverbale Kommun(ikat)ion vieles ausdrücken und auch leben – sowohl bei bewusst Schweigenden als auch bei Alzheimerpatienten.

Das fachsprachlich *Dysphasie* genannte Sprachproblem weist darauf hin, dass die Betroffenen nicht mehr in Phase, das heißt im selben Rhythmus mit Mitmenschen schwingen. Betroffene verlieren die Resonanz und Orientierung und landen schließlich in weitgehender Sprachlosigkeit. Diese ist wieder doppeldeutig und hat nicht nur den kranken, destruktiven, sondern auch einen heilsamen, erlösten Sinn. Würde dahinter das Staunen großer Kinderaugen stehen, wäre das ein richtiger und wichtiger Schritt in Richtung des Inneren Kindes und der vergessenen Umkehr auf dem Lebensweg. Ganz kleine Kinder kommen natürlich auch ohne Sprache aus. Das gilt es rechtzeitig wieder zu lernen. Ideal wäre, wir alle blieben überhaupt in Kontakt mit diesem Staunen und bewahrten es uns. Kinder leben anfangs noch ganz in diesem Resonanzgefühl – sprachlos im Fluss des Lebens.

Das Nicht-mehr-Mitschwingen und -Mitschwimmen im Mainstream, das dem Mahlstrom der Mehrheit Widerstehen weist auch wieder auf eigene und eigenwillige Wege hin. Kinder und Narren gehen als Sonderlinge und Außenseiter oft ihre originellen, von Gott beschützten Wege, statt den der Effizienz geschuldeten Trampelpfaden der modernen Gesellschaft zu folgen. Das erinnert an den Archetyp des Till Eulenspiegel und mit ihm an alle Schelme und Narren und ver-rückten Kinder Gottes. »Zu wenig und zu viel sind der Narren Ziel« – in erlöster Form klingt hier außerdem das christliche »Sei heiß oder kalt, die Lauwarmen will ich ausspeien« an. Kinder und (alte) Narren gehen in die Extreme und uns oft auf die Nerven, aber sie folgen selbst damit viel eher dem christlichen Auftrag unserer Kultur als brave Kirchenchristen und Anhänger der Mittelmäßigkeit.

Dies dürfte daran erinnern, wie wichtig rechtzeitige närrische Zeiten sind und damit Karneval und Fasching – jedes Jahr. Diejenigen, die mitmachen und sich diesem bunten närrischen Treiben hingeben, folgen letztlich einem sehr sinnvollen Brauch. Wir alle *brauch*en solche Auszeiten und sollten sie mehr gebrauchen, schon wegen der Vorbeugung vor Krankheitsbildern des Alters wie der Demenz.

Leider wurde den meisten von uns das Staunen und Träumen schon in der Grundschule ausgetrieben. »Träum nicht, schlaf nicht, spiel nicht (verrückt), spinn nicht rum, fantasier nicht, konzentrier dich!«, so lauten bis heute die *schrecklich* erfolgreichen Kommandos, mit denen Pädagogen auf Kinderseelen losgehen. Heute zahlen Firmen Trainern hohe Honorare, um ihren Managern all das Ausgetriebene wieder einzutrichtern. Und staunend stellen wir Trainer fest, wie wenig an Konzentrationsfähigkeit bei dieser destruktiven Erziehung herausgekommen ist.

Dabei geht es auch anders, wie ich es selbst erlebte: Im vergleichsweise geradezu freien US-College hatte ich mir als Student einen – gemessen an meinem Ziel Medizin – verrückten Stundenplan zusammengestellt. Die Fächer meiner Wahl machten mir zwar Spaß, aber bald beschlich mich das schon verinnerlichte typisch deutsche schlechte Gewissen, und ich wollte zu ordentlichen, zielführenderen Fächern wechseln. Als ich beim College-Direktor vorsprach, nahm er mich mit in eine Art »Ahnengalerie« oder *Hall of Fame*, wo die großen Söhne und einige wenige Töchter des College mit Bild verewigt waren, und sagte sinngemäß: »Unser Ziel ist nicht, dass du so viel lernst, sondern dir die Freude am Lernen, Forschen und was auch immer bewahrst und deinen Weg findest.« Das machte mich staunen und überzeugte mich spontan. Als Jahrzehnte später ein spiritueller Lehrer und *Ordens*leiter zu mir sagte: »Wo die Freude nicht ist, kann dein Weg nicht sein«, erinnerte ich mich an die Worte des College-Direktors. Rückwirkend ist es etwas vom Wichtigsten, das ich in gut 20 Jahren Ausbildung lernen durfte: Ohne Freude *geht nichts* (gut). Das ist Demenzvorbeugung auf pädagogischer Ebene, aber es war auch eine wesentliche Hilfe für mich, meine Ausbildungszeit weitgehend zu genießen. Ich habe nach den anfangs eingestandenen Startschwierigkeiten wegen akuter Langeweile gern gelernt, und es hat mich glücklich gemacht. Wo das zu kurz kam, habe ich den Aufstand geprobt, protestiert und *verrücktgespielt*. Ich bin *protest*antisch getauft, was religiös bei mir zwar nicht so anschlug, dafür aber in anderer Hinsicht.

Ein weiteres Alzheimersymptom nennt sich **Agnosie** und bezeichnet die Unfähigkeit zu erkennen. Das geht am Ende so weit, dass Betroffene sich selbst nicht mehr (er)kennen und den Gesunden wie Narren erscheinen. Aber vielleicht braucht ja unsere angeblich so vernünftige, durchorganisierte moderne Gesellschaft ihre Narren dringend als Ausgleich – und betroffene Patienten verlangt es, wenn auch auf unerlöste Weise, nach Narrenfreiheit. Tatsächlich bekommen wir gerade in einer Umwelt, die kinderfeindlich und in geistig-seelischer Hinsicht entwicklungsfeindlich ist, am meisten (Alzheimer-)Narren-Nachwuchs.

Die alten Alzheimer-Narren erkennen in der Agnosie sich selbst nicht mehr und anerkennen auch sonst nichts mehr, was diese Gesellschaft zu bieten hat. Tatsächlich hat sie ihnen einfach nichts mehr zu bieten oder vielleicht schon viel zu viel geboten in des Wortes Doppelsinn. Wahrscheinlich haben sich diese Menschen viel zu viel (von ihr) bieten lassen. Selbsterkenntnis war wohl weniger dabei. Sie ist als letztes Ziel des Entwicklungsweges im Schatten versunken, und so kann natürlich auch die Welt nicht mehr als Aufgabe erkannt werden. Deshalb ist rechtzeitig einzusehen, dass wir nicht alles wissen und kennen können und müssen, sondern lieber Weisheit aus schon vorhandenem Wissen entwickeln sollten. Weniger ist da mehr.

Apraxie, die Unfähigkeit zu praktischen Handlungen, ist ein weiteres einschlägiges Symptom. Sie hindert daran, die Werkzeuge und Hilfsmittel des Lebens weiterhin sinnvoll einzusetzen. Das heißt, den Betroffenen ist wie kleinen Kindern wieder beim Zähneputzen und Ankleiden zu helfen.

Wir könnten in ausufernder Ungeschicklichkeit die Aufforderung sehen, uns die Freiheit zu nehmen, nicht alles selbst machen und können zu müssen, sondern vieles auch anderen zu überlassen, es zu delegieren und uns auf Wesentliches zu konzentrieren. Das kann eine große Hilfe schon früh im Leben sein und viel Zeit sparen. Wenn wir alles delegieren, was andere auch können, und nur noch tun, was nur wir allein vermögen, werden wir staunen, was andere so alles können und was bei dem herauskommt, was nur wir können. Eigenehrlichkeit, Schatten- und Selbsterkenntnis lassen sich dagegen nie delegieren.

Kinder können natürlich (noch) längst nicht alles und müssen das auch gar nicht. Das akzeptieren wir und könnten im Alter ebenso gnädig mit uns sein und uns freiwillig entsprechend mehr durchgehen lassen. Wenn alte (Alzheimer-)Narren zuweilen zwei verschiedene Socken oder gar Schuhe tragen, mag das komisch wirken und von Verwirrung zeugen. Aber wo ist das Problem? Bei Kindern können wir doch auch darüber lachen. Warum nicht – im Rahmen eigen(mächtig)er Alzheimerprophylaxe – öfter einmal, und nicht nur im Fasching, bewusst komisch und witzig sein, vielleicht auch ab und zu humorvoll und listig-lustig aus angestammten und langweiligen Rollen fallen und über die (zu eng gespannten) Stränge schlagen!

Wie angenehm auch für mich, wenn ich, schon pensionsreif in vielen Augen, gar keinen Ruf mehr zu verlieren habe und einfach schreiben kann, was mir überdeutlich erscheint, auch wenn es dem Mainstream nicht passt und politisch unkorrekt erscheint. Wer wie ich – trotz vieler Bestseller und sogar Trendsetter-Bücher – längst von Mainstream-Medien ignoriert wird, ist völlig frei zu schreiben, was er denkt – und meine Anhängerzahlen in den sozialen Medien steigen kontinuierlich, und die Bücher gehen gut.

Geschickt sind wir im Übrigen nur, wo das *Schick*sal uns hin*schickt*. Und wie nicht anders zu erwarten, schickt es die Hälfte von uns auf den archetypisch weiblichen Weg der Linkshänder. Wenn wir alle aber die Dinge mehr *mit links machen*, also leicht, locker und ohne K(r)ampf – und auch ganz konkret öfter mal als Rechtshänder einiges mit der linken Hand –, erleben wir einen weiteren Aspekt echter Vorbeugung.

Von Apraxie Betroffene versinken dagegen allmählich in Untätigkeit und schließlich völliger Hilflosigkeit. Mit einer Welt, die sie nicht mehr erkennen, können sie natürlich auch nicht mehr umgehen und nichts anfangen. Es verdeutlicht, dass es ab der Lebensmitte gar nicht mehr viel neu zu beginnen gibt, sondern es gilt, Begonnenes zu beenden und abzurunden und einen guten (Ab-)Schluss zu finden. Hilflos sind wir tatsächlich in Wirklichkeit immer, und je früher wir es erkennen und uns dem »Dein Wille geschehe« anvertrauen, desto besser.

Auf unerlöste Weise sind die Patienten nun nicht mehr von dieser Welt. Rechtzeitig zu erkennen, dass unser (Lebens-)Ziel nicht von dieser Welt ist, wäre zentrale Aufgabe unserer Kultur. Christus sagt deutlich: »Mein Reich ist nicht von dieser Welt.« Und Sein Reich ist unser aller Ziel, selbst wenn wir keine Christen sind. Denn das letzte Ziel im spirituellen Sinn ist die allumfassende Einheit, und sie ist überall und für alle gleich, und alle Religionen und spirituellen Traditionen zielen darauf. Das legt den Verdacht nahe, dass von Alzheimer Betroffene ihr Leben zu weltlich verbracht haben und letztlich unter diesseitiger Sinnlosigkeit leiden.

Depressive Verstimmungen der Alzheimerpatienten bringen verschiedene Themen auf einen gemeinsamen Nenner. De-Pression lässt sich auch als »weg von Druck und Spannung« und damit als unerlöste Ent-Spannung verstehen. Tatsächlich stellt die Depression eine der destruktivsten Formen des Loslassens dar. Betroffene lassen sich seelisch und körperlich völlig hängen und überantworten die Sorge für ihr Leben dem Umfeld. Das ist eine Form des Rückzugs ohne eine Spur von Eigenverantwortung. Die Wissenschaft kann dies heute sogar auf der Ebene des Gehirns belegen, wie in *Wege aus der dunklen Nacht der Seele* beschrieben (siehe Literaturverzeichnis).

Selbst wenn wir De-Pression nach heute gängigem Verständnis als Nieder-Drückung oder Be-Drückung verstehen, als Gegenteil von Aggression und vitaler, zupackender Aktivität, bleibt der Fluchtaspekt, das Nicht-mehr-Mit*machen*, die Verweigerung, deutlich, denn alle Lebensimpulse gehen verloren. Das Ergebnis ist Tod bei lebendigem Leib. Letztendlich läuft beides, sowohl die unerlöste völlige Entspannung als auch die komplette Unterdrückung der Lebenskräfte, darauf hinaus.

Das Leben zieht sich in umgekehrter Reihenfolge, wie es gekommen ist, wieder zurück – verdeutlicht wird es im Bild des Lebensmandalas. Aus der Sicht der Seele hat diese den Körper anfänglich erst Schritt für Schritt in Besitz genommen und am längsten gebraucht, den hochdifferenzierten Bio-Computer des Gehirns in Betrieb zu nehmen. Das hat viele Jahre und manchmal Jahrzehnte gedauert, und die allermeisten stellen ihn sogar nie ganz in Dienst, sondern geben sich mit Funktionsaspekten im Bereich von zehn Prozent der Gesamtkapazität zufrieden. Hirnphysiologen bestätigen, dass wir nur wenige Prozente von unserem Großhirn benutzen. Wofür haben wir dann 100 Prozent? Bei Alzheimer ziehen sich nun die Gehirnfähigkeiten in genau der umgekehrten Reihenfolge zurück, wie sie in Kindheit und Jugend herangewachsen sind. Hier wird das »Wieder werden wie die Kinder« in körperlicher, neurologischer Hinsicht deutlich und offensichtlich.

In der schweren Depression ist der Antrieb meist komplett verschwunden, Gefühle sind es weitestgehend. Was bleibt, sind die kreisenden Gedanken um die Sinnlosigkeit des eigenen Lebens bis hin zu Selbstmordgedanken. Hinzu kommen häufig Schlafstörung und Morgentief. Das heißt, die Betroffenen erwachen schon mit niederdrückenden oder sogar niederschmetternden Gedanken an Selbstmord, für die sie durch die Schlafstörung noch entsetzlich viel mehr Zeit haben. In der tiefen Depression können sie – wegen der Antriebsstörung – sich auch nichts antun. Sie sind völlig in sich gefangen und mit ihrem unbewältigten Thema konfrontiert: dem Tod als Höhe- und Schlusspunkt des Lebens. Natürlich bringen Selbstmordgedanken auf der Ebene von Strick oder Kugel, Gift oder Gas keine Lösung, aber rechtzeitige Auseinandersetzung mit der eigenen Sterblichkeit wäre Vorbeugung für jede Form von Depression und wichtig schon vor dem Alter und erst recht im Alter.

Wesensveränderungen lassen vermuten, dass bisher Ungelebtes sich Bahn bricht. Was immer die Patienten im Laufe ihres Lebens aufgrund von Erziehung oder anderen Rücksichten verdrängt und aufgestaut haben, kann nun ungefiltert zutage treten. Vor allem nahe Angehörige, die häufig die Pflege übernehmen, erleben jetzt Seiten an ihrer Mutter oder Ehefrau, ihrem Vater oder Ehemann, die sie aus gesunden Tagen nicht kennen.

Da mit der Zeit auch immer mehr Kontrollfunktionen des Verstandes ausfallen, können sich wie bei kleinen Kindern Emotionen jederzeit ungehindert entladen. All das Ungelebte und vor allem Kindliche kommt jetzt auf unerlöste kindische Weise zum Vorschein und will verkraftet werden. Das geht bis hin zu jenem Kindischsein, das in der deutenden Medizin von *Krankheit als Symbol* den Verdacht nahelegt, der christliche Auftrag für die zweite Lebenshälfte, umzukehren und zu werden wie die Kinder, sei auf die Körperbühne gesunken und tobe sich nun auf kindische Art aus.

Der damit meist verbundene Mangel an Vorsicht und Rücksicht seitens der Patienten, der Angehörigen so ungeheuer auf die Nerven gehen kann, ergibt sich praktisch zwingend, da sozusagen vorn und hinten nichts mehr ist, weil Vergangenheit und Zukunft weggebrochen sind und die Gegenwart sich auf die halbe Minute beschränkt, die das Krankheitsbild noch (zu)lässt. In erlöster Form ist das jenes Eintauchen in den Augenblick, bei dem Kinder, bevor sie die Uhr und damit das Phänomen Zeit lernen, so leicht in ihrem Spiel aufgehen und das Heimkommen vergessen. Insofern ist jede Übung mit dem Ziel des Eintauchens in den Augenblick – von Meditation über Tai-Chi bis zum verbundenen Atem, von bewusstem Arbeiten an der eigenen Berufung bis zur Achtsamkeit im Alltag – auch schon Demenzvorbeugung.

Zusammenfassend können wir feststellen, dass Alzheimer-Demenz auf drastische Weise und bis in die Körperlichkeit zeigt, wie sehr bei den Betroffenen die natürliche Rückkehr zu den Ursprüngen des Lebens in den Schatten gesunken ist. Wir haben es hier mit beiden Extremen der vierten Lebensbühne des Mondprinzips zu tun, und mit fortschreitendem Krankheitsbild wird diese Rückkehr im Lebensmuster immer deutlicher und deutbarer.

Statt in erlöster Hinsicht zu werden wie die Kinder, entwickeln sich Alzheimerpatienten in körperlicher, seelischer und geistiger Hinsicht zurück in die Entspannung des Kindesalters, als die Eltern noch für alles verantwortlich waren. Statt wieder mit großen Augen, offenem Mund und Herzen die Wunder des Lebens zu bestaunen, versinken sie auf ihrem Rückzug in Sprachlosigkeit und Apathie. Und statt Schritt für Schritt den eigenen Lebenskreis zu erobern und ihn zu vollenden, drehen sie sich in kleinsten Schritten im Kreis und verlaufen sich, können also den Weg nicht finden und haben ihren ureigenen vielleicht nie wirklich gesucht.

Zurück in die Verantwortungslosigkeit der Kindheit geflohen verlangen die Patienten Aufmerksamkeit und Pflege ohne Gegenleistung. So üben sie unbewusst Macht aus, indem sie der ganzen Familie oder einzelnen Angehörigen eine Verantwortung aufhalsen, die eigentlich untragbar und unerträglich ist und die sie vor allem selbst in keiner Weise übernehmen. Bilder einbetonierter Nervenzellen mit unterbrochenen Verbindungen, langsam vor sich hin sterbend, sind aus schulmedizinischer Sicht bedrückender anatomischer Spiegel der aussichtslosen Situation. Noch deutlicher aber ist der Mangel an Nerven-Neubildung.

Die Patienten wissen nicht, wo und wer sie sind, erkennen ihre Angehörigen nicht mehr, und manchmal nicht einmal sich selbst. Sie brauchen schließlich 24 Stunden Betreuung, da sie den Tag-Nacht-Rhythmus verlieren, zu unmöglichen Zeiten ausrücken oder in aggressiven Ausbrüchen sich und andere gefährden. Das möchte niemand erleben, weder am eigenen Leib noch als Angehörige(r).

Doch wer erkennt, dass der generelle Verlust an Orientierung und Sinn eine entscheidende Ursache nicht nur für Alzheimer, sondern prinzipiell für Leid ist, sollte seine Selbstverantwortung wecken und die Gewissheit stärken, dass er selbst bis ins hohe Alter eine Menge für sich tun kann.

Gesund bleiben, heil werden

Die Nonnenstudie oder worauf es wirklich ankommt

Zur nachhaltigen Heil(werd)ung, der Salutogenese, gehört in einem ersten Schritt, das Problem, an dem man leidet, zu verstehen. Das ist heute für viele nicht leicht. Besonders alte Menschen wissen meist gar nicht, wie sie in ihre Misere geraten sind. Hier hilft die Krankheitsbilder-Deutung, körperliche Symptome als Sprache der Seele zu verstehen. Daraus folgt als zweite Stufe die Möglichkeit, Grundlegendes zu ändern und (sich) zu wandeln. Hinzukommen muss in einem dritten Schritt die Einordnung in den Gesamtzusammenhang, wozu Lebenssinn und Verständnis des Lebenskreises gehören. Andernfalls bleibt Heil-(werd)ung aus.

Erkennend verstehen, gestaltend wandeln, sinnfindend einordnen – diese drei entscheidenden Schritte der Gesundheitsvorsorge und des Heilwerdens kommen in der offiziellen Medizin unserer Gesellschaft so gut wie gar nicht vor. Alles, was persönliche Entfaltungsfreiheit und

Kreativität fördert, ist diesem System verdächtig. Lebensfreude, Leichtigkeit des Seins, das Ausloten von Grenzen,
kindliche Neugierde gelten als suspekt. Alles, was den
Fluss der Lebensenergie und -freude anregt und dazu ver-
führen könnte, das Primat des Materiellen und der Äußer-
lichkeiten hinter sich zu lassen und tiefer zu gehen, wird
bereits in seinen Anfängen sabotiert. Der Blick für den
großen Gesamtzusammenhang und den Lebenssinn geht
dabei verloren. Einen anderen Weg schlägt die Krankheitsbilder-Deutung im Sinne von *Krankheit als Symbol* ein, und
sie wird interessanterweise speziell für das Thema Altern
durch die sogenannte Nonnenstudie im höchsten Maß bestätigt.

Für das gängige medizinische Weltbild war es wie ein
Paukenschlag, als David Snowdon, ein US-amerikanischer
Epidemiologe in den 1980er-Jahren erklärte, dass im Gehirn nachweisbare Abbauprozesse nicht ursächlich für
Demenz sind, sondern es aufgrund einer bestimmten Lebensweise sozusagen geistig-seelische Schutzfunktionen
gebe. Grundlage für diese Aussage waren seine Untersuchungen an 600 mehr als 70-jährigen Nonnen, die in verschiedenen Klöstern in den USA lebten. Bekannt wurde
seine Forschung als Nonnenstudie.[13]

Snowdon hatte bei den Nonnen, die in der Geborgenheit
des Klosters uralt wurden, die einschlägigen Demenztests
durchgeführt und kaum Anzeichen von Alzheimersymptomen gefunden. Nach dem Tod untersuchte er das Gehirn
der Verstorbenen und verglich es mit dem von im gleichen
Alter Verstorbenen außerhalb der Klostermauern. Es stell-

te sich heraus, dass die Nonnen zwar die gleichen Herde (Läsionen) aus sogenanntem Alzheimer-Toxin aufwiesen wie die vielen Betagten aus der Normalbevölkerung, aber es bei ihnen trotzdem nicht zur Demenz gekommen war. Nach aller Logik war also eine andere Erklärung für das zunehmende Altersproblem der Demenz zu suchen als die gängige Schuldzuweisung hinsichtlich Beta-Amyloid und Alzheimer-Toxin.

Das Gehirn der Nonnen konnte offenbar die Ausfälle ausgleichen, sehr wahrscheinlich durch eine effektive Nervenregeneration. Die mit ihnen verglichenen »normalen« Alten hatten diese Regenerationsfähigkeit anscheinend verloren. Nun ist es eine Binsenweisheit, dass Abbau und Degeneration unter schlechten Lebensbedingungen schneller verlaufen, Aufbau und Regeneration unter günstigen. Je aufwendiger etwas konstruiert ist, desto leichter lässt es sich (zer)stören. Um etwas so Komplexes wie die Gehirnstruktur wiederum neu aufzubauen, sind sehr förderliche Bedingungen notwendig. Der Stress des modernen Lebens kann also sehr wohl zum Nervenabbau beitragen; der Aufbau aber profitiert von den besonderen Bedingungen, wie sie etwa im Schutz eines Klosters – anders gesagt, einer spirituell ausgerichteten Lebensgemeinschaft mit festen Regeln und einfachem Lebensstil – zu finden sind.

Eine schlechter werdende Blutversorgung des Gehirns im Alter, ein monotones, in Routine erstickendes Leben ohne Selbstverantwortung kann, wie die schon erwähnte Studie von Ellen Langer zeigte, die Lebenserwartung reduzieren und die Anfälligkeit für Demenzerkrankung fördern. Auch wer Probleme hat, die er weder durchschauen noch bewältigen kann, die ihn aber unter Druck setzen und ängstigen, ist mehr gefährdet. Solche Stresssituationen lösen eine Reihe von Notfallreaktionen aus, die zwar das Überleben sichern, aber der nervlichen Regeneration abträglich sind. Das dürfte die Normalsituation der Normalbürger in unserer Gesellschaft sein, wohingegen die untersuchten Nonnen ihren Alltag ungleich stressfreier erlebten und Gehirnzellverluste ausgleichen konnten.

Eine weitgehende Abschirmung von allem, was uns Normalbürgern das Leben schwer macht, bewahrte die Nonnen aber nicht sicher vor Abbauprozessen im Gehirn. Wenn sie älter oder sogar sehr alt werden, können auch die Klostermauern sie davor nicht schützen. Doch es stellte sich heraus, dass die körperliche Situation dennoch keinen Einfluss auf die geistige Verfassung hat; vielmehr ist es umgekehrt. Die Studie konnte zeigen, dass die Nonnen, die sich bereits als junge Frauen beim Eintritt ins Kloster durch vielseitige Interessen und ungewöhnliches Engagement geistig besonders hervorgetan hatten, noch besser abschnitten und weniger gefährdet waren. Hilfreich ist also auch besondere geistige Beweglichkeit. Zweitens scheinen die Lebensbedingungen von entscheidender Bedeutung zu sein. Generell ist schon länger bekannt, dass nicht nur Nonnen, sondern auch Mönche seltener erkranken und vor allem viel seltener an den sogenannten Zivilisationskrankheiten.

Rekapitulieren wir, warum die untersuchten Ordensfrauen nicht in die Demenzfalle gerieten, obwohl das Leben ihnen ähnliche Läsionen am Gehirn beibrachte wie anderen alten Menschen: Sie saßen offenbar weder materiellen Konsumwünschen noch dem fehlgeleiteten Weltbild der Wissenschaft auf. Reduktionismus, die Rückführung von allem auf kleinste Einzelbestandteile, ist für sie wohl kein Thema gewesen, lebten sie doch in einer Welt der religiösen Gleichnisse und Metaphern, die auf das Ganze, auf Erlösung zielt. Während etwa die wissenschaftliche Medizin zur »Niere von Zimmer 18« entgleiste, haben sich die Nonnen ein christliches Menschenbild bewahrt. Zudem verloren sie wohl nie ihr religiöses Lebensziel, ihren Lebensinhalt und -sinn aus den Augen. In der geschützten Klosteratmosphäre folgten sie einem einfachen Tagesablauf und bewahrten sich möglicherweise in ihrem in Rituale und Exerzitien eingebetteten Leben ihr kindliches Staunen angesichts der Gnade Gottes und der Güte der Gottesmutter. Sie behielten zeitlebens ihren Vater im Himmel und die Mutter Gottes in ihrer Nähe und konnten sich auf beide jederzeit verlassen; in idealisierter Form waren beide für sie über alle Maßen gnädig, gütig und verzeihend. Bei solchen Eltern ist es leicht, Kind (Gottes) zu bleiben und das eigene Innere Kind vertrauensvoll in den Alltag einzubeziehen. Mit solchen idealen Eltern gesegnet, haben Nonnen allgemein auch eine ideale Partnerschaft, sind sie doch mit Jesus Christus verheiratet, dessen Name in ihren (Ehe-)Ring graviert ist. Gottes Sohn ist mit ihnen allen verheiratet, was auch Problemen von uns anderen wie etwa Eifersucht wenig Raum gibt.

Außerdem leben Nonnen in der Gruppe ihrer eigenen Klostergemeinschaft, die wiederum Teil der größeren Kirchenorganisation und sogar weltweiten Gemeinschaft aller Christen ist. All das dürfte ihr Kohärenzgefühl gefördert und ihnen Geborgenheit und Sicherheit vermittelt haben. Einerseits eingebunden in die Klostergemeinschaft sind sie andererseits auch individuell bestrebt, das Himmelreich Gottes, die Einheit, in sich zu verwirklichen. Das ist nach C. G. Jung der Prozess der Individuation, die Selbstverwirklichung.

Dem modernen Konsumrausch insbesondere in Ernährungsangelegenheiten konnten die Nonnen gar nicht auf den Leim gehen. Sie blieben stattdessen weitgehend – den jeweiligen Klostertraditionen entsprechend – einer einfachen, natürlichen und nicht selten kargen Küche treu, die zu keiner Zeit Extravaganzen huldigte. In den meisten Klöstern wurde die Devise »regional und saisonal essen« schon immer umgesetzt. Der eigene Klostergarten, die oft noch vorhandene Landwirtschaft und der jedenfalls traditionell enge Bezug zu den Bauern der Umgebung sprechen dafür.

Die Nonnen blieben mit ihren Exerzitien und ihrem Dienst an Kranken oder bedürftigen Mitmenschen außerdem vielseitig in Bewegung – in körperlicher wie geistig-seelischer Hinsicht, und das ist im Hinblick auf Demenz eine wundervolle Vorbeugung. Entsprechend dem klösterlichen Motto etwa der Benediktiner »*Ora et labora*« (»Bete und arbeite«) sollte ihre Tätigkeit einfach und mit Vorliebe körperlich sein, da es so am besten gelingt, im Gebet beziehungsweise in Bewusstheit zu bleiben. Für Bewegung auf beiden Ebenen ist dadurch gesorgt. Obendrein kennen Nonnen weder Pension noch Rente; die Suche nach Gott und die Sehnsucht, das Himmelreich Gottes in sich zu verwirklichen, bleiben ein (oft sehr langes) Leben lang lebendig. Und so zeigt uns die Nonnenstudie in aller Deutlichkeit, worauf es ankommt, um nicht in die Demenzfalle zu tappen.

Inzwischen säen auch andere wissenschaftliche Studien immer mehr Zweifel an der Theorie, Beta-Amyloid und Alzheimer-Toxin seien die entscheidenden Ursachen des Krankheitsbildes. Marina Bocchardi von der Universität Genf konnte mittels PET-Scan (Positronen-Emissions-Tomographie) in einer Studie mit 228 Erwachsenen, die an Beeinträchtigungen ihrer kognitiven Fähigkeiten litten, zeigen, dass 46 davon, die vermeintlich an Alzheimer erkrankt waren, überhaupt keine Gehirnläsionen aufwiesen. Gleichzeitig fanden die Neurologen bei 16 Personen ohne anfängliche Alzheimerdiagnose Beta-Amyloide. Bei 62 Patienten stimmten die PET-Scan-Ergebnisse also überhaupt nicht mit dem Befund überein. Und Richard J. Caselli von der Mayo Clinic Arizona entdeckte bei Post-Mortem-Studien, dass jeder fünfte Patient mit klinischen Alzheimersymptomen keine pathologischen Merkmale im Gehirn aufwies.

Doch trotz dieser weiteren Studien, die in dieselbe Kerbe wie die Nonnenstudie schlagen, trotz der unerklärlichen Momente der Klarheit schon bei Auguste Deter und ihren ungezählten nachfolgenden Leidensgenossen, verbleibt das Gros der Schulmediziner im Stadium des Ignorierens und damit leider der Ignoranz. Fortbildungsresistenz ist eine der gefährlichsten Erkrankungen des Medizin-Establishments.

Wir können aus den Studien lernen, wie wichtig geistig-spirituelle Orientierung und Sinngebung und ein einfacher Lebensstil sind. Anders gesagt, im Alter könnten wir dazu neigen zu vergessen, was wir nicht durchschaut und nie verstanden haben, oft sogar den Sinn der eigenen Arbeit. Das in den Schatten Verdrängte könnte uns spürbar immer mehr Schmerz bereiten. Wer es als sehr mühsam erachtet, sich im Lebensmuster zu orientieren und die Spielregeln des Lebens zu lernen, könnte dazu tendieren, das Alter als Vorwand zur Verweigerung zu nehmen. Aber mit dieser Haltung schneiden wir uns ins eigene Fleisch. Im Alter kann mutige Schattenbearbeitung zur echten Erlösungstherapie werden. Zumal dabei nicht nur Grauenvolles, sondern alles Nichtgelebte noch rechtzeitig erkannt wird, etwa verpasste Lebensfreude oder die Neugier und Offenheit des Kindes. Nun kommt es darauf an, *den großen Bogen* (im Leben) *hinzubekommen* und ganz praktisch den Mittelpunkt des eigenen Seins zu finden. Sinnfindung im Leben und die Rückkehr zur Lebensfreude des Inneren Kindes rangieren dabei über praktischen Maßnahmen wie etwa einer Ernährungsumstellung, ohne diese jedoch überflüssig zu machen.

Die Bredesen-Studie oder die Rolle von Ernährung und Verhalten

Während die Nonnenstudie an den Grundfesten der Schulmedizin rüttelt, indem sie anschaulich macht, wie der Geist die Materie regiert und das Geistig-Seelische für unsere Gesundheit im Vordergrund steht, unterstreichen die Forschungsergebnisse von Dale Bredesen (University of California Los Angeles), wie stark Heilungsprozesse durch die passende Umstellung vor allem in der Ernährung gefördert werden.[14] Auch in dieser Studie geht es um Alzheimer, das für Schulmediziner unheilbare Krankheitsbild. Bredesen führte bei zehn Alzheimerpatienten verschiedener Krankheitsgrade eine Umstellung im Lebensstil durch, wobei der Schwerpunkt auf der Ernährung lag – und tatsächlich wurden neun von zehn wieder gesund. Bei einem Patienten war die Erkrankung schon zu weit fortgeschritten, sein Zustand wurde »nur« deutlich gebessert.

Dale Bredesen ging für seine Studie davon aus, dass Demenz ein viel zu komplexes Geschehen sei, um darauf einseitig medikamentös zu reagieren. Die existierenden Präparate zur Behandlung von Alzheimer-Demenz seien nur auf ein einziges Ziel angelegt – als ob man ein Dach mit 36 Löchern habe und das dem Patienten verschriebene Medikament würde ein einziges davon schließen. Zwar habe man dann einen Erfolg zu verzeichnen, aber es blieben immer noch 35 andere Lecks, und der zugrunde liegende Prozess wäre nicht beeinflusst.

Demgegenüber verordnete Bredesen seinen Patienten individuell zugeschnittene Veränderungen ihres Ernährungs- und Lebensstils, um die Lecks in einem ganzheitlichen Sinne zu sanieren. Das hieß zum Beispiel für Patientin Nummer eins:

- Alle einfachen Kohlenhydrate (Monosaccharide) sowie Gluten und industriell verarbeitete Nahrungsmittel weglassen, stattdessen mehr Gemüse, Früchte und Fisch aus Freifang essen – und damit auch Übergewicht abbauen.
- Zweimal am Tag meditieren und Yoga üben – zur Stressreduktion.
- Für sieben bis acht Stunden Nachtschlaf sorgen (statt nur vier bis fünf Stunden zu schlafen).
- Täglich Melatonin, Methylcobalamin (Vitamin B_{12}), Vitamin D_3, Fischöl und Coenzym Q10 einnehmen.
- Für bessere Mundhygiene sorgen durch Benutzung von Munddusche und elektrischer Zahnbürste.
- Eine zuvor unterbrochene Hormonersatztherapie wieder aufnehmen.
- Mindestens zwölf Stunden zwischen Abendessen und Frühstück fasten und auch mindestens drei Stunden zwischen Abendessen und Bettruhe nichts essen.
- An vier bis sechs Tagen pro Woche mindestens 30 Minuten Sport treiben.

Für die anderen Teilnehmer der Studie galten ähnliche, der jeweiligen persönlichen Ausgangslage angepasste Empfehlungen. Deutlich wird dabei, dass Demenz auch eine bunte Mischung aus Mängeln und Überflussphänomenen ist, die dem modernen Lebensstil geschuldet sind. Therapeutisch kann beides mit Erfolg angegangen werden. Mängel sind relativ leicht durch Ersatz auszugleichen; Überfluss lässt sich reduzieren. Außerdem ist die Bredesen-Studie eine Mahnung, die geforderte relativ einfache Umstellung nicht zu lange hinauszuschieben, denn es kann irgendwann auch zu spät sein, wie der eine Patient zeigt, der seiner Demenzfalle nicht mehr entkam.

Auch die Erkenntnisse der Krankenhausärztin Mary Newport, die speziell zur Ernährung bei Demenzerkrankung recherchiert hat, unterstreichen die Bedeutung speziell der Ernährungsqualität.[15] Als ihr geliebter Mann Steve sehr früh und sehr rasch fortschreitend an Alzheimer-Demenz erkrankte, stürzte sie sich auf die zum Thema verfügbare Literatur. Fazit ihrer Auswertung war der Verdacht, Alzheimer-Demenz sei eine Art Typ-3-Diabetes, und das würde heißen: Die Gehirnzellen sind mit raffinierten Kohlenhydraten übersättigt, sodass sie einer Insulinresistenz vergleichbar dichtmachen. Daraufhin verordnete sie ihrem Mann eine ketogene (kohlenhydratarme) Ernährung vor allem mit mittelkettigem Kokos- und Palmkernöl – und erzielte einen beeindruckenden Erfolg. Weil seine Hirnzellen wieder ernährt wurden, erlangte Steve nicht nur seinen Humor, sondern sogar seine Arbeitsfähigkeit zurück.

Die Lebensweise entscheidet oder was uns wirklich nährt

Generell lässt sich schon erahnen, um was es bei der – im Übrigen nicht nur im Fall von Demenz – heilsamen Lebens- und Ernährungsumstellung grundsätzlich geht: die Seele in (die große) Ordnung (zurück)bringen mit dem Ziel geistig-spiritueller Sinngebung und parallel dazu die Ernährung zu alter Einfachheit und Frische zurückführen und überhaupt darauf zu schauen, sich Aufbauendes zuzuführen.

Was im Hinblick auf die Veränderungen der eigenen Lebensweise für manche zunächst kompliziert und schwierig wirken mag, wird sich zum Schluss als sehr überschaubar erweisen und wie von selbst gelingen. Es geht leicht, indem wir einfach wieder zurückfinden zu einer *natür*lichen im Sinne von naturnahen Lebens*art*, die auch Lebens*kunst* ist: die Kunst, alt zu werden, ohne seinen Verstand zu verlieren.

Zunächst einmal sollten wir uns eingestehen, dass viele sogenannte Alterskrankheiten viel weniger mit dem Alter als mit der Lebensweise zusammenhängen. Das gilt nicht nur für Altersdiabetes (Diabetes Typ 2), der heute schon Jugendliche und vereinzelt Kinder trifft, sondern auch für Herzinfarkt und eben Demenz. Für die wichtige Beteiligung der Lebensweise spricht auch, dass indigene Völker, die plötzlich von ihrer ursprünglichen naturverbundenen Lebensart zum westlichen Konsumleben wechseln, noch rascher dem Elend von Diabetes Typ 2 zum Opfer fallen.

Die ursprünglich ältesten Menschen der Welt in Okinawa, die stolz auf so viele gesunde Hundertjährige blickten, verloren mit dem Einzug der US-Militärbasis und dem entsprechenden Lebensstil diese Vorteile rasch. Die Männer und die Jungen, die sich schnell dem *American Way of Life* anpassten, lernten auch als Erste unsere sogenannten Altersprobleme kennen wie Diabetes Typ 2, Bluthochdruck und Gefäß- beziehungsweise Herzkrankheiten.

Im Amazonasgebiet, das ich als Arzt kennenlernte, lässt sich die schreckliche Spur westlichen Lebensstils sehr deutlich verfolgen. Am Hauptstrom, wo er bereits verbreitet ist, finden sich heute sehr viele übergewichtige, kränklich wirkende Menschen mit Hochdruck- und Herzproblemen. An den Seitenarmen kann man das nur so weit beobachten, wie die Zivilisation in Gestalt von Junkfood vorgedrungen ist. Interessant wäre, wissenschaftlich zu überprüfen, ob das auch Demenz einschließt, denn diese erweist sich immer mehr als ein typisches Krankheitsbild unserer Zeit, Gesellschaft und Lebensführung.

Wenn wir unschlüssig sind, wo wir anfangen könnten, unsere Lebensweise gesünder zu gestalten, liegt es sicher nahe, etwas für unsere Gehirnzellen, genauer gesagt den Hippocampus und die Neurogenese, zu tun, und das zunächst einmal über die Ernährung. Wenn wir außerdem begeistert und sinnerfüllt leben und unser Inneres Kind einbeziehen und zum Staunen bringen, aktivieren wir die Neurogenese von einer höheren und zugleich effektiveren Ebene. Chronischer Stress mindert die Energieversorgung des Hippocampus, da in dieser Situation vermehrt

Cortisol ausgeschüttet wird. Das ist prinzipiell sinnvoll, da bei Stress der Mensch sich nichts zu merken braucht, sondern alle Reserven für Angriff oder Flucht bereitstellen muss. Das darauf folgende Schließen der vom Insulin gesteuerten Zuckerschleusen der Nervenzellen ist in der zeitlich begrenzten, akuten Stresssituation günstig. Aber es erweist sich als sehr schädlich, wenn wir chronischem Stress ausgesetzt sind. Denn ein dauerhaftes Verschließen der Zuckerschleusen lässt die Zellen des Hippocampus tendenziell verhungern. Der Hippocampus hört ohne Nachschub neuer Nervenzellen auf zu wachsen und schrumpft sogar – bei einem »normal« fehlernährten modernen Erwachsenen um etwa ein Prozent pro Jahr.

Diese Unordnung und Beeinträchtigung im Zellstoffwechsel führt auf seelischer Ebene zu Rückzugstendenzen im zwischenmenschlichen Bereich sowie zu abnehmender Beweglichkeit. Die Resilienz als Fähigkeit, mit Stress umzugehen, schwindet. Mangel an sozialer Stimulation und Bewegung tragen zusätzlich zum Elend bei, da beides die Bildung von Beta-Amyloid fördert. Das zieht langfristig den Schlaf-wach-Rhythmus in Mitleidenschaft, was wiederum den sowieso meist vorhandenen Schlafmangel verschärft. Aber nur im Tiefschlaf könnte sich das Gehirn von überflüssigem Beta-Amyloid reinigen. Entfällt er, bildet sich mehr Alzheimer-Toxin, und ein Teufelskreis entsteht. Statt durch Schlaf, Bewegung und soziale Kontakte den Abtransport von Beta-Amyloid aus dem Hippocampus zu fördern, um es anschließend in der Leber abzubauen, verklebt das sich daraus bildende Alzheimer-Toxin im Gehirn die Nervenendigungen immer mehr.

Wenn wir derart unter permanentem Stress stehen, wird unser Gehirn mitten im Überfluss an Zucker, seiner ersten und Lieblingsnahrung, verhungern. Der Volksmund geht davon aus, der Fisch stinke zuerst am Kopf. Tatsächlich nimmt das Gehirn – jedenfalls aus Sicht der modernen Medizin – die Spitze der Körperhierarchie ein; es ist unsere Zentrale. Und es bildet mit diesem Phänomen der Verarmung im Überfluss eine für unsere Gesellschaft typische Situation ab: Viele leiden heute trotz eines Überangebots an Nahrungsmitteln erheblichen Mangel an Vitaminen, sekundären Pflanzenstoffen und Spurenelementen. Auch auf der geistigen Ebene ist zu beobachten, dass trotz des Überflusses an Information und Wissen ein zunehmender Mangel an Weisheit und ein eklatanter Verlust an Qualität zu beklagen ist.

Der Hippocampus braucht zunächst rein physisch dreierlei: erstens Baustoffe für die Neurogenese, die Nervenneubildung, zweitens Nährstoffe für seine Erhaltung und drittens Schutzstoffe. All das konnte die Ernährung der guten alten Zeit noch bieten. Allerdings waren die alten Zeiten – insgesamt gesehen – gar nicht so gut, weil es nicht genug zu essen gab und Hunger das beherrschende Thema war. Aber davon abgesehen war alles vollwertig und wesentlich pflanzlich, dadurch ballaststoffreich und voller sekundärer Pflanzenstoffe, die wir erst allmählich als jene Schutzstoffe wissenschaftlich kennenlernen, die sie *natürlich* schon immer waren.

Glücklicherweise haben wir inzwischen das Mengenproblem gelöst. Es gäbe für alle Menschen genug Nahrung auf dieser Erde. Wir müssten sie nur vernünftig und menschlich verteilen. Das Quantitätsproblem ist also theoretisch gelöst, das der Qualität immerhin durchschaut. Nur halten wir uns praktisch in beiden Fällen mehrheitlich nicht an die Erkenntnisse. Die Entgleisungen im Hinblick auf Qualität sind Legion, was für unser Wohlbefinden äußerst relevant ist. Am Beispiel der Fettsäuren, die wir mit der Nahrung zu uns nehmen, wird dies deutlich.

Eine kleine Lebensmittel-Kunde

Auf das Verhältnis von Omega-3- und 6-Fettsäuren achten: Das Verhältnis von Omega-3- zu Omega-6-Fettsäuren im Baumaterial des Gehirns ist ausgeglichen, das heißt eins zu eins. Das war wohl auch die Mischung von Fetten in der Nahrung, die unsere frühen Vorfahren zu sich nahmen. Heute hat sich aber das Verhältnis enorm stark zugunsten der Omega-6-Fettsäuren verschoben, und zwar so langsam, dass wir es nicht bemerkten; den meisten Essern ist diese Tatsache immer noch nicht bewusst.

Menschliche Muttermilch enthält reichlich DHA, eine mehrfach ungesättigte Fettsäure aus der Klasse der Omega-3-Fettsäuren, Kuhmilch dagegen nicht, was Letztere schon als Kinder-Milch-Ersatz ausschließen müsste, denn ohne DHA gibt es keine befriedigende Neurogenese im Hippocampus.

Omega-3-Fettsäuren und darunter die DHA stammen von Kaltwasserfischen und Meeresfrüchten oder – heute wesentlich gesünder nicht nur für Veganer – aus (kultivierten) Meeresalgen. Pflanzliches Omega-3, etwa aus Walnüssen, Hanf und Leinsaat, muss erst zu DHA umgebaut werden, und da dies nur in geringem Umfang geschieht, liegt hier ein Gefahrenpunkt für Veganer. Da Meeresfrüchte und Fisch für sie und andere Gesundheitsbewusste nicht (mehr) infrage kommen, empfiehlt sich die Einnahme etwa von »Take me – Omega-3-DHA« aus kultivierten Algen als saubere Lösung. Pflanzenöle wie Sonnenblumen-, Mais- oder Distelöl, die reich an hoch ungesättigten Fettsäuren sind und deshalb von der Wirtschaft – ganz zu Unrecht – als gesund beworben werden, enthalten zwischen 60 und 80 Prozent Omega-6 und praktisch kaum Omega-3. Sie sind also strikt zu meiden, denn hinter dem prinzipiellen Lob für hoch ungesättigte Öle und der Verteufelung gesättigter steckt ein Denkfehler. Mutter Natur hat sicher nicht ohne Grund unsere Reserven in Form von gesättigten Fettsäuren angelegt. Wären diese schädlich, müsste Fasten schädlich sein, denn währenddessen leben wir praktisch ausschließlich von eigenen, also gesättigten Fettsäuren. Nun ist Fasten aber sehr gesund, wie ich seit über 40 Jahren erlebe und es sich auch wissenschaftlich inzwischen so eindrucksvoll belegen lässt. Vor diesem Hintergrund ist Kokosöl, das bis zu 90 Prozent gesättigte mittelkettige Fettsäuren enthält, sehr gesund und gerade zur Vermeidung von Alzheimer die erste Wahl.

Omega-3 reduziert obendrein die Entzündungsneigung im Gehirn, während Omega-6 sie erhöht. Da Entzündungen den ganzen Organismus stark in Mitleidenschaft ziehen, empfiehlt sich neben pflanzlich-vollwertiger Kost auch regelmäßiges Fasten. Beides reduziert die Entzündungsneigung im Organismus, wie sich am sinkenden CRP-Wert zeigt, dem Marker der Entzündungsbereitschaft.

Im Zusammenhang mit Omega-3-Fettsäuren gibt es auch ein gutes Beispiel für Synergien. Bei einer Studie mit 250 Teilnehmern (Dr. Celeste de Jager, Universität Kapstadt), die an leichten kognitiven Problemen litten, konnten B-Vitamine das Fortschreiten von Demenz verlangsamen – aber nur, wenn der Omega-3-Spiegel ausreichend hoch war. Und quasi als Gegenprobe ließ sich feststellen, dass bei den Teilnehmern, die Vitaminpräparate bekamen, diese Gabe bei denjenigen mit niedrigem Omega-3-Spiegel kaum einen Effekt hatte. Die Teilnehmer mit einem hohen Omega-3-Spiegel hingegen konnten von den B-Vitaminen richtig profitieren.

Durch den Ersatz von Grasnahrung durch Kraft- beziehungsweise Körnerfutter bei der Viehnahrung ist es heute im Zuge des Fleischkonsums zu einem dramatischen Anstieg von Omega-6 gekommen. Das heißt, bei Mischköstlern kann das Verhältnis von Omega-3- zu Omega-6-Fettsäuren 1:20 und sogar bis 1:50 betragen, was chronische Entzündungen im ganzen Organismus in Gang setzt und fördert, außerdem Arteriosklerose begünstigt.

Manchmal lesen wir heute schon beim Fleischangebot im Laden oder Restaurant den Zusatz: »vom Weiderind«. Zwar ist das Fleisch von gras- und heugefütterten Tieren in diesem Punkt vorzuziehen, aber es bleiben die Gefahren allen Tierproteins. Und Masttiere leiden heute an ähnlichen Bedingungen wie ihre Esser: Sie erdulden katastrophale Fehlernährung, eklatanten Bewegungsmangel, soziale Isolation und vor allem maximalen (Leistungs-)Stress. Da sie so jung geschlachtet werden, bleiben ihnen Demenz und Depression erspart; dieses Schicksal übernehmen ihre Esser für sie. Von den 60 Millionen in Deutschland pro Jahr geschlachteten Schweinen sollen 80 Prozent an Apathie und Lethargie leiden, 20 Prozent an Symptomen von Wahnsinn. Obendrein stehen sie vor und während des Schlachtens unter maximaler Todesangst und Panik und geben alle entsprechenden Neurotransmitter, die diese Empfindungen vermitteln, an ihr Fleisch und schließlich an dessen Konsumenten weiter. So gesehen müssen wir uns nicht wundern über zunehmende Panikattacken und Angstsyndrome (Phobien), die wachsende Zahl an Seeleninfarkten (Depressionen, Burn- und Bore-out), die in Apathie und Lethargie münden, oder über das Drittel unserer Bevölkerung, das einmal im Leben dem Wahnsinn von Psychosen verfällt. Mit all den angeführten Krankheitsbildern tun wir uns im Alter noch viel schwerer. Zu ihrer Vorbeugung sowie Therapie gehört also unbedingt pflanzlich-vollwertige Kost.[16]

Wenn Fleisch schon generell zu meiden ist, gilt das vor allem auch für Milch(produkte). Sogar die noch relativ proteinarme, dafür fettreiche Butter enthält große Mengen an entzündungsfördernder Arachnidonsäure (Omega-6) und an Transfettsäuren.

Werden hoch ungesättigte, das Missverhältnis von Omega-3 zu Omega-6 verstärkende Öle wie das der Sonnenblume erhitzt, nimmt das Verhängnis vollends seinen Lauf. Die sich dabei bildenden Transfettsäuren schädigen die Gefäßmembranen und fördern so Arteriosklerose, außerdem die Bildung von Alzheimer-Toxin. So bringen uns *Trans*fette – *nomen est omen* – rascher ins Jenseits, obendrein unter schrecklichem Leid.

Selbst die Weltgesundheitsorganisation (WHO) hat bereits in den 1970er-Jahren empfohlen, Transfette ganz zu verbieten. In den meisten Ländern führte dies zu keinerlei Reaktion, wohl weil solch ein Verbot den Interessen der Nahrungsmittelindustrie zuwiderläuft. Die extrem wirtschaftsfreundliche und gesundheitsfeindliche deutsche Politik befindet nicht mal eine Kennzeichnungspflicht für notwendig.

Einige Margarinehersteller verzichten heute freiwillig auf Transfette. In Kuhmilch(produkten) ist ihr Anteil aber erschreckend hoch, denn große Mengen entstehen in den Kuhmägen durch bakterielle Umwandlung pflanzlicher Öle. Eine norwegische Langzeitstudie brachte ans Licht, dass tierische Transfettsäuren, das heißt die der Kuh, sogar deutlich gefährlicher sind als industriell erzeugte.

Transfettsäuren, die erstens durch Erhitzen von hoch ungesättigten Fettsäuren, zweitens durch industrielle Härtung etwa bei der Margarineherstellung und drittens im Bauch von milchgebenden Wiederkäuern entstehen und mit der Nahrung aufgenommen werden, baut unser Organismus in Nervenzellmembranen ein. Die Transfette härten diese Membranen in für deren Funktion katastrophal schädlicher Weise.

Dabei ist es eine relativ einfache Sache für uns Konsumenten, das Verhältnis Omega-3- zu Omega-6-Fettsäuren wieder umzukehren und die Transfette zu meiden. Es reicht, wenn wir in der Küche einen einmaligen, dafür aber nachhaltigen »Ölwechsel« machen und unsere Ernährung im Sinne von *Peace Food* auf pflanzlich-vollwertig umstellen.

Das Zucker-Elend und seine Ausmaße erkennen: Natürlich haben wir inzwischen gelernt, dass Zucker ungesund ist, aber wir lieben nun einmal das Süße, und die Nahrungsmittelindustrie produziert alles, was gut geht. Bitterstoffe etwa gehen gar nicht und werden deshalb aus Pflanzen wie zum Beispiel Rucola herausgezüchtet, obwohl die Leber sie *bitter* nötig hätte. Da vielen Menschen die Süße des Lebens seelisch und emotional so sehr fehlt, wird sie auf der oralen Ebene im Überfluss genossen. Diese Zuckerflut ist gefährlich: Diabetes Typ 1 und 2 singen bereits ein krankes Lied davon, und es kommt noch schlimmer, wenn – wie erwähnt – die Nervenzellen des Hippocampus ihre Zuckerschleusen vor diesem Überangebot verschließen. Die Wissenschaft spricht von neuronaler Insulinresistenz, wenn die Nervenzellen wegen des viel zu hohen Zuckerkonsums keine andere Ernährungsoption haben. Die Ärztin Mary Newport aber trifft den Nagel auf den Kopf, wenn sie es Diabetes Typ 3 nennt, denn es handelt sich um ein Zumachen der Gehirnzellen gegenüber Glucose, wie es bei Diabetes Typ 2 bezüglich der übrigen Körperzellen geschieht.

Bei Fehlernährung mit zu viel Zucker – insbesondere mit raffinierter Glucose und womöglich in Kombination mit Dauerstress und zu viel Cortisol – braut sich das Unheil zusammen.[17] Zwar ist dies nur eine der Krankheitsursachen, die mit unserer modernen Lebensweise zusammenhängen, aber es ist unter den 36 Löchern, die Bredesen in seinem Hausdachvergleich beschreibt, ziemlich entscheidend. Am einfachsten und wirkungsvollsten ist die *Peace Food Keto Kur*. Setzen Betroffene hier an, führt die Kostumstellung auf ketogen häufig zu rascher Besserung – abhängig davon, ob es das Hauptproblem war.

Bei allen Mangel-Problemen ist jeweils der größte Mangel ausschlaggebend. Falls es Lithiummangel ist, muss natürlich dieses Loch vorrangig gestopft werden. Werden nun noch alle sekundären Pflanzenstoffe in Betracht gezogen, um möglichen Mangel zu identifizieren, wird das überaus aufwendig und kompliziert. Dabei ist nur aus unserer Ernährung zu eliminieren, was uns schädigt, und stattdessen dafür zu sorgen, diese ausgewogen bunt und pflanzlich-vollwertig zu gestalten.

Und für Zucker gibt es mit »Eryfly« (Zuckeraustauschstoff Erythrit) einen wunderbaren Ersatz. Denn die Zuckerflut im Blut aktiviert die Insulinrezeptoren der Fettzellen und führt so auch zu (Gewebe-)Verfettung und Übergewicht sowie zu Diabetes Typ 2 und 3. Außerdem werden durch sogenannte Glykierung die Oberflächen von Zellen, und besonders von Nervenzellen, verklebt. Dies führt zu

Immunreaktionen, die in chronische Entzündungen an Nerven und besonders im nervenreichen Gehirn münden.

Der schon erwähnte besorgniserregende Mangel an Omega-3-Fettsäuren verstärkt dieses Problem noch. Transfette blockieren zusätzlich die Insulinrezeptoren, auch die im Hippocampus. Mit mittelkettigen Fettsäuren des Kokosöls lassen sich aber die Hippocampuszellen weiter gut ernähren. Diese werden in der Leber in sogenannte Ketonkörper verwandelt, die leicht ins Gehirn gelangen.

Außerdem blockieren die Hormone des Bauchfettes, das wie eine aktive Drüse funktioniert, die Insulinrezeptoren. Das ist auch der Grund, warum die Wahrscheinlichkeit, an Demenz zu erkranken, mit jedem Zentimeter Bauchumfang wächst. Folglich sollten wir die gefährliche unnatürliche Süße raffinierter Kohlenhydrate durch gesunde Fette und eiweißreiche, also ketogene Kost ersetzen. In *Peace Food Keto-Kur* (siehe Literaturverzeichnis) stelle ich eine ideale Kost auf pflanzlich-vollwertiger Basis zu Vorbeugung und Therapie vor. Die Rezepte darin verzichten generell auf raffinierte Kohlenhydrate. Die mit einem höheren Anteil an vollwertigen Kohlenhydraten eignen sich besonders für die Demenzvorbeugung, die mit nur sehr geringem Kohlenhydratanteil auch für die Demenztherapie.

Komplett zu meiden ist, was einen hohen glykämischen Index hat – zum Beispiel Fertigprodukte, Frittiertes und sogenannte einfache Kohlenhydrate –, zugunsten der Umstellung auf pflanzlich-vollwertig im Sinne von *Peace Food*. Mein Buch *Das Geheimnis der Lebensenergie in unserer Nah-*

rung geht noch einige Schritte weiter, um dem Verhungern auf Zellebene zu entgehen und die Versorgung mit bester Lebensenergie zu sichern.

Cholesterin-Reha(bilitation): Bedenkt man, dass unser Gehirn zu 70 Prozent aus Fett besteht und Cholesterin zwei Drittel davon ausmacht, kann Cholesterin so schlecht und gefährlich nicht sein, wie von der Schulmedizin seit Langem unterstellt. Es ist auch der Grundstoff aller Geschlechtshormone, des Myelins unserer Nervenscheiden, der Gallensäuren, mit deren Hilfe wir Fett verdauen, und es ist der Dichtungs- und Verbandsstoff des Organismus. Deshalb ist es zwar kein gutes Zeichen, wenn zu viel Cholesterin im Blut kreist, verweist es doch auf viele einschlägige Baustellen. Aber es ist ein kapitales Missverständnis, dem Organismus diesen Verbandsstoff deswegen chemisch zu entziehen.

Das Senken des Cholesterinspiegels mittels Pharmaka (Lipidsenker, Statine) ist meist schädlich und kann durchaus auch tödlich sein. Einige dieser Medikamente wurden deshalb bereits verboten, doch es leiden immer noch zu viele Menschen an solchen Fettsenkern. Der Neurologe David Perlmutter geht heute davon aus, dass Millionen Patienten ihr Gehirn mit Statinen wie »Lipitor« beziehungsweise »Sortis« schädigen. Bei einem Jahresumsatz von 17 Milliarden US-Dollar wird es aber wohl noch dauern, bis auch dieses Medikament wie seine gefährlichen Vorgänger (»Clofibrat« und »Lipobay«) vom Markt verschwindet. Tatsächlich braucht niemand Angst vor Cholesterin zu haben. Hohe Werte normalisieren sich in aller Regel durch Stressreduktion, Ernährungsumstellung und mehr Bewegung – wie sie in diesem Buch empfohlen werden – ganz von selbst.

Ernährungsumstellung zugunsten aller fühlenden Wesen: Eine Ernährungsumstellung, die der eigenen Gesundheit und darüber hinaus auch noch den Hungernden der Welt, den Tieren und der Umwelt nutzt und dient, ist mit wenig Aufwand möglich. Sie lässt sich ideal mit bewusster Bewegung in körperlicher wie auch geistig-seelischer Hinsicht verbinden. Beides wird gefördert durch eine Aufgabe im Sinne einer Berufung, die ihrerseits Lebensenergie aktiviert und Freude macht, vor allem wenn sie in ein Weltbild eingebettet ist, das für uns Sinn ergibt und uns in spiritueller Hinsicht gleichermaßen Geborgenheit und Perspektive bietet.

Persönlich bemühe ich mich, Herz, Hirn und Körper insgesamt fit und in Form zu halten. Das geschieht neben der *Peace Food*-Ernährung vor allem durch begeistertes Engagement für Projekte wie Ausbildungen und Seminare, die meine Arbeitsinhalte weitergeben wie Integrale Medizin, und seit einigen Jahren für Online-Fasten, Idealgewicht- und Gesundheits-Challenge. Ständig stoße ich noch auf neue Themen für Bücher und Projekte. Offenheit und Neugier für Neues, Unbekanntes hält jeden von uns wach und ausreichend fit. Wie sagte Martin Buber: »Alt sein ist eine herrliche Sache, wenn man nicht verlernt hat, was anfangen heißt.«

Der Rhythmus des Lebens

Unser Organismus lebt in Rhythmen, wie wir an Herz und Lunge am deutlichsten sehen. Der große Rhythmus der Natur ist unübersehbar im Kommen und Gehen der Jahreszeiten, im ständigen Wachsen und Vergehen. Geburt und Tod sind zwei Pole dieses ewigen Rhythmus.

Die Zellen unseres Organismus werden alle sieben Jahre komplett erneuert; jede Minute sterben Millionen von ihnen und werden neu gebildet. Alle zehn Jahre werden sogar die Atome ausgetauscht, die der Nervenzellen eingeschlossen. Ständiger Wandel ist letzlich das einzig Sichere. Der alte Gedanke, Nervenzellen seien von diesem Rhythmus ausgenommen, ist seit 1981 und dem wissenschaftlichen Beleg der Neuroplastizität endgültig widerlegt. Diese Entdeckung liegt also fast vier Jahrzehnte zurück. Praktische Konsequenzen sind also mehr als überfällig. Andererseits zeigt sich auch hier, wie zäh und widerwillig wir beziehungsweise unsere Energiespar-Hirne neue, selbst höchst erfreuliche, befreiende Einsichten annehmen und umsetzen.

Wir können und müssen heute davon ausgehen, dass auch in unserem Gehirn ein ständiger Auf- und Abbau vor sich geht. Dieses Kommen und Gehen, Sterben und Neugeborenwerden ist natürlich, es entspricht dem Rhythmus von Mutter Natur. Wir sollten folglich dafür sorgen, dass den natürlichen Abbau kontinuierlich ein ausgleichender Aufbau auffängt. Selbstverständlich können wir auch versuchen, den Nervenabbau zu verhindern, wie es die

Schulmedizin erfolglos seit Jahrzehnten probiert, indem sie ausschließlich nach pharmazeutischen Gegenmitteln sucht. Wenn wir aber den Fokus zusätzlich und verstärkt auf die Förderung der Nervenregeneration etwa durch Denk- und Ernährungsumstellungen lenken, können wir gleichzeitig vorzeitigen Abbau (ver)hindern und uns so doppelt nutzen. Dieses Sowohl-als-auch erweist sich in vielerlei Hinsicht erfolgversprechender als das gewohnte Entweder-oder.

Dazu gehört, im weitesten Sinne Nehmen und Geben wieder in Ausgleich zu bringen. Wenn wir das in unserer Umgebung wieder schaffen, wird es auch im Hirn leichter. Heute gibt es so viele Möglichkeiten, hier gestaltend einzugreifen und die Weichen neu zu stellen – in Richtung alter, bewährter seelischer Wege, aber auch für neue Muster im Lebensstil. Wir sollten uns darauf zurückbesinnen, im Einklang mit den Kräften der Elemente zu wirtschaften und nicht mehr zu nehmen, als zu geben. An diesem Modell sollten wir uns orientieren und uns dem unverantwortlichen Raubbau an der Natur entgegenstemmen. Eigenverantwortung, soziales und politisches Engagement sind gefragt.

Inzwischen ist die maßlose Ausbeutung der Natur in Um- und Innenwelt – und besonders im Gehirn mit untergehenden, aber nicht ausreichend neu aufgebauten Nervenzellen – außer Rand und Band geraten. Jene Demenzpatienten, deren Gehirn ins Ungleichgewicht zwischen Auf- und Abbau gebracht ist, geraten genauso außer Rand und Band. Sie halten uns den ehrlichen Spiegel vor, weswegen wir sie auch am liebsten in Asyle abschieben. Wir alle scheinen mit unserem Lifestyle und der industriell geprägten Art zu produzieren und zu konsumieren verrückt geworden zu sein, und im Gehirn wird es immer häufiger und früher offenbar. Aber die gute, ja wundervolle Nachricht ist: Wir können das jederzeit beenden, jede(r) für sich und idealerweise auch kollektiv.

Zufluchtsorte

Die Alzheimer-Demenz ist zu einem Symbol für unsere Ängste vor dem Alter und für eine allgemeine Ratlosigkeit und Verlorenheit angesichts einer komplizierten Welt geworden. Ihre Be-Deutung und Prophylaxe kann aber auch als eine Art Brennglas für notwendige und überfällige heilsame Umstellungen dienen. So wird es spätestens ab der Lebensmitte für uns wichtig, einen Ort auf der Welt zu finden oder sich zu schaffen, wo wir uns in einer menschlichen Gemeinschaft verstanden und aufgehoben fühlen und auch über uns selbst hinauswachsen dürfen. Gesucht ist ein Ort, der uns erlaubt, immer wieder jene Kohärenz herzustellen, die der Neuroplastizität des Gehirns dient. Einen Ort also, der Geborgenheit und Autonomie gleichermaßen ermöglicht, wo Letztere aus Ersterer erwächst. Das wären Plätze, die uns erlauben, immer wieder zu uns selbst zurückzukehren, in Resonanz einzutauchen, weil sie frei von Stress sind und Ruhe vermitteln. Sie sollten uns sogar erlauben, für längere Zeit in Resonanz mit uns selbst und der Umwelt zu bleiben, um dieses Gefühl im Alltagsgetriebe immer seltener zu verlieren. Wobei der Moment des Wiedererreichens von Resonanz auch etwas Besonderes und besonders Berührendes hat. Es macht uns noch glücklicher als andauernde Resonanz und beständiges Glück.

Solche Orte werden in unserer Gesellschaft immer seltener. Klöster und Ashrams sind es offensichtlich für sich entsprechend berufen fühlende Gläubige. Sie bieten ihnen einerseits die Geborgenheit einer einfachen, strukturierten Welt ohne die Verrücktheiten des hektischen Tagesgeschehens, andererseits die Chance der Selbstverwirklichung. Aber sie schließen, und wo findet die große weltliche Mehrheit Ähnliches?

Vielleicht müssen auch wir zuerst unseren Glauben wiederfinden, zumindest an das Leben – und an uns selbst in diesem Leben. Das war für mich einer der Gründe, *Die Schicksalsgesetze – Spielregeln fürs Leben* zu schreiben und auf diese Weise mehr über das Vertrauen zum Spiel des Lebens und zu seinen gerechten Spielregeln und der Ordnung darin zu vermitteln. Allerdings brauchen wir auch den Gegenpol, um nicht zu verzweifeln: *Das Schattenprinzip*. Es hilft uns zu verstehen, warum so viele immer wieder genau das Gegenteil von dem bekommen, was sie sich wünschen, warum alle Frieden wollen und wir überall Krieg erleben. Wenn wir diese universelle Ordnung in uns(erem) Selbst gefunden und anerkannt haben, finden wir auch draußen in der Welt deutlich leichter den Ort, wo wir in Resonanz und Kontakt kommen und uns verbunden fühlen. Die von Snowdon untersuchten Nonnen dürften ihn im Kloster gefunden haben.

Versuche, moderne Heilungsbiotope zu schaffen wie unser TamanGa in der Südsteiermark oder Tamera in Portugal, sind Ausdruck dieser Sehnsucht nach dem idealen Ort. Dabei sind sie weniger als Flucht aus der »normalen« Welt zu verstehen, sondern als Modelle eines lebensfreundlicheren Zusammenlebens. Es geht schließlich nicht darum, sich von der Welt zu isolieren, sondern beispielhaft auf sie einzuwirken. Hinzu kommt auch die Erneuerung des Kontakts mit Mutter Natur. Das Zusammenspiel mit der großen Mutter in aller Natur wieder zu lernen ist sogar die entscheidende Basis. In beiden erwähnten Zentren kommt dies im Bestreben nach Permakultur (einem Wirtschaften in natürlichen Kreisläufen), Selbstversorgung und Energie-Autarkie, also einem Leben in Einklang und Ausgleich mit Mutter Natur, zum Ausdruck.

Eine andere, immer wichtiger werdende moderne Variante, Zuflucht zu nehmen und zu finden, sind Internet-Gemeinschaften wie unsere *LebensWandelSchule* und der *Human Trust*, in denen sich Gleichgesinnte über jede Entfernung hinweg verbinden und miteinander kommunizieren, lernen und wachsen.

Auf dem Weg (zurück) zu jenem inneren Ort, wo Kohärenz zu Hause und selbstverständlich ist, geht es unter anderem darum, wieder spielen zu lernen und sich der Welt spielerisch zu nähern. Wir dürfen das Leben tatsächlich als Spiel begreifen wie Hindus, die von *Lila*, dem kosmischen Spiel, sprechen und damit das Leben meinen. Wir haben

so viele Gründe, uns diesem groß(artig)en Spiel staunen-
den Auges zu nähern und viel mehr Freude am Leben zu
entwickeln. Epikur, Poet der Freude in der Antike, hielt
das Streben nach Glück und Freude für des Menschen
vornehmliches Verlangen, das er weit über Lust und Trieb
stellte. All das spricht dafür, jenen Prozess des *Werdens wie
die Kinder* dem Körper rechtzeitig abzunehmen, indem wir
uns mit ganzer Seele und Begeisterung unserem Sein stellen und aus vollem Herzen genießen, Kinder der Erde zu
sein.

Hinzu kommt, sich rechtzeitig einen erfüllenden, die
Seele nährenden Lebenssinn zu suchen, wie ihn die Nonnen der Demenzstudie gefunden hatten. Wahrscheinlich
trifft dies auch auf die Bewohner anderer Klöster oder Ashrams zu, wenn sie dort ihren Lebenssinn finden und ein
geregeltes Leben in Gemeinschaft führen können.

Der frische, unvoreingenommene Blick

Obwohl das altersgerechte »Umkehren und werden wie
die Kinder« keinesfalls fatalen Rückschritt meint, sondern
die Vollendung des Entwicklungskreises, ist weder das
Umkehren noch das Himmelreich Gottes ein Anliegen,
das der Mehrheit unter den Nägeln brennt. Dabei ist die
zweite Lebenshälfte prinzipiell eine Zeit des verstärkten
Bemühens um Sinnhaftigkeit und Einlösung und Integration seelischer Aufgaben vor dem großen Loslassen. Und
das ist durchaus etwas Freudvolles, das oft mit der Wie-

derentdeckung eigener Kreativität und vor allem des Staunens verbunden ist.

Es gilt, sich den frischen, unvoreingenommenen Blick auf die Welt zu erhalten – oder sich darin vielleicht erstmals seit der Kindheit wieder zu üben. Idealerweise konnten wir kindgerecht aufwachsen, um innere Zuversicht auf seelischer Ebene zu entwickeln, und später als Jugendliche unsere Reifeschritte frei vollziehen, um erwachsen zu werden und Selbstverantwortung zu übernehmen, statt zu *bleiben* wie die Kinder. Wenn in der zweiten Hälfte des Erwachsenenlebens dann die große Herausforderung darin besteht, zu *werden* wie die Kinder, können wir uns von (unseren) Kindern oder Enkeln inspirieren lassen. Es hilft, dem eigenen Inneren Kind, jenem starkmachenden Teil unserer Persönlichkeit, Gehör zu schenken und es ernst zu nehmen.

Falls ein lebhafter Kontakt zu Kindern der eigenen Familie besteht, ist das natürlich optimal. Aber von Kindern generell können wir so viel lernen. Kinder sehen andere Kinder nicht als Objekte, sondern als Subjekte. Tiere etwa sind für sie gleichberechtigte Wesen, die sie streicheln und liebhaben wollen, und nicht etwa verwertbares Material zum Verkaufen oder Essen. Kinder sind gutgläubig, direkt und noch so himmlisch offen in ihrem Staunen über die Welt, und sie lieben Gemeinschaft. Wenn sie allein gelassen werden, protestieren sie schreiend. Sie wollen sich mit den anderen beschäftigen, und diese dürfen und sollen das mit ihnen tun.

Kinder können in ihrer Neugier und Offenheit unser Vorbild sein, unseren Geist jung und frisch zu erhalten.

Die heute wissenschaftlich belegte Neuroplastizität bedeutet, dass unser Gehirn grundsätzlich bereit und fähig ist, sich in alle Richtungen weiterzuentwickeln und zu vernetzen. Wenn wir das ernst nehmen, werden wir erkennen, dass wir in jedem Moment die Möglichkeit haben, uns und unseren Lebensweg zu verändern, neue Wege einzuschlagen, alte abzubrechen und mit der Begeisterung eines Kindes auf Entdeckungsreise zu gehen und das Leben als die große Chance zu begreifen, die es immer war und für immer bleiben kann.

In unserer modernen Gesellschaft der Vereinzelung und Einsamkeit können im Übrigen auch ein Hund, manchmal eine Katze und sogar ein Vogel wahre Wunder wirken und das Innere Kind wieder erwecken.

Meine Tochter Naomi wollte als Kind am liebsten all ihre Katzen, selbstverständlich die Oma und auch die Sekretärin mit ins Bett nehmen. Sie aß, wenn wir nicht aufpassten, aus demselben Napf mit den Katzen und hatte keinerlei Hierarchieprobleme. Ihre Welt war und ist immer noch ganz lebendig – da sie sich mittels Trisomie 21 die Erwachsenenwelt weitestgehend erspart. Alles hat für sie Sinn und Bedeutung und ist ihr wertvoll; nichts wird zum Objekt, alle sind gleichberechtigte lebendige Wesen, selbst die Spielzeuge. Natürlich werden Puppen als wesenhaft erkannt und behandelt.

Warum also nicht in ähnlicher Weise freundlich und achtsam zu den Dingen und Menschen sein, statt mit vorgefasster Meinung und Schattenthemen im Schlepptau unnötig die eigene Welt kleiner machen, als sie ist!

Liebevoll Kontakte pflegen, das Herz sprechen lassen

Es gibt viele Arten von Liebe und Herzensbeziehungen. Die Polarität können wir mittels sinnlich-erotischer Liebe in der Einheitserfahrung des Orgasmus überwinden, Nächstenliebe in Freundschaften üben, im Sinne der Philia der Antike, und die göttliche Liebe, Agape, in selbstloser Elternliebe. Diese erwartet keinen Lohn und kann die erwachsen werdenden Kinder in Liebe freilassen.

Sexualität kann mit dem Alter sogar noch viel schöner werden, wenn wir sie weniger sportlich und dafür sinnlicher und gefühlvoller genießen (*slow sex*) und ihr und uns diese Chance schenken. Die Freundschaftsliebe, Philia, wird im Alter noch wichtiger und mag uns der hohen Forderung der Nächstenliebe näherbringen. Die Zahl der besten Freunde könnte mit uns wachsen und im Alter zunehmen, zumal wir jetzt auch mehr Zeit haben, Freundschaften zu pflegen. Die Gottesliebe, Agape, ist schließlich die Aufgabe der zweiten Lebenshälfte schlechthin; dazu dienen Religion, spirituelle Rückverbindung und jede wirkliche *Medi*tation und sogar *Medi*zin.

Schauen wir uns die gute Seite des Alterns an. Was kann wichtiger sein als alte Freunde und Freundinnen, auf die wir uns verlassen können? Beste Freunde zu haben und den Austausch mit ihnen zu pflegen ist ein Mittel gegen die moderne Einsamkeit gerade im Alter. Solch lebendige Kommunikation bis hin zur Kommunion ist ein – wissenschaftlich belegtes – Heilmittel gegen Alzheimer und die

Altersangst davor. Selbst im Partnerschaftsbereich kann man verschiedentlich hören, dass guter Sex über Internet-Partnerschaftsbörsen nicht so leicht zu »ertindern« sei und eine lange, sich weiterentwickelnde Partnerschaft Vorteile biete.

Es macht (Lebens-)Sinn, im Alter mehr auf Herz- und Hirnebene zu investieren, wissend, dass da in dieser Lebensphase sogar leichter mehr zu erreichen und zu gewinnen ist. Das Herz wird im übertragenen Sinn weiter im Alter, wenn wir ihm die Chance geben. Mit zeitlichem Abstand und wachsendem Einfühlungsvermögen lässt sich nun vieles milder und *herz*licher betrachten. Das Herz der Liebe zu öffnen und es im übertragenen Sinn zu weiten, ist wesentliche Aufgabe beim Älterwerden – und unvergleichlich besser, als dieses Thema auf die Körperbühne sinken zu lassen und dann etwa an krankhafter Herzerweiterung und Herzschwäche zu leiden. Diese Herzinsuffizienz Altersherz zu nennen, ist nur ein weiterer kapitaler Irrtum der Schulmedizin.

Wir müssen weder Herz noch Lebensabend zusätzlich beschweren. Es lohnt sich nicht mehr, jemandem etwas nachzutragen und solch eine Schlepperei auf sich zu nehmen. Wer Beleidigtsein pflegt, trägt nichts als Leid davon. Auch hier ist Loslassen angesagt – spätestens jetzt im Alter. Denn wenn wir (wieder) mehr Vertrauen in unsere Mitmenschen entwickeln, ebenso Gruppenzugehörigkeit, trägt dies entscheidend zur Anbahnung von Altersglück bei. Daraus ergibt sich die Wichtigkeit, aktiv für Anschluss zu sorgen und sich – gerade auch im Alter – mit anderen

Gleichgesinnten zusammenzufinden, um gemeinsam für eine lebenswertere Welt zu sorgen.

Da wir uns im Alter die Freiheit nehmen können, mehr vom Herzen aus zu leben, dürfte es uns auch besser gelingen, die linke, archetypisch männliche mit der rechten, archetypisch weiblichen (Gehirn-)Hälfte zu koordinieren. Anima und Animus kommen sich näher und werden zu der einen großen Seele. Das kann eine Partnerschaft widerspiegeln, bei der sich beide Seiten immer näher kommen und einander angleichen. Tatsächlich erscheinen Mann und Frau in lange währenden Partnerschaften manchmal schon wie Geschwister: Er entdeckt in ihr seine Anima, sie in ihm ihren Animus.

Gefördert wird auch eine Annäherung von Leib und Seele. Die Seele verkörperte sich am Anfang im Körper, und mit der (Lebens-)Zeit dürfen wir den Körper beseelen – und zunehmend unsere (ganze) Welt. Wir kommen damit vom wissenschaftlichen Weltbild allmählich zum Animismus, können die von der Wissenschaft entzauberte Welt wieder verzaubern. Alles wird dadurch lebendiger, bis wir erkennen, wie belebt es ist und lebt und schlussendlich sogar leuchtet. Es sind die inneren Seelen-Bilder-Welten des Traumreichs und unsere innere Schau, die der rechten, archetypisch weiblichen Gehirnhälfte entspringen und eine Annäherung zwischen unseren beiden Seiten im Alter erleichtern. Alles darf zusammenfinden und eins werden. Dass wir den Körper bei Sinnfindung und Abrundung unserer Lebensaufgaben weniger brauchen, das Herz im übertragenen Sinn aber in immer bessere Verfassung kommt, macht die Perspektive im Alter so gut.

Die Verschiebung des Schwerpunkts zugunsten von Herz und Hirn entspricht auch meiner Lebenslust, die mich heute viel lieber lesen als sportlich trainieren lässt, und ich liebe es, noch mehr gute Filme zu schauen. Wenn ich allein bin, mache ich dabei manchmal ein paar Übungen zur Erhaltung der Bauchmuskeln. Die Freude am Film überwiegt deren Brennen. »Wenn es brennt, noch fünf Mal!«, habe ich in meinen Kursen immer verkündet. Nun gut, da müssen viele von uns nun auch immer weniger machen, denn es brennt schon früher.

Altes Wissen und Altbewährtes nutzen

Einiges läuft in diesem Buch darauf hinaus, sich guter alter Zeiten zu entsinnen – aber nicht, um sie zu verherrlichen, festzuhalten oder gar zurückzuholen. Die alte Zeit war nämlich keineswegs durchgehend eine gute und vorbildhafte, wenn wir sie ehrlich betrachten; vieles ist heute viel besser geworden. Mir geht es darum, das, was früher wirklich gut war, neu für uns zu entdecken, um den Fallstricken der Moderne zu entkommen. Das geht weit über Krankheitsbilder hinaus, und es bleibt nicht bei Vorbeugung von Altersproblemen, sondern will Wegweiser zu einem guten, erfüllten, einem wundervollen Leben sein.

Mit 67 habe ich natürlich einen Draht zur alten Zeit und den anderen Alten. Gerade war ich auf der Beerdigung einer über 94-jährigen Nachbarin, und als ich im ausliegenden Buch der zuletzt Verstorbenen der Gemeinde blätterte, waren bei den Männern nicht wenige nach mir Geborene darunter. Meine Großväter sind in meinem jetzigen Alter gegangen; mein Vater wurde fünf Jahre älter, als ich es heute bin; eine Oma habe ich schon deutlich überlebt; meine Groß(e)mutter wurde gute 80 und meine Mutter fast 89. Ich möchte mich also auch in dieser Hinsicht lieber an den weiblichen Mitgliedern meiner Ursprungsfamilie orientieren.

Zu meinem (Lebens-)Glück und Spaß, und nicht nur zur Alzheimervorbeugung, interessiere ich mich als älter werdender Mensch noch sehr für die neue Zeit und propagiere hier sehr gern und engagiert eine neue Sicht auf die Welt des Alters, auf unsere Seelenmuster, auf Gesundheit und Ernährung, aber auch auf Pädagogik, Umweltbewusstsein und sogar Wirtschaft, vor allem aber auf unsere Beziehungen zueinander. Bei den Recherchen zur modernen Alzheimer-Seuche bin ich durchaus modern unterwegs, bediene mich neuer Studien, aber eben auch alten Wissens und verbinde beides mit der Erfahrung aus meinen 40 Arztjahren, so gut wie es mir eben möglich ist. Meine Thesen sind wissenschaftlich abgesichert, dabei allerdings das bisherige medizinisch-wissenschaftliche Weltbild sprengend.

Was ist sicherer als altes Wissen, dessen Halbwertszeit nach Jahrtausenden zählt und nicht nach Jahrzehnten wie das der Schulmedizin? Aus welch großem Erfahrungsschatz können Spezialisten von Ayurveda und Traditioneller Chinesischer Medizin (TCM) oder auch von Spagyrik und Homöopathie schöpfen! Was Jahrtausende oder wenigstens Jahrhunderte gehalten hat, was es versprach, dem lässt sich auch weiter ohne Angst und mit gutem Gewissen vertrauen. Wer dagegen schon so oft als Schulmediziner erleben musste, wie Mittel, die er in seinen Anfangsjahren in großem Stil verordnete, dann als lebensgefährlich verboten werden mussten, ist da viel schlechter dran und hoffentlich vorsichtiger. Auch die guten alten Waldspaziergänge, die – wie es jetzt sogar Wissenschaftler herausgefunden haben – so viel gesünder sind als Stadtbummel und Ausflüge in Einkaufszentren, gehören zu dieser Art einfachen Lebens im Rahmen des Bewährten.

Wir sollten uns in vieler Hinsicht darauf besinnen, Altbewährtes am Leben zu erhalten und zu nutzen, statt Modetrends nachzujagen. Ich selbst behalte gern alte Klamotten und erlebe, wie meine Jeans modisch an Wert gewinnen, je zerschlissener und schließlich sogar zerfetzter sie sind. Meine Computer bleiben mir viele Jahre bis weit über die von der Industrie beabsichtigte Schmerzgrenze treu, und vertraute, verlässliche Geräte sparen (mir) Zeit. Neue Betriebssysteme überlasse ich seit jeher gern geschäftigen jungen Leuten, die sich Zeit nehmen für all die eingebauten brandneuen Fehler, wobei sie meist gar nicht bemerken, wie viel Zeit es sie kostet, dass sie dabei den Konzernen helfen, deren Fehler unentgeltlich aufzuspüren und per Updates zu optimieren. Ich aber mag Konzerne einfach nicht genug, um mich für so etwas zu begeistern.

Auch Reparieren lohnt. Warum die altgedienten gediegenen Bergschuhe nicht neu besohlen lassen, selbst wenn das ebenso viel kostet wie ein neues Paar? Immerhin bleiben mir so die vertrauten Schuhe, die mir Trittsicherheit verleihen und mich schon verlässlich auf so viele Gipfel begleitet haben. Ich bleibe ihnen gern treu und weiß, was ich (an ihnen) habe. Wenn wir das Alter wieder ehren, können wir auch Altes (lieb) und in Ehren (be)halten.

Mein Bruder gibt seinen alten Springpferden ihr Gnadenbrot. Wie auch immer das für die Tiere ist, seiner Seele tut es jedenfalls gut. Wer ein Pferd viele Jahre lang geritten hat und es anschließend (ab)schlachten lässt – weil es nicht mehr so kann, wie er will, und so zu teuer wird –, kann einem leid tun, eine arme Seele, die sich selbst wehtut. Viele Menschen mögen sich das heute nicht mehr eingestehen. Ob Tiere eine Seele und Gefühle haben, könne nur jemand fragen, der beides nicht habe, stellt Eugen Drewermann zutreffend fest.

Der natürliche Rückweg, den wir im Alter antreten, führt uns unweigerlich zurück zu unseren Wurzeln und unserer Heimat. Nach Jürgen Fliege, der mir die christlich-mythologische Sicht des Alter(n)s nahebrachte und die besonderen Geschenke verdeutlichte, die unsere Kultur diesbezüglich zu bieten hat, birgt die Heimat immer ein Geheimnis: das der Tiefe, der Geborgenheit. Und auf noch tieferer Ebene geht es um das eigentliche Mysterium der Heimat, um die der Seele. Auf dem Weg zurück zu den Wurzeln ist es deshalb eine gute, zielführende Idee, sein Leben aufzuschreiben, die eigene Geschichte dabei aufarbeitend, sich mit der Vergangenheit versöhnend.

Prioritäten setzen, Kompromisse schließen

Inspiriert von dem Film *Das Beste kommt zum Schluss* (*The Bucket List*) schrieb ich das Buch *Die Liste vor der Kiste*. In dem Film werden zwei alte Männer, die verschiedener nicht sein könnten, vom Schicksal in Form einer tödlichen Krankheit heimgesucht und zusammengewürfelt, gleichsam um doch noch etwas zu lernen: ein Milliardär, Egomane und Klinikunternehmer, dargestellt von Jack Nicholson, und ein einfacher, vergleichsweise armer Familienmensch, den Morgan Freeman verkörpert. Sie machen sich gemeinsam auf, ihre verbliebenen Träume zu verwirklichen, die sie auf ihrer Wunschliste (engl. *bucket list*) festgehalten haben. Der deutsche Filmtitel trifft es ausnahmsweise sogar besser als der des Originals, denn für beide Männer kommt der mit Abstand beste Teil im Anschluss an die todsichere Diagnose. Dem einen gelingt er sogar so gut, dass er eine Spontanremission, wie Schulmediziner schamhaft Wunderheilungen nennen, erlebt und noch Jahrzehnte bleiben darf. Aber am Ende des Films sind beide Helden tot; außerdem gab es weder Action- noch Liebesszenen. Die Zuschauer sind dennoch guter Stimmung und irgendwie froh. Vielen dämmert, dass sie mit dem Beginn ihres besseren Lebens eigentlich gar nicht zu warten brauchen, bis eine grauenhafte Diagnose in ihr Leben rauscht und die Chemotherapie scheitert.

Wer solch eine »Liste vor der Kiste« noch nicht hat, für den ist es höchste Zeit, egal wie spät und wie alt er ist. Das gleichnamige Buch kann helfen, nichts Wesentliches und vor allem keine der zwölf Lebensbühnen auszulassen. Wir sollten uns fragen, was alles noch auf unsere Wunschliste gehört, damit wir jederzeit gehen könnten, ohne Entscheidendes versäumt zu haben.

Die jährliche Betrachtung der eigenen Wunschliste – etwa am Ende des Jahres zu Silvester – könnte auch zu einer sinnvollen Hierarchisierung führen. Die großen Aufgaben sollten natürlich Priorität haben. Ein kleines Gedankenspiel mag das deutlich machen und helfen, Wichtiges von Unwichtigem zu unterscheiden.

Stellen wir uns eine Vase vor, die unser Leben symbolisiert und in der wir alles an Themen unterbringen müssen, um von einem erfüllten Leben zu sprechen. Dazu gibt es eine geringe Anzahl großer Steine, die große Aufgaben, Lebensthemen und Wünsche symbolisieren, dann eine etwas größere Menge von Kieselsteinen für die mittleren Anliegen und noch einen Haufen Sand, dessen Millionen einzelne Körner für die vielen kleinen (Un-)Wichtigkeiten des Lebens stehen.

Wenn wir nun alles in unserer Lebensvase unterbringen wollen vom kleinsten über die mittleren bis zu den größten Themen, wie gehen wir vor?

Wer mit dem ganzen Kleinkram, dem Sand, anfängt, mit dem er sich täglich herumschlägt und seine Tage füllt, und dann die mittleren Probleme oder Kieselsteine hinzunimmt, wird zum Schluss für die großen Themen keinen Platz mehr haben. Wer zum Beispiel täglich zuerst die Mails abarbeitet, sich dann ein paar mittleren, schon dringlichen Sachen widmet, kommt so kaum zu den großen Aufgaben, die sich am Ende stauen und die Seele belasten. Vorzugehen, wie es die Mehrheit macht, hat sich im Übrigen – mit Blick aufs Ende – noch nie bewährt. Im großen Spiel des Lebens lässt sich auf diese Weise nur verlieren.

Diejenigen aber, die sich gleich zu Anfang den drängenden mittleren Problemen in Gestalt der Kieselsteine widmen, bringen diese alle unter und auch noch einige große Brocken sowie den Kleinkram oder Sand. Sie können ihre Lebensvase insgesamt besser füllen, aber wieder finden am Ende nicht alle großen Steine und Themen Platz.

Am besten dran ist, wer zuerst die großen Steine und Themen in der Vase unterbringt, was mit etwas Geschick leicht gelingt. Dann widmet er sich den mittleren Problemen in Gestalt der Kieselsteine und füllt mit ihnen die Zwischenräume. In die verbleibenden Lücken lässt er dann entspannt den Sand des Kleinkrams hineinrieseln. Nur auf diese Weise lässt sich alles unterbringen; nur so ist die Aufgabe zu lösen.

Wir müssen unsere Themen, Pflichten und Aufgaben also hierarchisieren und mit Mut das Wichtigste und Mächtigste als Erstes angehen. Wobei bei uns allen im Leben zu den drei Dimensionen des Raumes als vierte Dimension Chronos, die Zeitquantität, hinzukommt und als fünfte

Kairos als deren Qualität. Mit zunehmendem Alter wird Chronos, der Gott der Zeit(-Quantität) und des Alter(n)s, immer wichtiger. Und Kairos, der Gott der Zeit(-Qualität), wird dabei – hoffentlich – nicht vergessen und lehrt uns die Kunst des rechten Augenblicks.

Meditation

• Welche Themen stehen bereits auf der Liste? Und welche haben wirklich Vorrang im Leben?

Die Punkte auf der Wunschliste, die zum Beispiel Fitness und Muskelstärke erfordern, sollten eine gewisse Priorität haben, da ein Nachlassen der Körperkräfte natürlich und in doppelter Hinsicht anzunehmen ist. Auf meiner Liste steht etwa »Eine Saison im Baumhaus leben«. Wenn ich das noch schaffen will, sollte ich allmählich mit dem Bau beginnen, sonst komme ich vielleicht nicht mehr hinauf.

Andererseits werden die Herz- und Hirnfähigkeiten mit der richtigen inneren Einstellung eher weiter wachsen, jedenfalls wenn wir uns auch noch ganz praktisch um einen gesunden Lebensstil kümmern und körperlich in Form halten oder auch erst bringen.

Die beiden Seiten der Hierarchie, Wichtigkeit und Dringlichkeit, sind mit wachsendem Lebensalter und nachlassenden körperlichen Fähigkeiten auf jeden Fall zu versöhnen. Tatsächlich halte ich ein Baumhaus nicht für so entscheidend wichtig, aber wenn es das wäre, müsste ich bald aktiv werden – oder mir einen Kompromiss überlegen.

Zur Lebenskunst gehören demnach geradezu zwingend die Kunst des Kompromisses und die not- und aufwendige Versöhnung von Gegensätzen. Kompromisse werden uns auch abgefordert, wenn wir lernen, das unabwendbare Nachlassen der Körperkräfte im Alter zu akzeptieren. Dieses Annehmen ist wichtig, um Anmut und Charme des Wachstums von Herz und Hirn in dieser Lebensphase zu spüren und zu genießen. Beides erscheint unserem kritischen Denken als Widerspruch; beides ist aber wundervoll zu versöhnen, wie ich an mir selbst und vielen, die diesem Weg folgen, erleben darf. Wir können durch entsprechende Bewusstseinseinstellung und waches Teilhaben und Geistestraining viel für unser körperliches und geistiges Fitbleiben in einem langen, gesunden Leben tun. Dazu dienen die praktischen, wissenschaftlich erprobten Möglichkeiten der Umstellung des Lebensstils in diesem Buch.

Mit dem Jenseitigen Frieden machen

Wer sich dem Schlaf und dem dunklen Reich der Nacht nicht mehr anvertrauen kann, leidet nicht einfach nur an Schlafstörungen. Er traut sich nicht loszulassen und muss es doch täglich beziehungsweise nächtlich üben. Nicht zufällig sind in der griechischen Mythologie die Götter Hypnos, der Schlaf, und Thanatos, der Tod, ein Brüderpaar.

Sie entsprechen sich, und jede Nacht dürfen wir mit dem kleinen Bruder (Schlaf) die Begegnung mit dem großen (Tod) üben. Die Tempelritter machten sich das auf drastische Weise bewusst, wenn sie sich nachts zum Schlafen in den Sarg legten, den Sarkophag, griechisch für »Fleischfresser«. Das Fleisch muss gehen, das Knochengerüst folgt später. Unsterblich ist nur die Seele, die in jeder Nacht auf den Schwingen der Träume und endgültig in der langen Nacht des Todes Befreiung sucht und findet. Das könnte ein Freudenfest sein, wie es in alten Kulturen, die ihr Hauptaugenmerk auf die unsterbliche Seele legten, zelebriert wurde.

Heute noch ist beispielsweise für einen vom Schamanismus geprägten Indianer das Ende nicht von Grauen und Horror geprägt, sondern von der Freude, mit den ewigen Jagdgründen eine nächste Stufe zu erklimmen. Ein frommer Hindu ist am Lebensende von freudiger Erwartung erfüllt, sich die nächste höhere Entwicklungsstufe verdient zu haben; der Buddhist hofft in der kommenden In*kar*nation, der neuerlichen »Einfleischung«, einen (Entwicklungs-)Schritt voran zu machen. Der vom Vajrayana-Buddhismus getragene Tibeter vertraut seinen Ritualen und dem Lama, der seine Seele weiter begleitet, wenn er den Körper abgelegt hat wie ein altes Kleid.

Im Osten besteht das Ziel in der Befreiung aus dem Rad der Wiedergeburten, um die große endgültige Ruhe in der Mitte des Rades zu finden. Für uns im Westen ist die letzte Ruhe dagegen meist zum Schreckgespenst geworden und das Alter als Vorbereitung darauf ein *Graus*. Doch was spricht gegen Ruhe nach einem so hektischen Leben, wie es die Moderne uns (ver)schafft?

Ist es nicht auch wundervoll, nach einem erfüllten Tag endlich zur Ruhe zu kommen? Die verdiente Verschnaufpause zu genießen? Ruhe zu geben – sich und anderen? So könnten wir (je)den Tag als Abbild des Lebens nehmen und an ihm sowohl das Leben als auch das Alter(n) üben. Nicht umsonst sprechen wir vom Lebensabend. Der Abend des Tages ist alltägliche Vorbereitung darauf. Unbewusst ahnen wir das und lassen uns bewundernd vom Schauspiel des Sonnenuntergangs ergreifen – kaum etwas wird wohl öfter fotografiert von den Älteren. – Und darauf folgt immer ein Morgen*grauen*. Die Jungen fotografieren wohl mehr – mittels Selfies – sich selbst, ihr eigenes Gesicht, was ein wenig selbst*süchtig* wirkt. Der Wunsch, so sein eigenes Konterfei zu fixieren, wird aber nicht funktionieren. Es bleibt nicht, wie es ist, sondern wird unaufhaltsam altern. Wir haben lediglich die Wahl, wie es geschieht – ob natürlich, anmutig und würdevoll oder peinlich verkrampft.

Wer den Tag und das Leben als Ritual versteht und dementsprechend handelt, wird viel bewusster leben, sicher glücklicher, und dabei aufblühen. Nicht auszudenken, was uns dann im positiven Sinne sonst noch alles blüht! Als allabendliche spannende Vorbereitung darauf und als Einübung eines bewussten Umgangs mit der (Lebens-) Zeit und dem Alter(n) bietet sich die Filmtherapie an. Für bewusste Menschen bietet sie eine mit Freude und Spannung den Tag abrundende Schattenarbeit. Die (Lebens-) Zeit ist ein großes Filmthema, und beeindruckende Filme können uns hier auf die Sprünge helfen, wenn wir uns mit der Angst vor dem Alter(n) auseinandersetzen.

Es ist der Traum vieler Menschen, jünger statt älter zu werden. Zum Glück bleibt es ein Traum; in Wirklichkeit wäre es ein Albtraum. Der Film *Der seltsame Fall des Benjamin Button* (*The Curious Case of Benjamin Button*) mit Brad Pitt in der Hauptrolle macht das sehr eindrucksvoll deutlich. Noch mehr Zeitgenossen träumen wohl davon, nicht mehr zu altern, dem Schreckgespenst des Alters erfolgreich zu trotzen. In *Für immer Adaline* (*The Age of Adaline*) wird dieser (Alb-)Traum für eine bildhübsche junge Frau wahr und zerstört jede Liebe. Es ist berührend und heilsam für die Seele von uns Zuschauer(inne)n, wie sehr sie sich am Ende über das erste graue Haar freut, das ihr Elend ewiger Jugend beendet.

Nach dieser Schattenarbeit zu konstruktiven Auswegen: In dem Klassiker *Und täglich grüßt das Murmeltier (Groundhog Day)* bekommt der Held die Chance (oder Strafe), einen einzigen Tag so lange zu wiederholen, bis er ihm wirklich gelingt und zum Ritual und Abbild eines geglückten Lebens wird. Bill Murray in der Rolle des in der Zeitschleife Gefangenen übt auf ansprechende und anregende Weise den ganzen Film lang und findet die Lösung in der Liebe.

Die Krönung dieser Filmtherapie zum Thema Zeit und Alter(n) ist der Streifen *Alles eine Frage der Zeit (About Time)*. Er beginnt sehr magisch und endet völlig realistisch. Er erzählt, wie ein schlaksiger rothaariger Junge auf mitreißende Weise die Chance bekommt, mit jedem

(Übungs-)Tag ein gutes Stück reifer und mit Freude(n) älter zu werden. Er wird nach einer anstrengenden Pubertät von seinem Vater in ein Familiengeheimnis eingeweiht: Ein kleines Ritual im Dunkeln ermöglicht den Männern der Familie, in der Zeit zurückzureisen. Erst ungläubig, dann staunend ergreift der Sohn die Chance, das Rad der Zeit beliebig zurückzudrehen, und kann durch zweimalige Wiederholung seines ersten Liebesaktes beim dritten Mal seine Traumfrau von sich überzeugen. Auf solchen Zeitreisen repariert er weitere seiner Misserfolge und Enttäuschungen und verbessert sein Leben deutlich. Sein alternder Vater vertraut ihm noch ein weiteres Geheimnis an: jeden Tag seines Lebens zu wiederholen, um ihn beim zweiten Durchgang bewusst zu optimieren, das heißt, sich der Chancen genau dieses Tages bewusst(er) zu werden. Der Sohn folgt auch diesem Rat mit großem Erfolg für sich und seine Mitmenschen. Er begreift außerdem das Prinzip dieser Verbesserung und gewinnt mit jedem Tag an Reife. Während er altert, lebt er bewusster und damit auch fröhlicher; er kommt Tag für Tag seinem Inneren Kind näher und wird seiner wachsenden Kinderschar ein immer besserer Vater, seiner Frau ein besserer Partner, seiner Schwester ein besserer Bruder und gleichsam eine Art Engel für sein Umfeld. Erzählt wird dies auf völlig unkitschige Art und Weise. Schließlich tritt er in eine Art Engelskreis ein, indem er lernt, durch wachsende Bewusstheit so offen und glücklich zu leben, dass er die Tage gar nicht mehr (magisch) wiederholen muss. Er hat gelernt, auf Anhieb das Beste aus sich und diesem jeweiligen Tag zu machen.[18]

Das Wundervolle daran ist: Diese Möglichkeit steht uns allen von vornherein offen. Dazu brauchen wir keine Zaubertricks, sondern nur ein kleines bisschen Magie und den Weg innerer Bilder, der uns allen vertraut sein dürfte. In diesem Sinne können wir jeden Abend vor dem Einschlafen im Bett liegend in einer Art (selbst)geführter Meditation den Tag wiederholen, bis er wirklich passt. Mit der Zeit werden wir dabei immer mehr lernen, bewusster im Augenblick anzukommen, ihn anzunehmen und ihm und uns und allen gerecht zu werden. Lernen aber macht – wissenschaftlich belegt – glücklich. Und allmählich wird das Abendritual der Wiederholung unwichtiger werden, weil wir uns darin üben, gleich von Anfang an das Beste aus unseren Tagen zu machen und herauszuholen. So werden wir für uns und unsere Umwelt zum Segen oder auch Engel und erkennen den tieferen Sinn unserer Kultur in der Entwicklung zur Einheit. In *Die Hollywood-Therapie* ist diese Zeit-Film-Reise in zwölf Stufen mit Deutungen verzeichnet. Der Masterplan der westlichen Kultur ist das Neue Testament der Evangelien (übersetzt »frohe Botschaft«). Wir können also besonders im Alter – jeden Tag so leben, dass er unser bester wird. So mag das Alter zu unserer besten Zeit werden, zum Höhepunkt des Lebens, (s)einer wahren *Hoch*zeit.

Wer lernt, das Leben zu bewältigen und sich mit dem Tod auszusöhnen, kann die Vergangenheit ruhen lassen und sie vergessen, soweit er damit ausgesöhnt ist. Oder er kann seine Ängste – mittels Alzheimer – vergessen, weil sie unerträglich geworden, er sich ihnen nicht stellt. Die

Lernaufgabe des grauen Alters ist nun einmal die Aussöhnung mit dem Grau(en) und dem Jenseitigen. Mystiker wie Jakob Böhme verraten uns, dass wahres Leben überhaupt erst beginnen kann, wenn wir uns mit dem Sterben versöhnt und unsere Sterblichkeit angenommen haben.

Um auf die Spur dessen zu kommen, was uns im Innersten bewegt oder bewegen sollte, worum wir uns sinnvollerweise kümmern müssen und was unsere bisherigen Beweggründe waren und welche letzten Dinge jetzt in den Vordergrund rücken sollten, ist folgender Fragenkatalog hilfreich:

- Wo habe ich die Kurve nicht gekriegt, den Umkehrpunkt in meinem Leben verpasst? Wie kann ich jetzt den Absprung zur Um- und Heimkehr bekommen?
- Wie geht es all die Jahre und Jahrzehnte dem Kind in mir, meinem Inneren Kind? Wann und wodurch ist die Verbindung abgerissen, wo habe ich sie nicht mehr halten können? Wie komme ich ihm im Alter jetzt wieder bewusst näher?
- Wie ist es um meine Fähigkeit zu staunen bestellt?
- Woran könnte ich mich zur Sinnfindung orientieren? Aus welcher Richtung könnte in meinem Leben das innere Licht kommen? Welche Hilfen habe ich bisher übersehen und lasse sie noch ungenutzt?
- Wie ist meine Beziehung zu Mutter Natur, zur großen Mutter? Wann ging sie mir verloren? Wie finde ich wieder den Kontakt?

- Wodurch verliere ich immer wieder die Verbindung zur Gemeinschaft, zu anderen Menschen und zu meinem und allem Leben? Wie kann ich wieder Kontakt knüpfen? Kenne ich schon oder suche ich eine Gruppe oder Gemeinschaft, die mein inneres Wachstum fordern und fördern und die ich fördern möchte?
- Wieso und an welchen Punkten weigere ich mich, die Verantwortung für mein eigenes und das Leben schlechthin zu übernehmen? Habe ich mich schon um Hilfe bemüht?

Lebensstil-Medizin

Praktische Hinweise

Die Psychosomatik ist und war mir immer ein großes Anliegen und Zentrum von mir vertretener Medizin. Der Ausdruck klärt auch gleich die Hierarchie zwischen Psyche und Soma, zwischen Seele und Körper. Die Seele steht über dem Körper und bestimmt weitgehend über ihn. Er kommt eindeutig an zweiter Stelle, aber das macht ihn nicht unwichtig. Für mich am schönsten hat diesen scheinbaren Gegensatz die spanische Heilige Teresa von Avila versöhnt mit der Aufforderung, zum Körper gut zu sein, damit die Seele gern in ihm wohne. Und wieder brauchen wir einen ehrlichen Kompromiss und eine klare Hierarchie. Letzteres ist kein Schimpfwort, sondern heißt griechisch »Herrschaft des Heiligen«.

Ohne Hierarchie funktioniert weder unser Herz noch unser Nervensystem. An oberster Stelle, als Erster unter Gleichen (lat. *primus inter pares*), steht im Herzen der Sinusknoten und gibt den Ton beziehungsweise Rhythmus an. Gleichberechtigung im Herzen würde dagegen als Flattern und Flimmern zur raschen Lösung im Tod führen. In unserem Nervensystem steht in der Hierarchie das Gehirn deutlich über Rückenmark und peripheren Nerven. Dieser natürlichen Hierarchie zu folgen ist gleichermaßen sinnvoll wie heilsam.

Bei der Hausarbeit kehren wir die Treppe von oben nach unten. Alles andere ist aufwendig und bringt wenig. Insofern regelt sich auch das Verhältnis unserer beiden zentralen Studien, der Nonnen- und der Bredesen-Studie. Erstere bestätigt das Primat des Geistig-Seelischen und beweist, wie es den Körper überstimmt. Letztere setzt vor allem beim Körper mit Ernährungs-, Bewegungs- und Entspannungsmaßnahmen an, zielt aber zum Beispiel mit Meditation und Yoga auch auf die in der Hierarchie höhere Ebene. Die Gefahr liegt dann darin, dass diejenigen, die mich von der Philosophie der *Schicksalsgesetze* und der Psychosomatik von *Krankheit als Symbol* kennen, die Informationen dieses Kapitels unterschätzen und dass diejenigen, die von der *Peace Food-* und Fasten-Seite kommen, diese überbewerten und den ersten wichtigeren Teil darüber vergessen. Beide bekommen ein Problem: Wer den Körper bisher gering geschätzt hat, verpasst die Chance, durch eine Ernährungsumstellung verblüffend viel zu bewirken. Wer die Seele lange übersehen hat und zum einseitigen Ernährungsspezialisten geworden ist, ignoriert (s)einen im Schatten liegenden verdrängten und missachteten Schatz.

Wieder ist unsere Kompromissfähigkeit gefragt. Wer sich bisher vorwiegend um Seelisches gekümmert hat, kann bei den praktischen, materiell betonten Hinweisen Entscheidendes finden und sollte sich ganz darauf einlassen. Wer dagegen eher die Ernährungsseite betrachtet hat, sollte seine Heil(werd)ung verstärkt in den mehr deutenden ersten Buchkapiteln suchen und finden.

Persönlich habe ich immer beide Seiten im Auge gehabt und bin nur durch verschiedene Bestseller mal ganz in die eine, mal in die andere Schublade gesteckt worden. Für die Leser der Bestseller zur Krankheitsbilder-Deutung von *Krankheit als Weg* bis *Krankheit als Symbol* bin ich zum »Psycho-Papst« geworden, und zum Teil haben sie richtig enttäuscht und sogar sauer auf meine Ernährungsbücher reagiert. Die Fans von *Peace Food* fühlten sich dagegen von meinem »Psycho-Geschwafel« genervt. Aber während die Bücher zur Psychosomatik meinen Ruf bestimmten, habe ich genauso Fastenkurse gehalten und Ernährungs-, Bewegungs- und Entspannungsberatungen und entsprechende Bücher geschrieben. Und jetzt, während *Peace Food* und vegane Ernährung boomen, mache ich selbstverständlich weiter psychosomatische Beratungen mit Betonung auf der Seele und empfehle Schatten-Psychotherapie im Heilkunde-Zentrum in Johanniskirchen. Also übernehmen Sie einfach gern meine Kompromissfreudigkeit, denn wo die Freude nicht ist, kann – wie gesagt – unser Weg nicht sein.

Ritual gegen die Angst

Was schenkt uns Freude und gibt uns Hoffnung? Was macht uns Angst? Wenn wir diesen Fragen nachgehen und für uns Antworten finden wollen, müssen wir zuerst die Quelle(n) der Angst verstehen. Es ist die Voraussetzung, um die in der Angst gebundene Energie zu lösen und zu wandeln. So gewinnen wir an Kraft, Zuversicht und Lebensfreude.

Eine mir sehr wichtige Metapher kann diesen Prozess verdeutlichen. Sie illustriert ein Verhalten, das nach meiner Einschätzung das Leben der allermeisten bestimmt, und handelt von einem Experiment mit einem Frosch. Er wird in 50 Grad heißes Wasser geworfen und springt sofort wieder heraus, weil es ihm viel zu heiß ist. Als nun derselbe Frosch in einen Topf mit eiskaltem Wasser gesetzt wird, passt er sich als wechselwarmes Wesen dieser niedrigen Temperatur an und bleibt entsprechend apathisch. Erhöht man die Wassertemperatur nun allmählich, macht das den Frosch lebendiger. Bei 20 Grad fühlt er sich schon so viel besser und erst recht bei 25, und bei 30 Grad mag er schon mediterrane Gefühle entwickeln. Bei 35 fühlt er sich wie in der Karibik und genießt sein Wasserleben, obwohl es ihm schon ziemlich warm erscheint. Bei 40 Grad wird es ihm eindeutig zu warm, aber er springt nicht heraus. Er hat sich so daran gewöhnt, dass es immer besser wurde, und bleibt in jeder Hinsicht sitzen. Außerdem funktioniert sein Gehirn wahrscheinlich ähnlich wie unseres nach dem Motto »Energiesparen um jeden Preis und bloß nicht umdenken«. Jedenfalls tritt er weder bei 45 noch bei 50 Grad die Flucht an, sondern lässt sich tatsächlich am Ende (ab)-kochen.

In wie vielen Bereichen haben wir uns schon in ähnlicher Weise abkochen lassen, haben vergeblich daran geglaubt,

dass es wieder besser werden würde! Das Gegenteil des Er-
hofften trat ein – ob bezogen auf Partnerschaft, Arbeit oder
die gesellschaftlichen Verhältnisse ganz allgemein –, aber
wir blieben trotzdem in unserer Falle sitzen. Menschen erdulden wie Frösche schier unerträgliche Verhältnisse im
wahrsten Sinne des Wortes bis zum Gehtnichtmehr und
darüber hinaus.

Sobald wir den Mechanismus unseres Verhaltens durchschauen lernen und Verständnis ins Spiel (des Lebens)
bringen, erhalten wir die Chance zur Wandlung. Es kann
uns dann gelingen, die Angst vor Veränderung abzuschütteln, und wir trauen uns, auszusteigen oder Nein zu sagen,
wenn es nicht mehr passt.

Gerade bei chronischen Erkrankungen und speziell bei
Demenz sind Betroffene in vergleichbarer Weise ganz allmählich und anfangs kaum merkbar in ihre lebensfeindli-
che Situation gerutscht. Man glaubt den Versprechungen
der Industrie, ob Nahrungsmittel-, Pharma- oder Un-
terhaltungs- oder Autoindustrie, und natürlich auch der
Schulmedizin. Und tatsächlich läuft anfangs alles ganz
gut. Wer sich zum Beispiel immer bequemere Hilfen leistet, vielleicht mehr Auto fährt und sich immer weniger
bewegt, hat es tatsächlich im Alltag leichter und genießt
das auch – bis er sich dann irgendwann kaum noch bewegen kann. Man kann sich auch lange mittels Unterhaltung
und Konsum vom Wesentlichen ablenken. Die Mittel der
Pharmaindustrie funktionieren ebenfalls sehr lange sehr
gut. In der ersten Hälfte des Lebens lassen sich damit alle
Schmerzen und sehr viele Probleme unterdrücken. Das

Ergebnis sind dann – aber meist erst Jahrzehnte später – chronische Krankheitsbilder in der zweiten Lebenshälfte, gegen die die Schulmedizin weitgehend machtlos ist.

»Die Hoffnung stirbt zuletzt« – das bewahrheitet sich leider besonders im Alter, wenn sich Menschen bis zuletzt und oft, bis es zu spät ist, an längst enttäuschte Hoffnungen klammern, die sich an einen anfänglichen Vorteil oder Gewinn knüpften. Wir sollten also beizeiten Mut fassen und lieber neue unbekannte Chancen wählen als bekanntes Elend. Dafür müssen wir der Angst ins Auge schauen. Andernfalls sitzt sie uns im Nacken und verfolgt uns. Sobald wir vor ihr fliehen, wächst sie ins Unermessliche. Wenn wir uns ihr stellen, schrumpft sie entsprechend. Auf diesem Weg der Konfrontation können wir ihr nach und nach immer näher kommen und schließlich mit ihr fertigwerden, sodass wir sie in den Griff bekommen statt sie uns.

Konzentration ist eine erlöste Form des Saturnprinzips, Enge und Angst eine seiner unerlösten. Angst steht für Enge (lat. *angustus*), und tatsächlich wird im Alter einiges enger. Wenn die Gefäße im Sinne von Arteriosklerose betroffen sind, wäre es gut, sich auf anderer höherer Ebene mehr auf seine im Blut symbolisierte Lebensenergie zu konzentrieren und auf den Lebensfluss, der sich im Blutfluss der Arterien widerspiegelt.

Wird der Bewegungsspielraum enger, sollten wir uns auf die Beweglichkeit konzentrieren – vorzugsweise auf der übertragenen Ebene geistig-seelischer Bewegungslust, wie es etwa durch geführte Meditationen (siehe Literaturverzeichnis) so leicht und einfach möglich ist.

Ritual: Gehen Sie einen Deal mit Ihrer Angst ein. Sie geben ihr von Ihren 24 täglichen Stunden eine halbe, und sie lässt Sie dafür die übrigen 23,5 Stunden in Ruhe. Dazu ist es hilfreich, die Angst zu visualisieren (am besten mit Hilfe der CD, die dem Büchlein *Angstfrei leben* beiliegt). Wenn die Angst sich einmal nicht an die Abmachung hält und außerhalb ihrer festgelegten und von Ihnen garantierten halben Stunde auftaucht, weisen sie Sie freundlich, aber bestimmt auf die gemeinsame *Angstzeit* hin.

Sie werden mit Staunen erleben, wie in dieser Angstzeit Ihre Angst angesichts Ihrer inneren Weite nicht oder nur ganz schwach auftaucht. Angst, die bekanntlich von Enge lebt, scheut die Weite. So werden Sie auch in diesen streng und strikt einzuhaltenden 30 Minuten sehr weitgehend Ihre Ruhe vor der Angst haben. In den übrigen 23,5 Stunden schenken Sie ihr kein Gehör mehr, und so sind Sie erst einmal sehr weitgehend frei von ihr. Wenn Sie dieses Ritual lange genug durchhalten, wird die Angst allmählich etwas mehr aus dem Schatten heraustreten, und Sie können sie so Stück für Stück erkennen und auflösen. Das wird Sie mit der Zeit immer (angst-)freier machen, das heißt offener, weiter und mutiger. Damit können Sie gleich beginnen.

Ritual zum Lebenskreis

Die Form des Kreises erinnert uns daran, worum es im Alter geht: Wir sollten danach streben, das Leben rund zu bekommen, den Kreis des Lebens abzuschließen, eine runde Sache daraus zu machen. Versäumtes, in den Schatten Abgedrängtes muss jetzt angegangen und geklärt werden, um auf die richtige Spur zu kommen.

Franz Miller, ein Freund und Buddhist, der Wohngemeinschaftsprojekte für Demenzkranke organisiert, übte mit ihnen rituell und mit spürbarem Erfolg im Mandala eines Labyrinths zu gehen und immer wieder bewusst dessen Ausgang zu finden. Solche Übungen oder besser (Kinder-)Spiele machen Sinn und können jedem von uns helfen, der Sinnfindung näherzukommen.

In diesem Zusammenhang ist auch unbedingt an Mandala-Übungen zu denken mit dem Weg aus der Mitte heraus in der ersten Lebenshälfte und von der Peripherie zur Mitte in der zweiten Lebenshälfte. Ihre Wirkungen sind verblüffend. Damit fanden schon geriatrische Patient(inn)en zurück ins Leben wie im *Arbeitsbuch zur Mandala-Therapie* (siehe Literaturverzeichnis) beschrieben.

Wer das Gehen oder Malen im Labyrinth beziehungsweise Mandala übt, kann darüber meditieren, dass *werden wie die Kinder* nicht Kind bleiben meint, sondern im Gegenteil den Entwicklungskreis vollenden, Lebenssinn finden und dankbar werden. Damit lässt sich auch der sogenannte Anfängergeist aktivieren. In der Philosophie des Zen wird mit diesem Begriff jene Lebenshaltung umschrieben, die ohne Konzepte und Voreingenommenheit, ohne Besserwisserei und Schubladendenken auskommt und sich durch ein Staunen über die Schönheit und Weite allen Seins auszeichnet. Die Hingabe an den Augenblick wird geübt. Das erinnert an die Unverstelltheit, mit der

Kinder die Welt wahrnehmen. Staunen lässt Überraschungen zu, erfüllt uns mit Ehrfurcht, die überfließt in tiefe Dankbarkeit. Die Wiederentdeckung des Kindseins mit all seiner Kreativität, Neugier und Lebensfreude ist obendrein nach Gerald Hüther idealer Dünger für unser Gehirn und seine Neuroplastizität.

Sonne und Vitamin D_3

Das Licht der Sonne ist eine Art Gegenpol zu Grau und angeblich nicht mehr Sache der Alten. Mediziner raten vom Sonnenlicht ab, es schade strapazierter Haut und blende die schwächer werdenden Augen. Dabei brauchen alte Menschen natürlich gerade besonders viel Licht und Vitamin D, das die Sonne in der Haut bildet.

Generell leiden heute 87 Prozent der Deutschen an Vitamin-D-Mangel, was auch an den Sonnenschutzmitteln liegt, die kaum noch relevante Sonnenstrahlen in die Haut (durch)lassen. Sowohl der Mangel an Sonne wie der an Vitamin D_3 (Cholecalciferol) behindert aber die Neurogenese im Hippocampus und begünstigt so zum Beispiel die Herbst-Winter-Depression.

Sonnenmangel bewirkt außerdem Serotonindefizite, die ebenfalls Depressionen fördern, da der Organismus in dunkleren Zeiten noch mehr vom Wohlfühlhormon Serotonin zur Herstellung von Melatonin, dem Hormon der Nacht, (ver)braucht. Vitamin D_3 reguliert auch die Beta-Amyloid-Synthese und schützt so vor Alzheimer(-To-

xin). Im Übrigen schützt Sonnenlicht vor Krebs und Os-
teoporose.

Um den Mangel auszugleichen, ist Sonnenbestrahlung
wirksamer als Vitamin-D-Ersatz. Das Sonnenlicht bildet in
der Haut das beste, weil nachhaltig wirkende Vitamin D
mit der besten Bioverfügbarkeit. Insofern ist Vitamin D eigentlich ein Hormon und genauso unverzichtbar.

Wenn wir Sonnenlicht im Gesamtzusammenhang unseres Themas betrachten, läuft es auch hier wieder auf die
Rückkehr zu einem naturnahen Leben hinaus: In früheren Zeiten war die Haut unserer draußen arbeitenden Vorfahren ungleich mehr der Sonne ausgesetzt und deshalb
die Versorgung mit Vitamin beziehungsweise Hormon D
problemlos. Wir müssten uns also letztlich auch heute nur
wieder mehr Mutter Natur zuwenden und viel mehr Sonnenlicht auf unserer Haut und in unserem Leben erlauben. Also lasst uns wieder gern in die Sonne gehen. Wir
haben sie immer, in jedem Urlaub, gesucht. Das darf so
bleiben und sogar noch tiefer gehen und die Sonne des
Lebens im übertragenen Sinn meinen.

Abgesehen davon gilt: so viel Sonnenwirkung wie möglich, so viel Ersatz wie nötig. Jedenfalls ist beides zwingend
geboten bei Alzheimer und zu seiner Vorbeugung, und bei
Sonnenmangel müssen wir uns um den passenden Ersatz
kümmern.

Bei Vitamin-D_3-Werten zwischen 25 und 50 nmol/l ist
laut Studien das Alzheimerrisiko gegenüber Werten von
über 50 nmol/l um 70 Prozent erhöht. Am besten sind
Werte bei 100 nmol/l. Um diese zu erreichen, müssten bei

Sonnenmangel täglich 5000 I.E. (internationale Einheiten) eingenommen werden, was weit über dem liegt, was etwa die Deutsche Gesellschaft für Ernährung (DGE) empfiehlt, wobei diese auch für grobe Falschinformationen bezüglich veganer Schwangerschaft und Säuglingszeit verantwortlich zeichnet. 2000 I.E. plus Sonne bei jeder Gelegenheit wäre ein guter Kompromiss.

Rückbesinnung auf natürliche Ernährung

Wir tragen genetisch viel mehr an Sammler- als an Jäger-Erbe in uns, weil die Menschheit zuerst sammelnd ihr Überleben sicherte – und weil nun einmal im Anfang alles liegt, wenn wir es von den *Schicksalsgesetzen* her betrachten. Außerdem dauerte die Sammlerzeit menschheitsgeschichtlich viel länger und hinterließ folglich zahlreichere und tiefere Spuren in unserem Erbgut und Lebensmuster. Erste Hinweise auf Jagd finden sich vergleichsweise spät.

Unser Erbgut braucht immens lange Zeiträume, um sich über Mutationen neuen Gegebenheiten anzupassen. Selbst nach 12 000 Jahren (Kuh-)Milchwirtschaft kann erst die Hälfte der Menschen das zur Milchverdauung notwendige Ferment Laktase produzieren, um mit dem Milchzucker, der Laktose, fertigzuwerden. An gefährliche Nebenwirkungen der Milch(produkte) wie vor allem die Krebsanbahnung werden wir uns wohl nie mit Hilfe entsprechender Genmutationen gewöhnen.

Ein weiterer Hinweis auf die Vorrangigkeit ursprünglicher Pflanzenkost ist, dass wir auf sie nicht verzichten können. Ohne Obst und Gemüse können wir letztlich nicht überleben; ohne Tierprotein aber problemlos und sogar durchschnittlich deutlich länger und gesünder. Streng pflanzlich-vollwertig lebe ich selbst erst seit *Peace Food*, also gute zehn Jahre, ohne Fleisch aber fast 50 Jahre und habe noch nie Mangel gespürt. Nach US-Kardiologe Stephen Gundry erhöht Fleischkonsum die Alzheimer-Gefahr.

Die um die Stadt Loma Linda in Südkalifornien ansässigen Mitglieder der Adventistengemeinde sind diesbezüglich wissenschaftlich gut untersucht. Sie leben seit Generationen in jeder Lebensphase vegan. Die Männer werden durchschnittlich 89, die Frauen 91 Jahre alt und erfreuen sich dabei bester Gesundheit bis in höchstes Alter. Über Hundertjährige sind bei ihnen ganz normal, so der Ernährungswissenschaftler Claus Leitzmann.

Natürlich tragen weit mehr Faktoren zu einem langen gesunden Leben bei. Eine Studie der University California San Diego School of Medicine ergab, dass sich Hundertjährige durch einen hohen Grad an Resilienz (seelische Widerstandskraft) auszeichnen sowie durch eine starke Arbeitsethik, enge Bindungen an Familie, Religion und Heimat. Die meisten der Untersuchten waren in ihrem hohen Alter noch aktiv, arbeiteten regelmäßig in ihrem Haus und Garten oder auf dem Feld. Das gab ihrem Leben Inhalt. Im Vergleich zu anderen Alten erfreuten sich die Hundertjährigen einer besseren geistigen Verfassung, hatten mehr Zuversicht und taten sich leichter beim Fällen von Entscheidungen. Im Zuge des Älterwerdens nahmen bei ihnen Glück und Befriedigung zu und Depressionen und Stress ab. Offenbar profitierten sie auf ganzer Linie von einer ganzheitlichen Lebensweise und konnten aus ihrem Alter(n) das Beste machen.

Hinsichtlich der Ernährung spricht alles dafür, so früh im Leben wie möglich zu ursprünglicher Kost zurückzukehren und den Adventisten mit ihrer frischen pflanzlich-vollwertigen Kost nachzueifern, allerdings ohne zu eifern. Das Ergebnis sollte buntes, vielfältiges Essen sein, das schmeckt und alles enthält, was wir brauchen – in dieser Reihenfolge. Und darüber hinaus gibt es immer noch Mittel wie »Amorex« (mehr im Abschnitt über intelligente Nahrungsergänzung), die (aus)helfen bei durch modernen Lebensstil (vor)programmierten Fehlern.

Speziell im Hinblick auf die Prophylaxe und Therapie von Alterssymptomen und Demenz sind generell die mediterrane und die asiatische Küche zu empfehlen, die wir auch leicht von allem Giftigen, Schädlichen und Gefährlichen wie Tierprotein befreien können. Außerdem ist es ratsam, vorzugsweise mit Pfeffer und Meerrettich, Kurkuma und Ingwer zu würzen sowie Grüntee und griechischen Bergtee zu trinken. Besonders bei Kurkuma rate ich sogar zur gezielten Einnahme, etwa mit Curcurmin-Kapseln (www.evolution24.at). Ein Glas Wein pro Tag soll – laut Michael Nehls (*Alzheimer ist heilbar*) – nutzen, mehr aber schaden. Kaffee hat ähnlich gute Effekte wie grüner Tee, nur ist sein Genuss mengenmäßig nicht zu übertreiben wegen Übersäuerungsgefahr. Mandeln und Walnüsse sind sehr zu empfehlen, ebenso dunkle Schokolade – ab 70 Prozent Kakaogehalt und ohne Kuhmilch und Zucker wie einst bei den Azteken, denen die Schokolade als Aphrodisiakum geradezu heilig war.

Zucker schadet sowohl gesunden als auch kranken Menschen. Das bereits erwähnte kalorienfreie Süßungsmittel »Eryfly« ist ein hervorragender Ersatz für Industriezucker, das mir geschmacklich auch mehr zusagt als andere natürliche Ersatzstoffe wie Stevia oder Birkenzucker (Xylit). »Eryfly« besteht aus vergorener Glucose, die, aus Mais oder Reis gewonnen, sich in dieser Form gar nicht ins Stoffwechselgeschehen einmischt. Insofern bringt es keine Kalorien ein, und sein glykämischer Index ist null. Folglich ist es ideal bei Diabetes und Krebs sowie den neurodegenerativen Erkrankungen des Alters und generell ideal zum Abnehmen. Wer zunehmen will, sollte dagegen zum Süßen eher Birnen- oder Agavendicksaft verwenden.

Es ist außerdem generell ratsam, sich glutenfrei zu ernähren. Im Hinblick auf Alzheimer ist Gluten jedenfalls unbedingt zu meiden. Bredesen strich es bei seinen Patienten generell. Gluten schadet auch nach US-Neurologe David Perlmutter den Nerven der allermeisten. Und es gibt neben Gluten weitere Lektine, die sich in Hülsenfrüchten, Nachtschattengewächsen und Scheingetreiden verbergen. Hier gilt es selbst auszuprobieren.

Meine Erfahrungen mit Kursteilnehmern der letzten Jahre gehen jedenfalls in Richtung Glutenfreiheit. Inzwischen gibt es sogar bei Brot geschmackvolle Alternativen auf Buchweizen-, Amaranth-, Quinoa-, Hirse-, Reis- und

Maisbasis. Hirse ist einzig ganz lektinfrei. Wer den Schritt zu glutenfreier pflanzlich-vollwertiger Kost schafft, muss all die Warnungen vor Gesundheitsrisiken durch Bauchfett oder Cholesterin gar nicht beachten. Sobald die Ernährung im Sinne von *Peace Food* und *Geheimnis der Lebensenergie* umgestellt ist, wird Bauchfett ganz nebenbei (ver)schwinden und sich der Cholesterinspiegel normalisieren.

Fasten

Fastenzeiten helfen dem Körper, sich zu regenerieren. Bereits Hildegard von Bingen hielt Fasten für die beste Methode, sich von 29 der 35 ihr bekannten Laster (Krankheitsbilder) zu befreien. Heute belegt der Zellbiologe Valter Longo (University of Southern California) mit modernen Forschungsmethoden, wie sich bereits durch eine Woche Fasten große Teile unseres Immunsystems von der Stammzellen-Ebene her erneuern, indem alte Zellen ausgemustert und neue gebildet werden. Longo kam zu dem Schluss, dass Fasten Stammzellen aus einem Schlafzustand in einen der Selbsterneuerung bewegt. Obendrein tötet Fasten beschädigte alte Immunzellen, indem es die Apoptose, den Zellselbstmord im Fall von Schädigung, anregt. Wenn der Körper dann gegenreguliert, um die ausgemusterten Zellen zu ersetzen, nutzt er Stammzellen, um gesunde neue Zellen zu bilden.

Fasten reduziert außerdem Entzündungen im Körper, wie Professor Andreas Michalsen von der Charité Berlin in einer Studie anhand sinkender Entzündungsmarker (CRP-Werte) zeigen konnte. Dass sich beim Fasten von allen Organen die Leber in ganz besonderem Maß zu erneuern vermag, ist Fastenärzten seit Langem bekannt. Hinzu kommen die aktuellen Erkenntnisse, wie sehr Fasten sich auch im Alter und zur Demenzvorbeugung und -therapie bewährt, da es die Neuroplastizität des Gehirns unterstützt.

Mark Mattson, Professor für Neurowissenschaft an der Johns Hopkins University und einer der herausragenden Forscher im Bereich zellulärer und molekularer Mechanismen, die neurodegenerativen Störungen wie Parkinson und Demenz zugrunde liegen, publizierte mit seinem Team verschiedene Beiträge zu den Vorteilen des Fastens. Darin wird diskutiert, wie zwei Fastentage pro Woche das Risiko, Parkinson oder Demenz zu bekommen, signifikant verringern. Bei der Auswertung diverser Studien über die Folgen einer kalorischen Beschränkung zeigte sich grundsätzlich, dass sie das Leben verlängert und es auch zu Verbesserungen bei chronischen Krankheitsbildern kommt. Wenn man all die hilfreichen neurochemischen Veränderungen betrachtet, wird schnell klar, dass Fasten dem Gehirn guttut, so Mattsons Fazit. Es verbessert unter anderem die kognitiven Funktionen, erhöht die Fähigkeit, mit Stress umzugehen (Resilienz), und reduziert die Entzündungsbereitschaft.

Nach Mattson ist Fasten eine Herausforderung für das Gehirn und macht es fit, um mit Stress und Krankheitsrisiken umzugehen. Zum Beispiel wird die Produktion sogenannter neurotropher Proteinfaktoren erhöht, die das Wachstum von Neuronen in Gang setzen und die Verbindungen zwischen ihnen wie auch zu den Synapsen stärken. Mattson berichtet weiter, dass Fasten die Produktion neuer Nervenzellen aus Stammzellen im Hippocampus anregt. Es würde die Bildung von Ketonen und die Zahl der Mitochondrien in Neuronen stimulieren – weil Neuronen wahrscheinlich auf den Stress des Fastens antworten und mehr Zellkraftwerke in Gestalt von Mitochondrien produzieren. Die vermehrte Mitochondrienzahl in den Neuronen erhöht die Fähigkeit der Neuronen, Verbindungen untereinander zu formen und aufrechtzuerhalten. Dadurch werden Lern- und Gedächtnisleistungen verbessert. Darüber hinaus stellt er fest, dass intermittierendes Fasten die Fähigkeit von Nervenzellen erhöht, ihr Erbgut, die DNS, zu reparieren. Und er beleuchtet den evolutionären Aspekt dieser Erkenntnisse über das Gesundheitsfördernde des Fastens, indem er darauf verweist, wie sich unsere Vorfahren für ihr Überleben anpassten und es schließlich schafften, längere Zeit ohne Nahrung auszukommen.

Persönlich faste ich seit beinahe 50 Jahren regelmäßig, und mit 67 begleite ich weiter meine Fastenseminare in unserem Zentrum TamanGa und stelle fest, dass es mir im Alter genauso leichtfällt und es ebenso überzeugend auf meinen Organismus wirkt.

Sowohl Fastenwochen als auch Kurzzeitfasten wirken tatsächlich Wunder – von der Jugend bis ins Alter. Obendrein sind sie Demenzprophylaxe, da sie ketogene Kost ins

Spiel (des Lebens) bringen. Das heißt, unsere mehr oder weniger reichlichen Fettzellen können ihren fettigen Inhalt nur freigeben, wenn sich kein Insulin im Blut befindet, also während Fastenzeiten und damit täglich beziehungsweise nächtlich. Je länger diese nächtliche Fastenzeit, desto besser für die Fettversorgung des Organismus und vor allem des Gehirns. Daraus folgt als Rat für die mildeste Form des Fastens: früh zu Abend essen und spät frühstücken. Noch besser: das Abendessen ausfallen lassen oder – meine Vorliebe und Empfehlung – das Frühstück weglassen. Und natürlich sind einzelne Fastentage oder gar jeden zweiten Tag fasten empfehlenswert. Im Buch *Kurzzeit-Fasten* beschreibe ich viele wissenschaftlich belegte Fastenvarianten, im Buch *Peace Food Keto-Kur* die ideale Ernährung zur Demenzvorbeugung und -therapie im Anschluss an das Fasten. Ich rate dort zu kohlenhydratarmer ketogener Kost auch während des Kurzzeitfastens oder zwischen den Fastenzeiten bei anderen neurodegenerativen Erkrankungen wie MS, Parkinson und vor allem auch bei Krebs und Diabetes.

Noch tiefer gehend sind längere Fastenperioden von ein bis vier Wochen, je nach Leibesfülle. Das Buch *Jetzt einfach fasten* vermittelt eine Fülle gesunder Varianten, ins Fasten einzusteigen, es durchzuführen und abzuschließen, sodass jede(r) in jedem Lebensalter einen für sich passenden Zugang finden kann.

Ideal zur Vorbeugung und Behandlung von Alterssymptomen im Allgemeinen und Alzheimer im Speziellen ist die Kombination von Fasten und Bewegung beim *Fas-*

ten-Wandern. Die verblüffenden wissenschaftlich belegten Gesundheitsvorteile der Kombination von Fasten und Ausdauerbewegung beschreibt das gleichnamige Buch.

Intelligente Nahrungsergänzung

Spätestens im Alter ist auf eine gute Versorgung mit Vitaminen, sekundären Pflanzenstoffen, Spurenelementen und Naturheilmitteln zu achten. Die beiden Ersteren ergeben sich zwanglos aus der pflanzlichen, die Letzteren aus der vollwertigen Ernährung. Zum Beispiel haben sich **Sulforaphane**, Schwefelverbindungen, wie sie in Brokkoli vorkommen, laut zweier US-Studien bei Alzheimer-Demenz besonders bewährt. Insofern ist pflanzlich-vollwertige Kost im Sinne von *Peace Food* die einfachste Lösung. Trotzdem ist bei der Vorbeugung und Therapie von Krankheitsbildern des Alters und vor allem Demenz auf einiges besonders zu achten.

Unbedingt ist ein Mangel an **Selen** zu vermeiden. Kokosöl enthält viel davon und ist auch diesbezüglich sehr empfehlenswert, vor allem als Gehirnnahrung. Ähnlich wichtig ist **Zink**, etwa aus Kürbis(-Kernen), Linsen und (glutenfreien) Haferflocken.

Ein Mangel an **Lithium** kann ebenfalls bedrohlich werden. Patienten mit bipolarer Störung (manisch-depressiv) erkranken dreimal so häufig an Alzheimer und lassen sich mit Lithiumgaben therapieren. Dieses natürlich vorkommende Leichtmetall wirkt in geringen Mengen laut wissenschaftlicher Studie sogar lebensverlängernd. Wo es fehlt, steigt statistisch gesehen die Selbstmordneigung. Im Tierversuch steigert Lithium die Neurogenese im Hippocampus, was auch der Grund seiner antidepressiven Wirkung sein dürfte. Obendrein reduziert es Alzheimer-Toxin. Die täglich bei Alzheimer notwendige wirksame Menge von 0,3 Milligramm ist minimal – und 1000-mal geringer als die zur Behandlung der bipolaren Störung. Sie lässt sich – laut Michael Nehls – schon über Mineralwasser zuführen. In einer Studie über 15 Monate konnte bezogen auf eine Vergleichsgruppe mit solch ausgesprochen moderaten Lithiumgaben der geistige Abbau bei Alzheimerpatienten vollkommen gestoppt werden.

Ein weiterer Tipp von Michael Nehls ist **Alpha-Liponsäure**. Ein gesunder Organismus kann sie selbst herstellen. Bei der Behandlung von Alzheimer hat sich nach Nehls die Gabe von einem Gramm pro Tag bewährt.

Von großer Wichtigkeit ist auch ausreichende Versorgung mit **Vitamin B_6, B_9 und B_{12}**. Auf entsprechende Mängel weist ein erhöhter Homocystein-Wert im Blut hin. Er verfünffacht das Alzheimer- und verdoppelt das Infarktrisiko. Obendrein wirkt Homocystein toxisch auf von Glutamat stimulierte Nervenzellen, also gerade jene des Hippocampus. Insofern ist unbedingt auf entsprechende Vitaminversorgung zu achten, was sich bei pflanzlich-vollwertiger Kost in Bezug auf Vitamin B_6 und B_9 von selbst regelt. Allerdings muss Vitamin B_{12} dann zugeführt werden, sicherer in Form von Methylcobalamin mit Cyanocobalamin, dessen Aufnahme gerade mit zunehmendem Alter und auch bei Magenproblemen komplizierter und anfälliger ist, aber meist auch reicht.

Serotonin bringt die Neurogenese in Gang und baut Beta-Amyloid ab. Besser verträglich, weil natürlicher als Serotonin-Wiederaufnahme-Hemmer ist die fein vermahlene Rohkostmischung »Take me – Glücksnahrung«, die ebenfalls den Serotoninspiegel hebt. Meine Empfehlung lautet, sie morgens auf nüchternen Magen (20 Minuten vor dem Frühstück) zu genießen; damit habe ich persönlich über zehn Jahre lang gute Erfahrungen gemacht.

Als ich auf Reisen begann, das wegen seiner Pillenform einfacher zu schluckende »Amorex« einzunehmen, entdeckte ich erst dessen weit über die Serotoninversorgung hinausgehende Möglichkeiten. »Amorex« bringt als Nahrungsergänzung für das Altersthema viel Wichtiges unter einen Hut und enthält neben Vitamin D_3 vor allem auch die direkte Serotonin-Vorstufe 5-HTP. Außerdem findet sich darin S-Adenosyl-Methionin (SAMe), die Vorstufe von Dopamin. Dieses »Belohnungshormon« ist im Alter mindestens so wichtig wie das »Wohlfühlhormon« Serotonin. SAMe kann sogar noch direkter bei Alzheimer vorbeugen, denn zusammen mit den enthaltenen Vitaminen Folsäure und B_{12} hält es den sogenannten C_1-Stoffwechsel in Gang und reduziert damit den neurotoxischen Effekt von Homocystein, das Alzheimer erheblich Vorschub leistet. Die Neurotransmitter Serotonin, Dopamin sowie das Vitamin D wirken außerdem positiv gegen depressive Stimmungslagen.

Viele Studien zeigen, wie auffallend unterversorgt gerade ältere Menschen in Europa mit SAMe, Folat und Vitamin B_{12} sind. Alle drei finden sich in den notwendig hohen Dosen in »Amorex«, wobei es sich hier um Stoffe aus der Natur handelt. Das 5-HTP etwa stammt aus der afrikanischen Schwarzbohne (Griffonia simplicifolia), S-Adenosyl-Methionin (SAMe) aus Hefekulturen. Darüber hinaus enthält »Amorex« alle wichtigen B-Vitamine. Vitamin B_6 etwa fördert unsere Traumaktivität, was wiederum dem Inneren Kind zugutekommt, das ebenfalls wesentlich auf der inneren Seelen-Bilder-Ebene lebt. Vitamin B_{12} ist auch entscheidender Bestandteil von Dale Bredesens 36-Punkte-Programm bei Demenz und für mich als Veganer sowieso zwingend notwendig. »Amorex« ist also viel zu schade, um – wie ursprünglich gedacht – der Therapie von Liebeskummer vorbehalten zu bleiben; es bietet eine ebenso einfache wie natürliche und günstige Art, sich mit den notwendigsten Nahrungsergänzungsstoffen und Hilfen zur Stimmungsverbesserung zu versorgen. Für mich ist die kleine rote Pille, seit ich sie entdeckt habe, ein treuer und ausgesprochen wohltuender Begleiter.

Johanniskraut ist wissenschaftlich belegt wirksam bezüglich Demenz, da es Beta-Amyloid ausleitet. Seine Nebenwirkungen sind – durch Metaanalysen gestützt – deutlich geringer als die der klassischen Antidepressiva vom Typ der Serotonin-Wiederaufnahme-Hemmer. Das spricht für die Kombination von Johanniskraut mit Nahrungsergänzungen wie »Amorex« oder der Rohkostmischung »Take me – Glücksnahrung«.

Trinken

Unser Organismus braucht genügend Flüssigkeit. Ein wichtiger Gesundheitsfaktor ist daher Trinkwasser von guter Qualität. Speziell bei Demenz ist es von entscheidender Wichtigkeit, denn es sorgt bei drohender Gehirnvermüllung für guten Durchfluss und Abtransport der Schlacken und Schadstoffe wie in diesem Fall des Beta-Amyloids.

In der Fasten- und Komplementärmedizin-Szene hat sich als Konsens die Empfehlung durchgesetzt, pro Tag zwei Liter guten, unbelasteten Wassers zu trinken. Das bedeutet heute **Wasser aus reifen Quellen**, also solchen, die nach artesischem Prinzip von selbst an die Oberfläche treten. Wer allerdings pflanzlich-vollwertig frisch oder rohköstlich lebt, nimmt meist schon so viel Wasser auf, dass er je nach Obstanteil in der Nahrung auf anderthalb oder sogar einen Liter reduzieren kann. Andererseits ist es aber gar nicht schwer, zwei Liter zu trinken, vorausgesetzt man schafft auch den zweiten Schritt zu seinem ganz persönlichen Wasser, das einem am besten schmeckt. Ich halte dies für einen ganz wesentlichen Beitrag zur allgemeinen Gesundwerdung und -erhaltung.

Bei unseren Fastenseminaren bekommt zu Beginn jeder eine Auswahl von zehn verschiedenen Wassern aus reifen Quellen und findet in einem Geschmackstest das ihm am besten zusagende heraus. Davon trinkt er dann täglich. Wir nehmen als Grundausstattung die sieben Quellwasser von *St. Leonhards* und drei bei uns aufbereitete Wasser. Bei unseren sensorischen Tests werden die reifen Quellwasser deutlich favorisiert. Und nachdem ich über Jahrzehnte viel Geld in Wasseraufbereitungsanlagen gesteckt hatte, musste ich die Erfahrung machen, dass nach anfänglicher Begeisterung für diese Innovationen die Bewohner in TamanGa bald wieder zu reifem Quellwasser wechselten.

Es fällt nicht schwer, von seinem Lieblingswasser ausreichend zu trinken. Für den Preis, den man für eines der immer zahlreicher angebotenen Geräte zur Wasseraufbereitung zahlt, kann man lange das Quellwasser seiner Wahl aus Leichtglasflaschen (statt Plastikflaschen) genießen. Obendrein ändert sich das Lieblingswasser mit der Zeit und der Gesundheitssituation. Nachdem ich persönlich lange »Lichtquelle« favorisiert habe, bin ich inzwischen bei »Mondquelle« angelangt.

Alles spricht dafür, dass diese Art zu trinken zugleich eine wertvolle Therapie ist und uns auf verschiedenen Ebenen gut in Fluss bringt und hält. Und neben bunt(er) essen wird auch bunt(er) trinken zur Chance. Frisch gepresste bunte **Säfte**, dem Verdauungstrakt zuliebe ganz langsam getrunken, sind ein geschmackliches Highlight und ein schöner Gegenpol zum Grau(en) des Alters. Sehr zu empfehlen sind auch (grüne) **Smoothies** aus reichlich Wildkräutern, Gemüse, Beeren und wenig süßem Obst. Sie bringen wertvolle sekundäre Pflanzen-, aber auch sehr wichtige Bitterstoffe ins Spiel (des Lebens). Vorausgesetzt man hält sich bei süßem Obst zurück, sind sie kalorienarm und haben sich gerade beim Fasten als wundervolle Energiequelle erwiesen.

Wie schon erwähnt mag ein Glas **Wein** pro Tag zum Lebensgenuss beitragen, aber kein zweites. Der Konsum von **schwarzem Tee** und **Kaffee** ist zu empfehlen, sollte aber moderat bleiben. Bekömmlicher sind **Grüntee** und **griechischer Bergtee**; wer ein Leben ohne Kaffee verbracht hat wie ich, spürt bei seinem Genuss auch die anmachende im Sinne von anschaltende Wirkung auf den ganzen Organismus.

Darmsanierung

Neben der Blut-Hirn-Schranke, die unsere Zentrale vor unliebsamen Eindringlingen schützt, gibt es die Darm-Blut-Schranke. Sie verhindert, dass Erreger und Schädliches über die Nahrung in den Körper eindringen. Heute ist sie jedoch aufgrund der allgemeinen modernen Fehlernährung besonders mit Kuhmilchprodukten, Glutenhaltigem und Industriekost vielfach (vor)geschädigt. Beim immer häufiger werdenden Leaky-Gut-Syndrom (löchriger Darm) ist sie schon weitgehend zusammengebrochen. Auch die dramatisch zunehmenden Nahrungsmittelunverträglichkeiten haben wohl hier ihre Hauptursache. So zeigen praktische Therapieerfahrungen, dass Verzicht auf Tierprotein und besonders Kuhmilchprodukte und Gluten, das den Darm und das Nervensystem schädigen kann, der Gesundheitsstabilisierung dienen. Einige müssen sogar – wie bereits erwähnt – weitere Lektine meiden.

Konkret bietet die Kombination von Fasten mit anschlie-
ßender pflanzlich-vollwertiger Ernährung auf ketogener
Basis – am besten in Kombination mit Kurzzeitfasten – die
generell besten Chancen der Umstimmung und Gesun-
dung, speziell auch bei Alzheimer-Demenz und ihrer Vorbeugung. Einfaches, naturbelassenes regionales und saiso-
nales Essen erweist sich einmal mehr als Lösung, wobei
spezielle empfehlenswerte exotische Zutaten wie Kokosöl,
Kurkuma oder Ingwer hier als Medizin zu sehen und zu
akzeptieren sind.

Die Darmflora wird heute – inzwischen zum Mikrobiom aufgestiegen und umgetauft – langsam auch von
der Schulmedizin als entscheidender Gesundheitsfaktor
entdeckt. Immerhin haben wir zehnmal mehr Keime im
Darm als Zellen im Körper. Wissenschaftler belegen heute, wie dieses Mikrobiom das ganze Immunsystem und
insbesondere das Gehirn beeinflusst und sogar die Stimmung wesentlich be*stimmt*. Jeder kennt den Effekt, wie
sehr Bauchschmerzen auf die (Lebens-)Stimmung schlagen. Kinder spüren überhaupt jedes Unbehagen und jeden
Schmerz immer gleich und zuerst in der Bauchmitte, der
ursprünglichen Verbindung zur Mama.

Natürlich gibt es vonseiten der diesbezüglich schon
immer offenen Komplementärmedizin vielfältige Möglichkeiten der Darmsanierung. Die Schulmedizin geht
inzwischen sogar schon bis zu Stuhl-Transplantationen,
also der Übertragung von fremdem Stuhl in geschädig-
te Därme, um dem modernen Verdauungselend Paroli
zu bieten. Zunehmend erkennt man auch, wie sehr Kai-

serschnittkindern die Beimpfung bei der Geburt mit den Keimen der Mutter fehlt. Die einfachste und nachhaltigste Allround-Sanierung ist aber auch hier wieder eine Fastenzeit, deren Länge von der Gewichtslage abhängt, und die anschließende konsequente Nahrungsumstellung auf pflanzlich-vollwertige und letztlich auch glutenfreie und ketogene Kost. Bei Demenz sind diese drei Schritte sogar zwingend geboten.

Im Übrigen gilt: In Kugelbäuche »outgesourcte« Verdauungstrakte sind wieder in den Körper und hinter Bauchmuskeln zu verlagern, damit das Zwerchfell mit jedem Atemzug den Darm massieren kann. Die durch sportliche Bewegung geförderte tiefe Zwerchfellatmung massiert ebenfalls den Darm und regt die Durchblutung an.

Bewährte Dienste bei der Ernährung des Milliardenheeres an Symbionten (Darmbakterien) leistet »Rechtsregulat«, ein in mehreren Stufen fermentiertes Gemisch aus pflanzlichen Bioprodukten. Ideal ist die Einnahme beim Ausklang einer Fastenzeit, weil es die Darmmitarbeiter freundlich stimmt. Keinesfalls zu empfehlen sind routinemäßig angebotene serienweise kostenintensive Colon-Hydro-Therapien. Sehr sanft, ohne viel Druck durchgeführt, sind sie zu Fastenbeginn und bei schweren Darmverkrustungen zu erwägen. Es gibt sogar schon bequeme Heimgeräte, die sanfter und nachhaltiger, dafür ungleich günstiger zu haben sind (www.heilkundeinstitut.at). Bei belastetem Dickdarm, chronischen Kopfschmerzen ist an solch eine Heimkur zu denken. Klassische Darmreinigungen beim Fasten wie die chinesische Share-Pflaume oder der herkömmliche Einlauf reichen meist aus. Die chinesische Share-Pflaume erweist sich bei unseren Kuren sogar immer mehr als Geheimtipp für eine nachhaltige Darm- und Blut-Regeneration.[19]

Gifte und Störquellen ausschalten

Wissenschaftlich betrachtet ist der Zusammenhang zwischen Gesundheitsgefährdung und **Rauchen** klar. Jede Schachtel täglich gerauchter Zigaretten steigert beispielsweise das Alzheimerrisiko durchschnittlich um 34 Prozent, das heißt, eine zweite Schachtel pro Tag erhöht die Wahrscheinlichkeit schon auf 68 Prozent, mit der dritten wäre demnach Alzheimer so gut wie sicher. Rauchen verringert direkt die Neurogenese und erhöht zudem das Risiko über die allgemein bekannte Durchblutungsminderung, die das Nikotin überall und natürlich auch im Hippocampus auslöst. Falls Rauchen bereits die Lungenfunktion einschränkt im Sinne von COPD (chronisch obstruktive Bronchitis), verdoppelt sich nochmals das Demenzrisiko. Rauchen ist also insgesamt statistisch gesehen eine Art freiwillige Voranmeldung zur Demenz.

Rauchen ist folglich zu streichen – sowohl für die Vorbeugung als auch Therapie von allen Krankheitsbildern. E-Zigaretten bieten keine Lösung, da ihr Nikotin auf das Gehirn ebenfalls erregend wirkt, was wiederum die Schlaf- und insbesondere die Tiefschlafzeit reduziert und damit generell die Regeneration stört und speziell die Möglichkeit behindert, im Gehirn für Ordnung zu sorgen und Beta-Amyloid auszuschwemmen.

Alle **Schwermetalle** sind schädlich für den Organismus. Selbst die Ionen so wichtiger Metalle wie Eisen, Kupfer und Zink begünstigen im Überfluss das Verkleben des Beta-Amyloids zu Alzheimer-Toxin, so auch Aluminium, das zeitweise zum Hauptschuldigen erklärt wurde. Die in den Plaques im Gehirn gefundene Menge an Aluminium korreliert jedenfalls mit dem Schweregrad der Demenz. Diese Tatsache spricht also entschieden gegen die Verwendung von Aluminiumgeschirr und besonders Alufolien beim Zubereiten und Aufbewahren von Speisen.

Bei einer Amalgamsanierung des Gebisses ist wegen Quecksilbergefahr unbedingt auf professionelles Vorgehen zu achten – mit Kofferdamm, der (Quadranten-)Reihe nach und parallel laufender Entgiftung. Sonst ist der Schaden oft größer als der Nutzen.

Nitrat, Nitrit und **Nitrosamine** sind in jedem Fall strikt zu vermeiden, vor allem ist für nitratfreies Trinkwasser zu sorgen, was erneut für Wasser aus reifen Quellen spricht. Natürlich gehört auch die Ernährungsumstellung dazu mit dem Verzicht auf Fleisch und Wurst. Wer mit dem Rauchen aufhört, erspart sich auch dadurch die Belastung mit Nitrosaminen.

Insektizide, Herbizide und **Fungizide** sind bekanntermaßen gesundheitsschädlich. Wer auf *Peace Food* umsteigt, wählt automatisch Lebensmittel in Bioqualität.

Zwar wäre – laut Nehls – gegen ein Glas Wein pro Tag nichts einzuwenden, aber **Alkohol** belastet den Organismus. Er blockiert vor allem die Neurogenese im Hippocampus, ähnlich wie manche Partydrogen. Ein Vollrausch kann die Neurogenese auf Wochen behindern, was der Demenz freie Bahn verschafft.

Grundsätzlich empfiehlt sich auch ein kompletter Ausstieg aus der modernen Plastikwelt, denn in **Plastik** enthaltene Weichmacher wie Bisphenol sind für ihre neurotoxische Wirkung bekannt. Trotzdem werden sie von der EU weiterhin zugelassen nach dem schon bekannten Motto »Geschäft vor Gesundheit«. Hier ist also Eigeninitiative gefragt, um die Rückkehr zu ursprünglicher gesunder Lebensweise einzuleiten. Besonders dringend ist davor zu warnen, Plastik auch noch zu erwärmen oder gar zu erhitzen. Vor allem Wasserkocher aus Plastik sind deshalb außer Betrieb zu nehmen. Am besten verbannt man alle Plastikgerätschaften aus der Küche, angefangen beim Geschirr über die Flaschen bis zu den Tüten.

Gepulste Mikrowellen, wie sie von Handys und Laptops im WLAN-Betrieb und den entsprechenden Masten ausgehen, stehen in starkem Verdacht, Gehirntumore wie Glioblastome zu fördern. Sehr wahrscheinlich sind gepulste Mikrowellen gefährlich für das ganze Gehirn, und das hat Konsequenzen für den Schutz vor Demenz. Wenn das Krankheitsbild Alzheimer nicht auf makabre Weise dazu zwingen soll, offline zu gehen, ist also zu entsprechender Vorbeugung zu raten: zum Beispiel den Laptop an die Leine legen, sprich ans LAN-Kabel, damit das Gehirn nicht am WLAN-Wellensalat Schaden nimmt. Und nur online gehen, wenn es wirklich notwendig ist, die meiste Zeit offline arbeiten; außerdem nur mit vollem Akku und mit Headset mobil telefonieren; bei unvermeidbaren Telefonaten das Gerät möglichst weit vom Körper halten oder legen und sich sehr kurzfassen.

Infektionen vorbeugen, chronische Entzündungsherde beseitigen

Wissenschaftliche Untersuchungen zeigen, dass sich mit jedem Grad Fieber die Abwehrkraft verdoppelt. Bei leichtem Fieber von 38 Grad ist sie doppelt so hoch, mit 39 Grad sogar schon viermal so hoch. Wenn sich allerdings der Trend bestätigt, dass wir uns heutzutage von den in der Schulmedizin als normal angenommenen 37 Grad durch unsere »coole«, nicht naturgemäße Lebensweise unwillkürlich Richtung 36 Grad herunterkühlen, sinkt folglich unsere Abwehrkraft um die Hälfte. Das leistet nach meinen Erfahrungen in verheerendem Ausmaß chronischen Entzündungen und anderem Infektionsunheil Vorschub.

Studien zeigen uns heute, welch große Rolle Entzündungen bei Herz- und Gefäßproblemen, aber auch bei Erkrankungen des Nervensystems wie Alzheimer-Demenz spielen. Deshalb brauchen wir entzündungshemmende Kost wie *Peace Food* und Fastenzeiten, weil beides die Entzündungsbereitschaft reduziert – sichtbar am sinkenden CRP-Wert, dem Entzündungsmarker. Gleichzeitig brauchen wir auch ein intaktes Immunsystem, und dieses funktioniert bei einer Betriebstemperatur von 37 Grad einfach doppelt so gut wie bei von mir so oft beobachteten kühlen 36 Grad.

Insofern schlage ich vor, prophylaktisch und therapeutisch wieder Wärme und Begeisterung – möglichst auf allen Ebenen – in unser Leben zu bringen. Wenn wir uns im Herzen wieder erwärmen für unser Inneres Kind oder gern in die Rolle des Narren oder der Närrin wie auch des oder der Alten Weisen schlüpfen, werden wir an Lebensfreude gewinnen. Natürlich können wir außerdem körperlich für mehr Wärme im Leben sorgen: von der Sauna oder besser noch dem Tepidarium (Wärmekammer von 36 bis 38 Grad) und der Infrarotkabine bis zu wärmender Bewegung. Aktive Aufwärmung ist natürlich noch deutlich besser als passive. Wer sich durch Waldläufe oder forcierte Spaziergänge in Form hält, genießt den heilsamen Doppeleffekt von Wärme durch Muskelbewegung und wissenschaftlich nachgewiesenem Heileffekt des Waldes.

Auch eine typgerechte Ernährung im Sinne der Traditionellen Chinesischen Medizin (TCM) kann je nach Bedarf und Typ Wärme bewirken und helfen, das innere Feuer wieder zu entfachen. Die TCM lehrt uns, mit wärmenden Gewürzen und Wurzelgemüsen körperlich für Wärme zu sorgen. Natürlich ist das auch mit Getränken möglich, und in diesem Zusammenhang sei an Ingwer- und Fencheltee erinnert.[20] Der Erfolg aufwärmender Maßnahmen lässt sich mit dem Fieberthermometer, dem vielleicht am meisten unterschätzten Messinstrument der Medizin, überprüfen: 37 Grad ist das lohnende Ziel für alle und besonders alte(rnde) Menschen.

Demenzpatienten leiden auffällig häufig an chronischen Entzündungen, möglicherweise durch Autoimmunreaktionen des eigenen Abwehrsystems direkt im Gehirn oder durch vermehrt eindringende Erreger. Letztere sind besonders gefährlich für Demenzpatienten, da hier die Blut-Hirn-Schranke die Keime nicht mehr adäquat zurückhalten kann. Besonders in Verdacht als Infektionsquelle ist der Mund, weil für Erreger hier wohl der Weg so kurz ist. Persönlich empfehle ich eine einfache vom Laptop aus aufladbare Munddusche, die mich immer begleitet.

Parodontitis (gemeinhin fälschlich Parodontose genannt) ist besonders problematisch, da sich unter den Erregern viele der besonders zu fürchtenden Spirochäten befinden. Zu dieser Bakteriengruppe gehören auch die Syphiliserreger. Diese haben ihre besten, für die Menschen schlimmsten Zeiten zwar hinter sich, aber inzwischen erkranken – mit wieder steigender Tendenz – pro Jahr doch weltweit zwölf Millionen Menschen neuerlich an Syphilis. Im Endstadium der Spätlues führt sie zu einem der Demenz sehr ähnlichen Zustand. In Deutschland ist sie, bei nur wenigen Tausend Erkrankungen pro Jahr, nicht zu den wesentlichen Demenzursachen zu rechnen. Aber bedenkt man, dass bei mehr als 90 Prozent der von Demenz Betroffenen posthum in den Plaques des Gehirns Spirochäten gefunden werden, die Parodontitis verursachen, und ebenfalls zu dieser unsympathischen Art zählende Erreger der Zeckenbiss-Borreliose, sind hier doch Achtsamkeit und mehr Forschung geboten. Bei geistig gesunden alten Menschen werden Spirochäten kaum je im Gehirn nachgewiesen, was dafür spricht, dass es sich hier um keine ursächliche, sondern eine sekundäre Wirkung handelt. Kaum lässt Demenz die Blut-Hirn-Schranke zusammenbrechen, siedeln sich wohl auch noch Spirochäten an.

In jedem Fall sind Infektionsherde zu beseitigen vom Mund (Parodontitis) über den Magen (Beispiel Besiedlung mit Helicobacter pylori) bis zum Darm (Beispiel chronische Blinddarmentzündung). Die Schulmedizin kann jede dieser infrage kommenden Infektionsquellen mit entsprechenden Maßnahmen attackieren, von operativer Entfernung etwa der Mandeln und des Wurmfortsatzes am Blinddarm bis zu massiven Antibiotikagaben. Aber viel einfacher und gesünder wären auch hier Fastenzeiten und Ernährungsumstellung auf *Peace Food*, da beide allgemeiner Entzündungsbereitschaft entgegenwirken, wie es sinkende CRP-Werte (C-reaktives Protein) verdeutlichen, und echte nachhaltige Sanierung ermöglichen.

Sich körperlich und geistig bewegen

Für unsere Vorfahren war alles, was mit Lernen und neuen Erfahrungen zu tun hatte, gleichzeitig mit Bewegung verbunden. Deshalb hat sie eine vorrangige Bedeutung für unsere Gesundheit und besonders für das Anschieben der Neurogenese, und bis heute gilt: Wer sich bewegt, kommt vom Fleck, erlebt Neues, das er sich merken muss. Also braucht er mehr Erinnerungsspeicher und eine gesteigerte Nervenneubildung. Diese Erfahrung war in der Antike noch im »Gymnasium« präsent, wo in Bewegung, meist im Gehen, gelernt wurde, und bis heute heißt Turnhalle englisch *gymnasium*. Außerdem brachte es viel und gute Energie fürs Hirn und den ganzen Rest. Bewegung heizt mit ihrer Abwärme auch wundervoll auf. Ob uns nach einem Lauf von innen heraus wohlig warm ist oder nach einem wärmenden Essen, alles nimmt einen besseren Lauf. Und diese von innen heraus selbst produzierte Wärme ist noch weit besser als von außen zugeführte von Öfen und Wärmflaschen.

Wer sich dagegen, wie die meisten Zeitgenossen, bei der Arbeit kaum noch bewegt und abends bei ungeeignetem Industriefutter vor den Fernseher sinken lässt, der sendet die Botschaft an seine Zentrale: Mit neuen Erfahrungen ist nicht zu rechnen. Folglich stellt der Hippocampus die Arbeit ein und schrumpft weiter – aus Mangel an körperlicher und geistiger Bewegung und gar nicht mal aus Altersgründen. Vergleichbares geschieht mit Muskeln und Gelenken.

Alle Neurotransmitter und Hormone, die bei Bewegung ausgeschüttet werden, bringen – wie wir wissen – die Neurogenese in Gang. Zu ihnen gehören Erythropoetin (EPO), das die Bildung roter Blutkörperchen anregt und so die Kondition verbessert, und das Wachstumshormon (HGH), das nachts alle Wachstumsprozesse, von muskulär bis geistig, im Organismus anregt; seine Ausschüttung beginnt sechs bis acht Stunden nach Ende der Nahrungsaufnahme. Zu erwähnen ist auch VEGF (Vascular Endothelial Growth Factor), das neuen Blutgefäßen erlaubt, sich auszubreiten, und damit ebenfalls die Nervenneubildung im Hippocampus anregt. EPO und HGH, beide auch als Dopingmittel im modernen Hochleistungssport gefragt, sowie VEGF machen uns also fitter fürs Leben. Bewegung setzt obendrein Serotonin frei, das Wohlfühlhormon, das ebenfalls für Nervenneubildung im Hippocampus sorgt.

Untersuchungen an Tieren wie Menschen haben gezeigt, dass physische Aktivität generell das Gehirnvolumen vergrößert und die Zahl altersbedingter Löcher im Gehirn Erwachsener durch Anregung der Neurogenese reduziert. Eine Studie aus dem Jahr 2016 der Universität von Jyväskylä in Finnland ergab – allerdings vorerst nur bei Ratten –, dass Ausdauerbewegung deutlich zu mehr Zellneubildung führt als etwa Intervalltraining, das immerhin noch etwas brachte. Krafttraining hingegen bewirkte auf der Ebene des Hippocampus nichts. Die Wahrscheinlichkeit, dass diese Ergebnisse auch für Menschen gelten, ist hoch. Miriam Nokia, die die Studie leitete, stellte fest, dass ausdauernde Bewegung im Sauerstoffgleichgewicht, das heißt, ohne außer Atem zu kommen, auch bei Menschen am hilfreichsten für die Hirngesundheit ist. Das entspricht auch meinen Erfahrungen über Jahrzehnte, sowohl an mir wie auch meinen Patienten.

An erster Stelle ist demnach zu empfehlen, möglichst viel körperliche Bewegung in den Alltag zu integrieren: keine Aufzüge oder Rolltreppen benutzen, zu Fuß gehen, Dinge selbst tragen und heben, je nach Möglichkeit. Außerdem sich genügend Zeit nehmen für tägliches Training im Sauerstoffgleichgewicht und zweimal Krafttraining pro Woche, wobei hierbei besonders die Bauchmuskeln wegen der Darmmassage zu berücksichtigen sind. Obendrein ist etwas für die geistige Beweglichkeit zu tun: weniger Fernsehkonsum, sich stattdessen auf ausgewählte gute Sendungen konzentrieren; einem Hörbuch lauschen oder einen Film ansehen, vielleicht sogar während man auf einem Hometrainer aktiv ist.

Generell ist Bewegung, die dank kreativer Ideen abwechslungsreich gestaltet wird und die Muskeln wie auch das Gehirn fordert, stereotypen Abläufen vorzuziehen. Also lieber spazieren gehen auf ständig neuen Routen, als sich auf dem Hometrainer mit Blick auf die immer gleiche Umgebung abzustrampeln. In der Sonne mit viel nackter Haut laufen, dabei auch Gewichte, Fingerhanteln (Heavy Hands) oder Stöcke einsetzen. Überhaupt sich viel in der Natur bewegen, weil das beeindruckend positive und wissenschaftlich belegbare umfassende Gesundheitsverbesserungen bringt.[21] Und wir sollten Synergien schaffen: zum Beispiel mit einem geliebten Menschen Hand in Hand in der Sonne und in der Natur auf neuen Wegen spazieren gehen, in ein anregendes Gespräch vertieft und trotzdem die Landschaft genießend und tief atmend, weil es leicht bergauf geht. Das Ganze ist so viel mehr als die Summe seiner Teile!

Unsere Hirnzellen werden einerseits durch Bewegung, andererseits durch Empfindungen von Nähe und Berührung (Hormon Oxytocin) stimuliert, denn auch sie sind soziale Wesen und brauchen Kontakt. Wenn sie nicht innerhalb von ein bis anderthalb Monaten nach ihrer Entstehung Kontakt zu anderen Zellen bekommen, sterben sie, und das betrifft – im bedauerlichen Normalfall bei Otto Normalverbraucher – über 90 Prozent von ihnen. Je mehr tiefe und berührende Kontakte wir haben, desto mehr profitieren auch unsere Zellen.

Manfred Spitzer, Neurowissenschaftler und ärztlicher Direktor der Psychiatrischen Universitätsklinik Ulm, geht von einer Billiarde Synapsen allein in unserem Kopf aus, als Zahl: 1000 000 000 000 000. Und jeder von uns hat so viele Nervenverbindungen in seiner »Birne«, die es zum Leuchten zu bringen gilt. Inzwischen weiß man, dass bei Bewegung nicht nur mehr Nervenzellen entstehen, sondern auch mehr Verbindungen (Synapsen). Werden die Zellen und ihre Verbindungen benutzt, werden sie stärker. Unbenutzt gehen sie ein.

Da erwiesenermaßen bei in Betonwüsten aufwachsenden Kindern die Kreativität eingeschränkt ist und Kinder, die sich viel bewegen, vor allem draußen in der Natur, viel besser drauf sind und weniger ängstlich reagieren, lautet die uralte, heute so aktuelle Empfehlung für alle Altersklassen: möglichst viel an die frische Luft gehen. Kommen noch geistig anregende Aktivitäten hinzu wie Handarbeit etwa beim Nähen, Basteln und Werken oder kreative Spiele wie Schach, Bridge, Skat, Schafkopf, bilden sie wundervolle Entwicklungsmotoren. Auch Lesen, Schreiben und Musizieren verzögern und verhindern Alzheimer laut wissenschaftlichen Forschungen. Wenn wir unser Gehirn ansprechen und trainieren, wird es zunehmen, und zwar in erfreulichem Ausmaß und jedem Alter. Wie von Neurowissenschaftlern der University of California in Los Angeles (UCLA) belegt, gelingt das viel besser mit Bewusstseinsübungen oder solchen, die Körper und Seele betreffen und auch Stress abbauen wie Yoga und Meditation, als mit dem schulmedizinisch empfohlenen Standardtraining. Vor allem ist der Nutzen viel breiter und hilft auch bei Stimmungsschwankungen und Ängsten, wie Dr. Helen Lavretsky, eine der Studienleiterinnen, betont. An der Universität von Texas in Dallas erarbeitete Studien belegen, dass anspruchsvolles Training das Gehirn viel deutlicher und nachhaltiger aktiviert als nur leichte Anforderungen – eigentlich eine Banalität, denn das Motto » Use it oder lose it« gilt natürlich überall. Nur was wir üben, kann wachsen und gedeihen. So wie wir viele verschiedene körperliche Muskeln haben und nur die trainierten wachsen, ist es auch mit dem Gehirn.

Damit unser Gehirn nachhaltig und in konstruktiven Bahnen angeregt wird und Hippocampus-Wachstum eintritt, muss etwas emotional begeisternd sein und möglichst viele Hirnzonen ansprechen. Es sollte uns anmachen, im Sinne von anschalten. Ein einfaches Beispiel: Nur wenn uns ein Film fesselt, bleibt er in Erinnerung. Die Konsequenz daraus wäre weniger gedankenloser Fernsehkonsum und mehr anspruchsvolle Filme, die man gemeinsam anschaut und über die man sich auch austauscht und zu denen man eventuell auch noch Weiterführendes liest, etwa die Deutungen in *Die Hollywood-Therapie*. Für ein gutes Training unserer »Hirnmuskeln« sollten wir uns gerade im Alter vielfältige Anregungen suchen, die uns emotional berühren und lebendig fühlen lassen!

Für guten Schlaf sorgen

Erwachen im geistig-spirituellen Sinn ist das Ziel spiritueller und religiöser Menschen. Aber auch der moderne Agnostiker strebt noch danach, ein *ausgeschlafener Typ* zu werden, der abends gut und rasch in tiefen Schlaf fällt und morgens frisch, munter und ausgeruht daraus erwacht. Natürlich wollen alle gut schlafen, was auch sehr im Sinne von Alzheimervorbeugung ist. Denn Neurogenese findet nur im Schlaf statt.

Aber auch die Entschlackung von Beta-Amyloid, das widrigenfalls zu Alzheimer-Toxin verklebt, ist an den Tiefschlaf gebunden. Im Schlaf wird also auf Gehirnebene für Ordnung und Nachwuchs gesorgt. Zu wenig insbesondere Tiefschlaf fördert demnach Unordnung im Gehirn auf dem Boden zunehmender Verschlackung. Das lässt sich auch wissenschaftlich bestätigen, denn Menschen mit chronischen Schlafstörungen haben deutlich mehr Stresshormon Cortisol im Blut und einen ebenso deutlich verkleinerten Hippocampus.

Wie kommt es zu Tiefschlaf? Nach dem Übergang aus der Wachphase, die durch Beta-Wellen im EEG gekennzeichnet ist, gelangen wir in Tiefenentspannung mit niederfrequenteren Alpha-Wellen. Daran schließt sich die noch deutlich niedrigere Frequenz der Theta-Wellen-Phase an; es

ist jene Ebene, auf der die meisten Geistheiler und Schamanen arbeiten. Dann erst kommt es zur Tiefschlaf- oder
Delta-Phase mit Wellen bei zwei Hertz. Diese wichtigste
Schlafphase im Hinblick auf unser Wohlergehen sowie
auf Alzheimervorbeugung und -therapie braucht also eine
längere Anlaufzeit. In einer typischen Acht-Stunden-Nacht
treten solche Phasen normalerweise in der zweiten, vierten,
sechsten und siebten Stunde auf oder alle 90 Minuten.

Melatonin, das Hormon der Nacht, leitet den Tiefschlaf
ein und fördert auch die Ausschüttung des Wachstumshor-
mons HGH. Beide regen die Neurogenese im Hippocampus an. Melatonin reduziert außerdem das (Anti-)Stresshor-
mon Cortisol. Es wird aber nur ausreichend gegen Abend
freigesetzt, wenn wir tagsüber genug Tages- und am besten
Sonnenlicht abbekommen haben. Naturerfahrungen sind
also auch aus diesem Grund die viel besseren Schlafmittel
als jene der Pharmaindustrie. Zwar empfahl Bredesen den
Teilnehmern seiner Demenzstudie, Melatonin am Abend
einzunehmen, um mehr Schlaf und vor allem Tiefschlaf zu
bekommen. Aber ausgedehnte Spaziergänge sind natürlicher und gesünder.

Vor 100 Jahren schliefen unsere Vorfahren durchschnittlich zwei Stunden länger als wir heute, nämlich statt
sieben noch neun. Möglicherweise entspricht das unserem
ursprünglichen natürlichen Bedürfnis, und wie gesund
Schlaf ist, zeigen heute viele Studien. Sie belegen etwa,
dass ein kurzer Mittagsschlaf die Herzinfarktrate um 50
Prozent reduziert. Die Siesta beugt der Gefäßverkalkung
vor und damit jedenfalls vaskulärer Demenz, aber sehr

wahrscheinlich auch Alzheimer. Schlafmangel ist inzwischen in wissenschaftlichen Verdacht geraten, an vielen chronischen Krankheitsbildern von Diabetes Typ 2 über Bluthochdruck, Fettsucht bis zu Gedächtnisstörungen beteiligt zu sein. Also wären wir auch beim Thema Schlaf wieder gut beraten, uns auf unsere Vorfahren zurückzubesinnen mit ihrem dem Sonnenlicht angepassten Schlafrhythmus und etwa neun Schlafstunden.

In Bezug auf schon öfter angesprochene Synergien ist inzwischen wissenschaftlich bewiesen, dass körperliche Bewegung bei Tageslicht für besseren Schlaf sorgt. Auch sexuelle Aktivität mit ihren Berührungen und Liebkosungen vor dem Einschlafen ist hilfreich. Körperlich setzt sie das Hormon Oxytocin frei und reduziert das Stressniveau, was beides die Neurogenese anstößt. Orgasmen fördern obendrein die Ausschüttung von Prolactin, das wie ein körpereigenes Schlafmittel wirkt und ebenfalls die Nervenneubildung im Hippocampus anregt.

Auch Gutenachtgeschichten haben nicht nur auf Kinder beruhigende und schlaffördernde Wirkung. Das Lesen von Geschichten hat überhaupt einschläfernden Effekt bei vielen. Wie gut müssen dann erst erotische Geschichten wirken, die ein Paar sich gegenseitig erzählt, um sich anzumachen und auf (Hoch-)Touren zu bringen, um anschließend so richtig abschalten und schnell und tief in Schlaf sinken und das körpereigene Schlafmittel Prolactin genießen zu können.

Das Lesen von E-Books ist dagegen – wissenschaftlich belegt – weniger schlaffördernd, da das bläuliche Licht des

Reader-Bildschirms stört und jedenfalls den Tiefschlaf reduziert. Weniger Tiefschlaf aber behindert die nächtliche Entrümpelung des Beta-Amyloids und fördert so die Bildung von Alzheimer-Toxin. Ähnliche Effekte hat natürlich die Benutzung von Tablets, Handys, Laptops und Fernsehern vor dem Einschlafen. Auf meinem Laptop sorgt eine App dafür, dass sich das Blaulicht gegen Abend allmählich aus- und morgens anschaltet, was ich nur empfehlen kann.

Leider hat sich der Fernseher nicht nur zum wichtigsten modernen Babysitter, sondern auch zum Massen-Schlafmittel entwickelt – und regelmäßiges Fernsehen fördert nachweislich Alzheimer. Deshalb ist all die Stressanbahnung bis spät in die Nacht vor dem Fernseher mit seinen Action- und Horrorfilmen, aber auch mit »ganz normalen« Nachrichten ein schwerer Nachteil im Hinblick auf unser Altersglück.

Das Allerwichtigste aber ist, dafür zu sorgen, dass es wieder möglich wird, sein Tagwerk noch vor dem Abend abzuschließen, davon Abstand zu gewinnen und sorgenfrei zu Bett zu gehen und so das Stressniveau zu reduzieren. Auch hier gilt wieder, zurückzukehren zu bewährten Traditionen und ihren guten alten (Gutenacht-)Geschichten, Märchen, Mythen, Legenden und Weisheiten wie der christlichen, seinem Bruder noch vor dem Schlafengehen zu verzeihen.

Allgemein im Hinblick auf die Gesundheit und speziell die Demenzvorbeugung ist ratsam:

- Das Schlafzimmer gut verdunkeln, damit die Zirbeldrüse ausreichend Melatonin produzieren kann.
- Für kühle frische Luft im Schlafraum sorgen. Das Senken der nächtlichen Körpertemperatur um ein Grad fördert die Melatoninausschüttung deutlich. Lieber ein kälterer Schlafraum und dafür eine Wärmflasche im Bett – am besten an den Füßen. Kühl schlafen ist der notwendige Gegenpol zu einem (herzer)wärmenden Tag. Heute halten sich viele über Nacht zu warm, während der Tag sie zu kalt lässt.
- Vor dem Einschlafen ein paar Stunden nicht(s) mehr essen, um die Ketogenese in der Nacht zu fördern, und wenig trinken, um den Schlaf nicht durch Blasendruck zu stören, dafür tagsüber umso mehr gutes Wasser aus reifen Quellen genießen. Ältere Männer mit sich anbahnenden Prostataproblemen trinken besser vormittags schon genug (und das heißt viel), nachmittags weniger, abends fast nichts mehr, um nachts mehr Ruhe zu finden. Und sie können mittels *Krankheit als Symbol* und *Peace Food* ihre Prostata sanieren, das bedeutet neben dem Liebesleben auch den Ernährungsalltag zu überarbeiten.
- L-Tryptophan-reiche Lebensmittel und Präparate zu sich nehmen (Nehls); nach unserer Erfahrung haben sich diesbezüglich die erwähnte »Take me – Glücksnahrung« bewährt oder der Alleskönner »Amorex« mit der direkten Serotonin-Vorstufe 5-HTP, SAMe für Dopamin und den B-Vitaminen und Vitamin D_3 morgens und abends.

- Außengeräusche reduzieren durch Ohrstöpsel oder sogenannte Schlafmaschinen, die weißes Rauschen oder Naturgeräusche produzieren wie Meeresbrandung, Regen oder Vogelzwitschern. Noch viel besser ist ein ruhiger naturnaher Schlafplatz, der solche Geräusche natürlich mit sich bringt.
- Im Bett weder fernsehen noch am Computer arbeiten oder spielen. Vom Reader (Kindle, Tolino) oder iPad nur mit entsprechendem Blauschutz, wie er auch als Brille oder Brillenaufsatz erhältlich ist, lesen.

Weibliche und männliche Hormone

Unsere frühesten Vorfahren waren durch ihre an Wildkräutern und Gemüsepflanzen reiche Ernährung bestens mit sekundären Pflanzenstoffen versorgt, wie den Bioflavonoiden, die östrogen- und testosteronähnliche Wirkungen entfalten. Soja etwa enthält östrogenähnliche Flavonoide, die Yamswurzel progesteronähnliche, aber auch Leinsaat und Rotklee sind hier beispielhaft zu erwähnen. Die heutige Ernährung dagegen ist auf wenige Kulturpflanzen zweifelhafter Herkunft reduziert; heute lässt sich nur noch bei Pflanzlich-Vollwertigem in Bioqualität von *Lebensmitteln* sprechen.

Für weibliche Hormone (Östrogen, Progesteron) gilt Ähnliches wie für männliche Hormone (Testosteron); beide regen die Nervenneubildung an. Weibliche Hormone kommen in geringen Dosen ebenso bei Männern vor wie männliche auch bei Frauen. Das männliche Hormon Testosteron vermindert außerdem das Beta-Amyloid und dadurch die Entstehung von Alzheimer-Toxin. Zusätzlich schützt es Nervenzellen sogar vor dessen Wirkung. Bereits geringe körperliche Anstrengung, also jede Bewegung, fördert die Bildung von Androgenen (männliche Sexualhormone) und damit die Neurogenese. Sinnlich-erotische Aktivitäten sind also natürlich besonders wirksam und empfehlenswert.

Gleich mit Einsetzen der Menopause empfiehlt sich für Frauen ein moderater Hormonersatz auf pflanzlicher Ebene und wesentlich über die Ernährung, vor allem aber *natür*lich ein erfülltes sinnliches Beziehungsleben. Schulmedizinischer Hormonersatz ist – erst recht bei Einsetzen von Alzheimer – nicht mehr zu empfehlen, sondern verstärkt nach heutiger Studienlage die Probleme eher noch, obwohl Bredesen empfiehlt, ihn wieder aufzunehmen, wenn er unterbrochen wurde.

Für die Ausschüttung von Oxytocin ist vielmehr Streicheln, Kuscheln mit dem Partner – oder mit Enkelkindern in der Rolle der Groß(en)eltern – empfehlenswert, was natürlich noch weitere Vorteile mit sich bringt bezüglich Lebenssinn und Erfüllung. Aber auch Kuscheln und Nähe mit Hund oder Katze, bei Ersterem noch mit dem Vorteil gemeinsamer Spaziergänge bevorzugt in heilsamer Natur, tragen zu einem glücklichen Lebensabend bei.

Gegenseitige Massagen könnten in schöner Regelmäßigkeit auch die Partnerschaft mit weiterem Oxytocin anregen und bereichern und so Alzheimer vorbeugen.

Selbst wenn sie von Massageprofis gegeben werden, haben sie noch diesen Effekt, obwohl er heute herabsetzend eingeschätzt wird und zur konsequenten Unterscheidung zwischen Masseurinnen und Masseusen geführt hat. Bei Letzteren ist einfach mehr Oxytocin und vielleicht sogar etwas von den anderen Geschlechtshormonen im Spiel, und das darf heute aus Gründen der Seriosität nicht mehr sein. Schade *natür*lich für die Alzheimervorbeugung! Allerdings gibt es auf dem Gegenpol auch einige Fortschritte, etwa in Form von Sexualtherapie mit behinderten Menschen. Dies wäre für Demenzpatienten von ähnlich großem Wert, wobei natürlich die hier skizzierte leicht zu bewältigende Vorbeugung noch viel besser wäre.

Alzheimer: was im Verdachts- und Krankheitsfall zu tun ist

Für die erste intensive Umstellungszeit sind im Wesentlichen drei Dinge notwendig:

1. Eine möglichst frühe Diagnosestellung und eine umfassende Anamnese. Dieses griechische Wort heißt Erinnerung. Wenn es mit dieser schon schlecht steht, lässt sich die Diagnose mit dem PET-Scan, oder einfacher und günstiger der Bestimmung des Cortisolspiegels und mit psychologischen und neurologischen Tests erhärten. Am spezifischsten ist heute der PET-Scan.

2. Eine Psychotherapie wie die Schattentherapie, die sich dem persönlichen Lebenssinn widmet, wirklich ans Eingemachte geht und alte unerledigte Themen auf Seelen-Bilder-Ebene bearbeitet und löst.

3. Ein ganzheitlich denkender Therapeut oder Begleiter, der die Lebensstil- und vor allem Ernährungsumstellung Richtung *Peace Food* anleitet, mit Schlafproblemen Erfahrung hat und sinnvolle Bewegung wieder anbahnt.

Nach sechs Monaten ist eine schulmedizinische Erfolgskontrolle ratsam. Sie zeigt idealerweise schon eine messbare Größenzunahme des Hippocampus, eine Verminderung der Beta-Amyloid-Ablagerungen im Gehirn und eine Normalisierung der Glucoseaufnahme im Schläfenbereich.

Exkurs: Hinweise für Angehörige und Betreuer von Demenzkranken

Wenn in der Partnerschaft einer das Krankheitsbild Demenz entwickelt, sind letztlich beide betroffen. Entsprechendes gilt für die engere Familie. Die Eiweißablagerungen beginnen bereits 30 Jahre vor Ausbruch der Symptome, und wenn man sich in Unkenntnis der eigenen Selbstheilungskraft, die sich stärken lässt, seinem Demenzschicksal einfach ergibt, kann der Leidensprozess bis zu 15 Jahre dauern. Und die Resignation wird leider weiter durch irreführende Aussagen der Schulmedizin und ihrer Handlanger in den Mainstream-Medien gefördert, die dieses Elend folglich auch mit zu verantworten haben. Solche langen Zeiträume lassen ermessen, was Partner an der Seite Betroffener oft bereits mitgemacht und -erlebt haben, bevor überhaupt die Diagnose gestellt wird.

Ein extrem heikler Punkt ist erreicht, wenn die Übersiedlung in ein Pflegeheim ansteht, denn nicht wenige Alzheimerpatienten fühlen sich gegen ihren (durchaus noch vorhandenen) Willen dorthin verfrachtet und abgeschoben, wie es der Film *Honig im Kopf* aus Sicht beider Seiten bebildert. Die Institutionen haben auch keinen guten Ruf, obwohl in vielen die Betroffenen nach neuesten wissenschaftlichen Kenntnissen durch Personal betreut werden, das neben fachlichem Wissen auch die menschliche Würde wahrt und nach besten Kräften pflegt. Es wird aber eben noch immer aus der alten Sicht des Alter(n)s geschehen und so nicht weit genug reichen. Außerdem sind auch keineswegs alle Institutionen auf diesem Stand; der schlechte Ruf ist nicht nur der Vergangenheit geschuldet.

Die Angehörigen schieben die Betroffenen jedoch meist nicht einfach ab. Oft schaffen sie es körperlich wie auch emotional nicht mehr, ihre Eltern oder ihren Lebenspartner weiter zu begleiten. Vor allem übersteigt es oft ihre Kräfte auf vielen Ebenen, den einer immer aufwendigeren Pflege bedürftigen Menschen weiterhin als Partner zu sehen. Da sie an eigene Grenzen stoßen, entscheiden sie für sich selbst und die betroffene Person, diese von professionellem Personal begleiten zu lassen. Das ist trotzdem meist mit schlechtem Gewissen und Versagensgefühlen verbunden.

Auch fremdes Pflegepersonal erreicht durch die schwere, anspruchsvolle Aufgabe oft schnell seine Grenzen, und man hilft sich heute in den meisten Heimen mit Beruhigungsmitteln, die zwar die Patienten besser »handhabbar« machen, ihre Symptome aber auch deutlich verschlimmern.

Pflegende Verwandte, meist Ehefrauen oder Töchter, seltener Ehemänner und Söhne, haben den unschätzbaren Vorteil, den Patienten als Angehörigen zu lieben oder ihm von Herzen zugetan zu sein. Mit diesem positiven Bild von ihm erlebt sie aber, wie dieses während eines jahrelangen schrittweisen, scheinbar unwiderruflichen Abschiednehmens zerstört wird. Das erfordert mehr Kraft, als die meisten haben, und viel mehr, als sich von einem Menschen verlangen lässt – zumal wenn es den Anschein hat, als sei die geliebte Seele längst verschwunden und nur noch der Körper als leere Hülle zurückgeblieben.

Vor allem wenn die Heilungschancen, wie wir sie in diesem Buch erläutern, immer noch verschleiert werden, gehen Begleitpersonen einen Weg der Aufopferung. Und die pflegenden Angehörigen leiden oft mehr als ihre *Zöglinge*, die buchstäblich an ihnen ziehen und oft zerren, ganz konkret physisch, aber auch an den Nerven. Das besonders Deprimierende daran ist die Aussichtslosigkeit: Der Kranke hat immer weniger Erinnerung daran, wer er ist, und erkennt die Angehörigen und sich irgendwann nicht mehr. Das kann auch gnädig sein.

Andererseits berichten Menschen, die einen Demenz-kranken begleiten, nicht selten, wie sehr er sie verändert und dadurch bereichert. Wer einem Demenzkranken intensiv zur Seite steht, mag vieles über den langsam vor seinen Augen verschwindenden Partner oder Elternteil erfahren – zuweilen in völlig schonungsloser Offenheit –, was anders wohl nie hervorgekommen wäre. Es bietet die Chance, neue Aspekte in diesem vertrauten, nahen Menschen zu erblicken, aber auch so viel über sich selbst zu lernen und neue eigene Seiten zu erfahren, etwa das eigene (ungelebte) Kind(sein), das in jedem steckt, und die Notwendigkeit, es rechtzeitig am Leben zu beteiligen, bevor es sich den Zugang zur Wirklichkeit über Alzheimer-Demenz erzwingt.

Wohl kaum eine andere Erfahrung kann uns mehr über Mut und De*mut* lehren als die Betreuung und Begleitung eines schwer Alzheimerkranken, denn dieser Patient, so wie wir ihn bislang kennen, lebt sein (Inneres) Kind sehr spät und tatsächlich zu spät und obendrein schrecklich destruktiv und auf hoffnungslose Weise. Das ist das Deprimierendste an seiner Pflege im Gegensatz zu der eines Kindes, die bei allen Problemen immer mit der Aussicht auf Entwicklung und Besserung verbunden ist. So kann bei fortgeschrittener Demenz nur derjenige, der gelernt hat, den Tod als (Er-)Lösung wahrzunehmen und zu achten, das Wissen um die Aussichtslosigkeit mit Hoffnung verbinden. Das kann ein weiteres großes Geschenk sein, das Angehörige für ihre aufopferungsvolle Pflege erwarten dürfen. Wer den Tod solchermaßen als (Er-)Lösung erlebt, ist natürlich nicht mehr der- oder dieselbe. In dieser existenziell herausfordernden (Pflege-)Situation wird auch nachvollziehbar, wenn Partner oder Kinder eines Demenzkranken von beglückenden Momenten der Liebe berichten. Die Liebe strahlt manchmal hervor, wenn der intellektuelle Panzer sich unter Demenz auflöst.

Jedes Krankheitsbild bietet seine Wachstumschancen, und im Sinne von *Krankheit als Symbol* sollte jeder Folgendes für die Pflege von fortgeschrittenen Demenzpatienten beherzigen:

- Man braucht viel Wissen über das Krankheitsbild, damit aus dem Vorwurf an die demente Person: »Das tut sie mit Absicht!« das ungleich mildere: »Sie kann nichts dafür« wird oder auch ein verständnisvolles »Alles, was sie sich früher nicht zu leben getraut hat, kommt jetzt raus«. Das steigert die eigene Belastbarkeit ungemein – wie bei einem guten Psychiater, der seinen Patienten auch die größten Verrücktheiten und irrsinnigsten Einfälle nicht übel nimmt.
- Der Kranke kann sich irgendwann kaum etwas länger als eine halbe Minute merken, weil sein Gehirn (Hippocampus) nichts mehr in das Langzeitgedächtnis überträgt. Das ist also keine Absicht, sondern bedauernswerte Unfähigkeit.
- Möglich sind Gespräche über das, was man gemeinsam gerade in diesem Augenblick erlebt, wahrnimmt und vor allem empfindet – ein für beide Seiten gutes Training, in den Moment einzutauchen. Wer einen

Demenzkranken betreut, bleibt also mit ihm am besten bewusst in der Gegenwart.

- Die demente Person kann sich nichts Abstraktes mehr merken, aber oft noch Bilder, besonders wenn sie mit Emotionen verbunden sind und häufig auftauchen, also wiederholt werden. Folglich bewährt sich eine bildreiche Sprache. Schon Ja und Nein sind Abstraktionen, also zu vermeiden.

- Kranke können nichts mehr aufnehmen, aber noch viel wiedergeben und oftmals immer dasselbe, das auf Integration wartet. Es funktioniert sozusagen die Aufnahmetaste der Videokamera nicht mehr, die Abspieltaste aber oft noch sehr wohl, wie Huub Buijssen es in seinem besonders für Angehörige und Pflegende empfehlenswerten Buch beschreibt.[22]

- Da der Demenzkranke seine Fähigkeiten in der umgekehrten Reihenfolge verliert, wie er sie einst erlangt hat, bleibt die eigene Geschichte noch lange zugänglich. Das ist die Chance für den Kranken und seine Betreuer, alte Geschichten im besten Sinne aufzuwärmen, bis beiden warm ums Herz wird, um so mit ihnen letztendlich fertigzuwerden.

- Gefühle werden viel wichtiger als Inhalte, und es hat sich bewährt, sie auch wichtiger zu nehmen. Der Schaden ist im Hirn, nicht im Herzen.

- Lachen ist eine Sprache, die der Kranke immer versteht. Auch die wundervolle Sprache der Musik bleibt, und besonders eigenes Singen erfreut Kranke noch lange. Mit Musik lassen sich auch Türen zur Vergangenheit öffnen und bessere, leichtere Stimmungen erzeugen.

- Natürlich spürt der Kranke die Liebe, die ihm zufließt. Mit Liebe kann man ihm fast alles sagen, mit Kritik geht gar nichts (mehr). Das Bedürfnis nach Liebe bleibt bis zum Ende, und das zeigt ihren Stellenwert. Sie ist am Anfang und am Ende, und wir könnten sie natürlich auch mittendrin höher schätzen und l(i)eben.

- Das Bewusstsein des Patienten kehrt nicht nur vom alten Erwachsenen zum Kleinkind zurück; es lässt sich auch beobachten, wie es im Körper von oben nach unten, vom Kopf zu den Füßen, immer tiefer in Richtung der Wurzeln sinkt. In den württembergischen Altenheimen des Baron von Stetten erhielten Alzheimerpatienten statt Sedierung Matratzenlandschaften auf dem Boden, um nach Belieben kuscheln zu können – und Mutter Erde wieder näherzukommen. Die Patienten liebten das sehr. Dieser Tendenz zurück zu den Wurzeln wäre rechtzeitig und bewusst nachzukommen – nach Möglichkeit auch noch durch Reisen in die alte Heimat, um deren Geheimnis zu lüften.

- Demente Personen brauchen viel Trost wie Kinder, denen etwas misslingt, da sie meist sehr bewusst spüren, wie ihnen das Leben entgleitet und in Unordnung gerät und sie nichts mehr im Griff haben.

- Im Umgang gilt: Weniger ist oft mehr, und langsam ist meist am schnellsten.

- Humor macht alles leichter, zum Beispiel beim Reagieren auf Ausflüchte. Auch unerwartet auftauchende egomane Größenfantasien (wie für Kinder typisch) sind besser mit Humor zu nehmen; sie zeigen, welche oft ganz neue Art von Kreativität da aufblüht.

- Über die Schiene der Ausflüchte können weitere neue Fähigkeiten auftreten wie freies Erfinden fantastischer Dinge und Geschichten (Konfabulieren). Bei einer Person, die sich ihr Leben lang der Wahrheit verpflichtet fühlte, mag das erstaunen. Und so ein positives Staunen kann auch Freude machen.

- Mit einfachen, aber sinnvollen Arbeiten, die der Kranke von früher kennt und noch beherrscht, lässt er sich gern beschäftigen. Ihn zu fordern wird ihn fördern, und er braucht weiterhin beides.

- Die niederländischen Demenzspezialisten Verbraek und van der Plaats unterscheiden drei Gruppen von Dementen, was Buijssen mit Empfehlungen verknüpft: 1. die »Zen-Dementen« verbringen den Tag in Ruhe und wollen keine Arbeit. Sie sind am besten auch in Ruhe zu lassen (vielleicht weil ihnen dies früher fehlte); 2. die »Ruhelosen« sind schwieriger im Umgang wie auch 3. die »Gleichgewichtsuchenden«; beide brauchen Reize und mögen es oft, wenn Radio und Fernsehen laufen. Ihnen können alte Filme und Musik guttun, idealerweise wenn sie mit der eigenen Lebensgeschichte verbunden sind. Eine erfahrene Betreuerin von Demenzkranken aus meinen Seminaren weist mit Recht darauf hin, dass Reizüberflutung auch Verhaltensauffälligkeiten fördern kann, so ist oft ein Ausgleich zwischen Ruhe und Aktivität vorrangig.

- Wichtig kann der Umgang mit Tieren werden, von denen der Kranke Zuwendung erfährt und denen er Zuwendung geben kann. Letztlich haben wir wahrscheinlich fast alle zu wenig Liebe bekommen und gegeben. So wie Kinder sich oft nach Tier(verbündet)en sehnen und sie dann über alles lieben, kann diese Sehnsucht im Alter wieder auftauchen. Tiere bringen neben Liebe oft Gesprächsstoff und Bewegung ins Leben. Vor allem akzeptieren sie »ihren« Menschen bedingungslos und ohne jede Kritik. Beides ist hilfreich bei Demenz.

Die ideale Betreuung dementer Personen zielt natürlich auf Heilung, was nach der Bredesen-Studie in den meisten Situationen auch noch ganz konkret möglich ist: Ein Betreuer könnte dabei helfen, neuen Lebenssinn zu finden oder alten wiederzubeleben und so auch das Ergebnis der Nonnenstudie mit ins Spiel bringen. Gemeinsam ließe sich auch das Innere Kind suchen und finden und ihm zur Teilnahme am Leben verhelfen. Beide könnten gemeinsam ihre Ernährung im beschriebenen Sinn von *Peace Food* und *Geheimnis der Lebensenergie* umstellen und für körperliche und geistig-seelische Bewegung sorgen. Das ist zwingend für Kranke, aber auch ideal für Betreuende. Erneut wird deutlich: Was für den Umgang mit Alzheimerpatienten gut ist, wäre auch wohltuend und gut für Gesunde, ob alt oder jung. Lebenssinn finden und die Lebensweise ursprünglicher, natürlicher und einfacher gestalten hilft allen zu jeder Zeit.

Ausblicke:
Alter(n) als Chance

»Ja, ich bin alt; ich komme gut damit zurecht, bin reich an Erfahrung, und wir Alten werden immer mehr.« Das sollte eigentlich die passende neue Antwort sein auf die gängige Assoziationskette »alt – krank – arm – einsam«.

Nicht allein wegen der Tatsache, dass der Herbst des Lebens heute eine immer längere Phase im individuellen Leben ist, bekommt das Alter an Bedeutung und verdient in unserer Kultur mehr Respekt. Hinzu kommt, dass in unserer Gesellschaft eine große, ständig steigende Zahl alter Menschen lebt. Es führt dazu, dass die zum Beispiel von Frank Schirrmacher in seinem Buch *Methusalem-Komplott*[23] dargestellte Alterspyramide schon gar keine mehr ist. Sie ähnelt vielmehr einem umweltgeschädigten Baum mit einem aus Verzweiflungstrieben gebildeten Adlerhorst ganz oben. Unten kommt dann nicht mehr viel, da bleibt er dürr. Wo früher nur ganz wenige Hundertjährige die Spitze der Alterspyramide bildeten, werden es heute immer mehr, während die Jungen, die sie erhalten und ganz konkret ernähren beziehungsweise mit Renten unterstützen sollten, ausbleiben.

Der instabile Altersbaum, statt einer auf robustem Fundament ruhenden Pyramide, mag auch ein Sinnbild dafür sein, welches Problem wir generell mit dem Thema Alter haben: Der Jugendkult betont nicht nur den Anfang des Lebens ungebührlich und über alle Maßen, er beraubt auch das Alter seiner ursprünglichen Bedeutung und verfrachtet Alte aufs Abstellgleis. Dort fühlen sie sich allein gelassen und nicht mehr gebraucht; das Leben erscheint ihnen sinnlos.

Eine der positiven Seiten dieser Entwicklung ist: Wir bekommen immer mehr Zeit für die zweite Lebenshälfte und das Alter. Obwohl die meisten bisher mit diesem zusätzlichen Spielraum noch wenig anfangen und kaum vorankommen, vielleicht sogar angesichts der bestehenden Verhältnisse resignieren, bleibt es dennoch die große Aufgabe und Herausforderung der Zukunft. Einige sind zwar bereits dabei, die zweite Lebenshälfte besser zu nutzen. Es könnten aber noch viel mehr sein, die dann auch ihren Einfluss geltend machen und jene Verhältnisse, die gerade alte Menschen heute als bedrückend erleben, zu verändern helfen.

Doch zunächst einmal wäre es grundsätzlich für jeden von uns von größtem Gewinn, sich persönlich mehr der *Kult*ur zuzuwenden. Immerhin steckt darin das Wort Kult, was die *religio* und somit wiederum die Frage nach dem tief(st)en Sinn des Lebens anklingen lässt. Erlösend kommt die noch relativ neue Erkenntnis hinzu, dass unser Gehirn, und insbesondere der Hippocampus, sich ein Leben lang entwickeln kann. Letzterer ist wie beschrieben unsere Kulturabteilung auf Gehirnebene. Dem entspricht auch die Tatsache, dass lebenslange geistige Entwicklung, die das Gehirn fordert und fördert, auch vor Alzheimer schützt, jenem Krankheitsbild, das uns den Gedanken an ein Altersglück absurd erscheinen lässt.

Um kollektiv auf gesellschaftlicher und politischer Ebene auf die steigende Alterserwartung angemessen zu reagieren, sind zwar noch viele Fragen zu klären. Aber es führt kein Weg daran vorbei, dass wir unser Sozialverhalten und unsere Lebensweise dramatisch korrigieren müssen – ein gutes Stück in Richtung altbewährter Lebens*art* und gleichzeitig mit ganz neuen Möglichkeiten der Vernetzung spielend, die uns gerade auch im digitalen Zeitalter zur Verfügung stehen.

Spätestens im Alter sollten wir anfangen, Einfluss zu nehmen. Dafür stehen die Chancen gar nicht so schlecht, denn die Menschen der geburtenstarken (Nachkriegs-)Jahrgänge zwischen 1946 und 1964, die sogenannten Babyboomer, sind nun im besten Rentenalter oder dabei, die Pensionsgrenze zu erreichen.

Ich selbst bin Jahrgang 1951 und fühle mich zum einen der 68er-Bewegung nahe, die neue Freiheiten ermöglichte und dank derer fortschrittliche Maßstäbe gesetzt und viele alte Zöpfe abgeschnitten wurden. Zum anderen bin ich mir bewusst, dass ich der zahlenmäßig größten Generation angehöre, die es je gab, und obendrein einer Generation, die selbstbestimmter, gesünder und energ(et)ischer lebt als irgendeine zuvor und die keineswegs plant, sich zum alten Eisen abschieben zu lassen. Es handelt sich nämlich auch um die bisher idealistischste Generation. Wir hatten Träume und Visionen; wir haben vieles ins Rollen gebracht und große Hoffnungen geweckt auf eine humanere Gesellschaft, eine bessere Zukunft. So manches davon blieb unerfüllt, aber es gibt Anzeichen, dass es unter der Oberfläche weiterlebt und unser Engagement nach wie vor gefragt ist. Zumal Nichtstun im Zusammenhang mit Pension oder Rente genauso wie Arbeitslosigkeit Gift fürs Gehirn sind, weil unterfordernd.

Immerhin wollen in den USA über drei Viertel der Rentner weiter aktiv in und an der Gesellschaft mitwirken und freuen sich auf eine weitere produktive Phase ihres Lebens voller Ideale. Im deutschsprachigen Raum ist zum Beispiel ehrenamtliches Engagement im Rentenalter stark verbreitet. Für jeden von uns kann das Alter damit zur Chance werden, den Blick zu weiten und aus dem Hamsterrad der Beschleunigung, Effizienzsteigerung und Verflachung, letztlich also der Ökonomisierung des ganzen Lebens, auszusteigen. Nutzen wir also dieses besondere Sabbatical, das uns die Rente oder Pension beschert, um die uns wirklich wichtigen Dinge anzupacken – und natürlich um das Leben zu genießen.

Einiges hat längst begonnen, sich im Sinn der Babyboomer zu wandeln. Firmen entdecken die Qualität älterer Mitarbeiter, was Erfahrung und Wissen angeht. Eine Studie belegt, dass Angestellte über 40 nicht nur verlässlicher und weniger krank sind, sondern sogar motivierter und produktiver. Bei BMW und VW wurden schon sogenannte 50+-Programme entwickelt, die darauf zielen, ältere Mitarbeiter bei der Stange zu halten. Sie seien unerlässlich für die Konkurrenzfähigkeit und Profitabilität, wird plötzlich verkündet.

Doch es geht um mehr. Um den (langen) Herbst des Lebens in einem ganzheitlichen Sinne wieder attraktiv zu machen, sollten alte Menschen ihre Zeit und Energie sowie ihr Talent und Wissen auch dafür einsetzen, etwas für die eigene und die Entwicklung der Gesellschaft zu tun, etwa für die Umwelt zu kämpfen, für Menschenrechte, für die so sträflich vergessene sogenannte Dritte Welt und die von ihr ausgehenden Flüchtlingsströme.

Darüber gibt es ebenfalls schon viel Beispielhaftes zu berichten. Pensionäre stoßen Großeltern-Projekte an oder kämpfen für eine kind- und menschengerechte Pädagogik wie etwa Gerald Hüther. Statt sich still und leise zurückzuziehen, wird er lauter, und das dürfte typisch für seine, unsere Generation sein. Ein anderer mir bekannter Vorreiter ist der Schweizer Kurt Pfister, der als ehemaliger Migros-Chef Schweiz, kaum in Pension, die Organisation *Green Ethiopia* ins Leben rief, und viele folgten seinem Ruf. Mit uns, seinen Verbündeten, lässt er die kahlen Hügel Äthiopiens von Einheimischen wieder aufforsten. Auf (arche-)typisch schweizerische Art wird dafür gesorgt, dass diese selbstständig die neuen Bäume aufziehen, pflanzen und dann auch darauf achten, dass sie überleben. Weite Landschaften sind wieder grün, sodass sich das Klima bereits ändert und wieder Gemüse wächst, wie seit langen Zeiten nicht mehr. Hier macht ein Alter einen großen Unterschied für die Jungen und damit für uns alle.

Von mir selbst kann ich berichten, dass ich das Geld, das ich in 40 Arztjahren erschrieben, erredet und erspart hatte, in meine Träume und Visionen fließen ließ. Mit 61 erlebte ich die Eröffnung von TamanGa, unserem Heilungsbiotop in der Südsteiermark, das nach Überwindung der Kinderkrankheiten auch gedeiht. Nun sind wir dabei, einen meiner Jugendträume zu erfüllen: ein Energie-autarkes kleines Ökodorf in schönster Landschaft, dessen Landwirtschaft im Sinne von Permakultur seine Bewohner ernährt und ihnen (Lebens-)Zeit lässt, auf pflanzlich-vollwertiger Basis ein sinnerfülltes Leben zu führen, das seelisches und spirituelles Wachstum einschließt. Ein Traum, den ich schon als Kind hatte und der in der Hippiezeit Nahrung bekam, kann jetzt im Alter aufblühen.

Die Welt ist tatsächlich voller bedeutender und herausfordernder Aufgaben und Arbeiten, und zwar für Jung und Alt. Für uns könnte im Alter ganz besonders gelten, frei *zu* (sinnerfüllter) Arbeit statt frei *von* (sinnentleerter) Arbeit zu sein. Wir können deshalb allgemein helfen, Arbeit neu zu definieren. Was wir freiwillig und mit Freude tun, wird eine ganz andere Arbeit sein und zusammen mit dem alternativlos-unvermeidbaren Grundeinkommen (ein weiteres unterstützenswertes Projekt) die Arbeitswelt von Grund auf wandeln.

Wir, die große Gruppe der Alten, sollten unsere »Übermacht« nutzen und unsere Erfahrung einsetzen, um die heißen Eisen anzupacken. Wir haben schon viel gewonnen und – alt geworden – nicht mehr viel zu verlieren. Wir können so frei sein, uns den wesentlichen Aufgaben zu widmen – für uns selbst und andere. Wir können die Welt statt in den deprimierenden Grauton des Alters in das strahlende Silber einer neuen (Alters-)Sicht tauchen.

Vielleicht sind wir es, die neuen Alten, die sich gar nicht so alt fühlen und noch einen Beitrag leisten wollen, die die Gesellschaft von innen heraus umkrempeln und regenerieren. Die Zeichen mögen noch schwach sein, aber sie sind da. Wenn wir die Ideale unserer Jugend wieder ausgraben, kann das eine soziale Revolution in Gang bringen. Wenn wir die Kunst entwickeln, würdevoll und sogar begeistert, engagiert und respektgebietend zu altern, wird Alter(n) auch für die Allgemeinheit zum Geschenk. Einiges hat sich bereits in dieser Richtung getan. Vor einem Vierteljahrhundert war ein 50-Jähriger alt und ein 70-Jähriger schon abgeschrieben. Soeben kandidierte meine *alte Freundin* Barbara Rütting in ihrem 90. Lebensjahr für den Bundestag.

Hinzu kommt, dass in den USA die über 50-Jährigen die Hälfte des Gesamtvermögens des Landes besitzen. Sie haben also neben den zeitlichen auch die finanziellen Möglichkeiten, etwas zu bewegen, und wollen den Gewinn an Lebenserwartung und Gesundheit genießen im Gegensatz zu ihren Vorgängern, aber auch einbringen. Diese Einstellung könnte einen Wendepunkt bedeuten. Hierzulande

gibt es ebenfalls das Bedürfnis weiter einer Berufung nach-
zugehen, um aktiv mitzumischen. Solch alte Pensionäre
mit neuem Schwung wären überall ein Segen – TamanGa
ist so offen für sie.

Wir brauchen Lebenssinn und -freude, um gesund zu bleiben. Und es dürfte klar geworden sein, dass Lebenslust
und Bereitschaft, uns lernend zu bewegen, das Lebenseli-
xier schlechthin ist. Dafür treten das komplexe Geschehen
rund um die Vernetzung der sich täglich neu bildenden
Nervenzellen im Hippocampus und die Bedingungen, denen diese Neurogenese unterliegt, anschaulich den Beweis
an. Vielfältige Zusammenhänge und das Zusammenspiel
von geistiger und körperlicher Ebene werden deutlich, und
es spornt an, dies alles ernst zu nehmen und zu nutzen.
Wir können daraus lernen, wie sehr in einer Zeit der Individualisierung um (fast) jeden Preis auch Gruppenbewusst-
sein immer wichtiger wird. Es geht um gute Vernetzung
in ganzheitlichem Rahmen. Inzwischen ist einerseits die
Individualisierung so weit fortgeschritten, dass bald jeder
nicht nur sein Essen nach strikten persönlichen Vorgaben
verlangt, andererseits können wir uns selbst wie auch alle
anderen als Subjekte mit eigenen Bedürfnissen erkennen.

Machen wir also Schluss mit der Vereinsamung im Zuge
von Egotrips und der Individualisierung um jeden Preis.
Es steht uns frei, aktiv in Gruppen und Gemeinschaften
zurückzukehren und ein soziales Leben zu führen. Mehr
Social Media ist damit nicht gemeint, denn das lässt die
meisten erst recht vor kleinen und kleinsten Bildschir-

men vereinsamen. Viel sinnvoller ist dagegen Gruppenbildung – auf allen Ebenen und besonders im Alter – durch Unterstützung von Vereinen und unabhängigen Selbsthilfeorganisationen.

Es böte auch all denen im Rentenalter eine Chance, die in ihrer Arbeit keinen Lebenssinn gefunden hatten. Jetzt dürfen wir im Alter alle Überforderungen hinter uns lassen und stattdessen Anforderungen suchen, denen wir uns mit Lebensfreude und Begeisterung hingeben und die uns und unseren Geist in Form und bester Verfassung halten. Wenn das in Gruppen, die Vertrauen und Geborgenheit vermitteln, geschieht und mit dem Ziel, der Gemeinschaft zu nutzen, umso besser für uns alle und alle Aspekte unseres Seins.

Alte Menschen könnten bei guter Gesundheit und lebhaftem und wachem Geist zum Vorbild für die Jugend werden. Und sie könnten sich mit den Jungen zusammentun, denn schon jetzt gibt es unter ihnen – etwa bezüglich Ernährung – eine starke Strömung zur Umbesinnung auf Lebensförderndes. Unsere Gesellschaft braucht Fortschritt, aber nicht so sehr äußeren, sondern vor allem inneren für die Entwicklung der Seele und des Bewusstseins, und das bedeutet auch Wissen um Zeitqualität. Bei diesem Thema können die Alten durch ihre Lebenserfahrung ebenfalls viel beisteuern. In früheren Epochen waren alte Menschen als Gedächtnis und Geschichte(nerzähler) und damit als Seele ihres Volkes wichtig und von Bedeutung für die Allgemeinheit. Als Bewahrer von Tradition und Überlieferung fanden sie Anerkennung und waren auch als Heiler,

Schamanen und Weise hoch geehrt. Sie gaben ihre Erfahrungen an die Jungen weiter, auf die sie auch gleich noch – in des Wortes Doppelsinn – *schauen* konnten.

Natürlich kann ein Fisch oder Elefant nicht auf Bäume klettern wie ein Affe. Doch das macht aus Fischen und Elefanten noch keine schlechteren Wesen. Wir sind alle verschieden, haben aber gemeinsame Interessen. So bekommen gemeinsames Engagement für das Wohl von Groß und Klein, für die Erhaltung der Natur, die Rechte der Tiere und den Zusammenhalt der Gesellschaft therapeutische und vorbeugende Bedeutung. Wenn wir uns in diesem Sinne auch im Alter fordern, dabei die Neuroplastizität fördern und vor allem weiterhin Freude am Leben (emp)finden, fällt es uns leichter, in Resonanz zu gehen und im Fluss zu bleiben und jenes wunderbare Kohärenzgefühl zu gewinnen oder wiederzufinden.

So wünsche ich allen, nicht nur den selbstbewussten Alten, von ganzem Herzen, dass wir eine verspielte Version von Revolution bewirken und uns notwendige persönliche und kollektive Veränderungen gelingen, dass wir auf unsere alten Tage das Innere Kind mit auf die Reise nehmen, den alten, noch gar nicht müden Narren in uns entdecken und unsere Welt mit unserer Erfahrung, Reife und Weisheit bereichern.

Das bringt mich zu meiner eigentlichen Lieblingsparabel: Es gibt eine chinesische Bambusart, von der man ein Jahr nach Pflanzung noch gar nichts sieht und auch im folgenden zweiten Jahr nichts. Selbst im dritten und vierten Jahr lässt sie sich noch nicht blicken. Im fünften aber, wenn schon keiner mehr damit rechnet, explodiert sie geradezu. In all den Jahren – für den Beobachter unsichtbar im Untergrund – entstand ein mächtiges Wurzelwerk und schießt nun an vielen Stellen zugleich seine Speere empor, in einer Saison sogar viele Meter hoch. Jetzt ist der Bambus kaum mehr zu stoppen und wird zu einem richtigen Wald.

Wir haben Ähnliches auch im Menschenreich schon erlebt mit dem erwähnten Durchbruch von Smartphones in so kurzer Zeit. Oder mit dem Zusammenbruch des Kommunismus und dem Fall der Mauer. Über viele Jahrzehnte hatte ein politisches System seine Unfähigkeit demonstriert, dennoch hielt es sich. Im Untergrund jedoch wuchs die Unzufriedenheit der Menschen ob der eklatanten Missstände und dem Leiden unter Unfreiheit bis Mangelwirtschaft. Und dann plötzlich gelang es, von Polen ausgehend, die Politbonzen aus ihren bequemen Sesseln zu werfen und die Bahn für eine neue Ordnung frei zu machen. Selbst Hardliner und Betonköpfe in Rumänien oder Albanien hatten keine Chance mehr, zu stark war die neue Stimmung und Strömung aus dem Untergrund.

In der Medizin könnte es schon ähnlich weit sein, überall treffe ich Kollegen, die hochgradig unzufrieden sind mit dem Medizinsystem, das sie vertreten sollen, aber nicht mehr können, die wissen, dass die Pharmaindustrie nur Profit im Sinn hat und nicht die Menschen. Immer mehr Kollegen ahnen, wie sie sich vor den falschen Karren haben spannen lassen. Zunehmend spüren inzwischen so viele Patienten, dass sie nicht geheilt, sondern des Geldes wegen verschaukelt oder vertröstet werden.

Und parallel dazu gibt es in der Wissenschaft diese wundervolle, aus der neuen Welt kommende Aufbruchsstimmung, die das Fasten als die Therapie schlechthin entdeckt und einsetzt, was unser Immunsystem von Grund auf erneuern kann und sogar bei Krebs Hoffnung macht. Die pflanzlich-vollwertige Ernährung wurde von Wissenschaftlern entdeckt und mutig und gegen die Interessen von Pharma- und Nahrungsmittelindustrie propagiert und vielerorts durch engagierte Esser schon durchgesetzt.

Immer mehr Menschen wenden sich von den offensichtlich ferngesteuerten Massenmedien ab, so wie sie genug haben von den Massen-Tier-Zucht-Häusern. In der Ökologie erleben wir gerade, wie sich eine Kehrtwende abzeichnet, und sie dürfte sich viel rascher als errechnet vollziehen. Vielleicht sind dies erste, zum Teil noch schwache Anzeichen einer viel grundsätzlicheren Kehrtwende zurück zum Wohlergehen aller und zu einem sinnerfüllten Leben. Der chinesische Bambus könnte schon überall im Untergrund wachsen, manchmal meine ich ihn schon zu spüren, wie er seine Wurzeln ausstreckt und unter dem Beton lebt und diesen schon stellenweise beben und bröckeln lässt.

Wenn die Metapher vom chinesischen Bambus auf uns und unsere Zeit passt, wird jedenfalls plötzlich alles sehr rasch gehen – und (uns) so auch das Alter zum Geschenk werden. Es haben sich im Verborgenen schon viele Puzzlesteine zusammengefügt und werden bald ein ganz neues hoffnungsvolles Gesamtbild ermöglichen, das alle Ebenen des Lebens umfasst: Körper, Geist und Seele. Immer mehr Menschen werden anfangen, das Was, Wie und Wann des Essens zu durchschauen und sich gesünder ernähren, ihren Lebensstil umstellen, sich selbst und ihrer Gesundheit, aber auch anderen Lebewesen und der Erde zuliebe. Noch mehr Menschen – und darunter die jetzt alternden Babyboomer – werden Bewegungslust bekommen, nicht nur körperlich, sondern auch seelisch und geistig. Das könnte das alte, verkrustete Weltbild der Schulmedizin überrollen und eine neue, in jeder Hinsicht sinnvolle Heilweise hervorbringen, der es wieder um die Menschen und ihre Entwicklung geht. Das elende Alter mit seinen Einbußen und Krankheitsbildern wie vor allem der Alzheimer-Demenz könnte im Rückblick einer Mehrheit als eine unverständliche Verirrung auf geistiger, seelischer und körperlicher Ebene erscheinen. Wir könnten erleichtert feststellen, dass wir längst darüber hinausgewachsen sind, und die Verirrungen von Pharmaindustrie und Schulmedizin ähnlich betrachten wie heute den Aderlass der alten Medizin, der immer mindestens so sehr Euthanasie war wie Therapie. Mit der neu gewonnenen (Menschen-)Würde könnten wir darüber milde lächeln und uns solche Narreteien verzeihen, während wir das Leben genießen wie unbeschwerte Kinder und von vielen Lasten erlöste alte Narren und Weise.

Anhang

Weiterführende Bücher und Filme zum Thema Alzheimer

Bücher

Für ein geistiges Verständnis des Status quo:

- Gerald Hüther: Raus aus der Demenzfalle! Wie es gelingen kann, die Selbstheilungskräfte des Gehirns rechtzeitig zu aktivieren. Arkana 2017.
- Dietmar Bittrich: Altersglück. Vom Segen der Vergesslichkeit. Piper 2009.
- Huub Buijssen: Die magische Welt von Alzheimer. 25 Tipps, die das Leben mit Demenzkranken leichter und erfüllter machen. Beltz ³2012.
- T. Colin Campbell: InterEssen. Ernährungswissenschaft zwischen Ökonomie und Gesundheit. Systemische Medizin 2014.
- Arno Geiger: Der alte König in seinem Exil. Hanser 2011.
- Michael Nehls: Alzheimer ist heilbar. Rechtzeitig zurück in ein gesundes Leben. Heyne 2017.

- Mary Newport: Alzheimer vorbeugen und behandeln. Die Keton-Kur. Wie ein natürliches Fett die Erkrankung aufhält. VAK ³2014.
- Joachim Schaffer-Suchomel: Nie waren wir uns so nah. Wie ich meinen demenzkranken Vater noch einmal ganz neu kennenlernte, als ich ihn pflegte. Mvg 2017.

Filme

- *An ihrer Seite* (Away From Her) mit Julie Christie und Gordon Pinsent macht uns zu Zeugen, wie die Liebe bis zuletzt bleibt.
- *Die Auslöschung* mit Klaus Maria Brandauer zeigt das langsame und bewusste Versinken in der Demenz, brillant und unvergleichlich lebensecht der Hauptdarsteller.
- *Honig im Kopf* von und mit Til Schweiger sowie Dieter Hallervorden über eine tragikomische Reise von Großvater und Enkeltochter nach Venedig.
- *Iris* mit Judi Dench, Jim Broadbent und Kate Winslet lässt uns die Alzheimer-Geschichte der bekannten Schriftstellerin Iris Murdoch miterleben, die mit ihrem Partner gegen das große Vergessen ankämpft.
- *Still Alice – mein Leben ohne Gestern* mit Julianne Moore, die für diese Darstellung einer an Alzheimer erkrankten Universitätsprofessorin den Oscar erhielt.
- *Vergiss mein nicht* von und mit David Sieveking ist ein berührender Dokumentarfilm, der zeigt, wie ein Sohn seine Eltern erst auf der Erinnerungsreise in deren Vergangenheit wirklich kennenlernt.

Veröffentlichungen von Ruediger Dahlke

Über den Online-Shop des *Heilkundeinstituts*
(www.heilkundeinstitut.at):

Mein Weg-Weiser
Sie sind herzlich eingeladen zu diesem Gratisbuch (www.dahl
ke.at) mit Erklärungen, wie es zu den 74 Büchern kam und
deren Licht- und Schattenseiten und warum ich noch so gern
weiterschreibe. Mit vielen – hoffentlich – wertvollen Tipps von
meinem Weg für Ihren und einigen Bildern von meinem. Ich
freue mich über jeden, der sich dieses Buch gönnt, es weiter-
gibt, verschenkt und empfiehlt.

Neuerscheinungen 2020
Mein Individualgewicht, Arkana.

Neuerscheinungen 2019
Krebs – Wachstum auf Abwegen 1, Arkana • Körper-Geist-
Seele-Detox, Arkana • Das große Peace Food-Buch, GU •
Jetzt einfach atmen!, ZS.

Neuerscheinungen 2018
Die Hollywood-Therapie: Was Filme über uns verraten (mit M. Dahlke), Edition Einblick, www.heilkundeinstitut. at • Das Alter als Geschenk, Arkana • Die Peace Food Keto-Kur, GU • Jetzt einfach meditieren!, ZS • Kurzzeitfasten, Südwest.

Grundlagenwerke
Die Schicksalsgesetze: Spielregeln fürs Leben, 2009 • Das Schatten-Prinzip: Die Aussöhnung mit unserer verborgenen Seite, 2010 • Die Lebensprinzipien: Wege zu Selbsterkenntnis, Vorbeugung und Heilung (mit M. Dahlke), 2011 (alle Arkana).

Krankheitsdeutung und Heilung
Krankheit als Symbol, C. Bertelsmann, 2018 • Angstfrei leben, Arkana, 2013 • Wenn wir gegen uns selbst kämpfen, 2015 • Die Schattenreise ins Licht: Depressionen überwinden, 2014 • Seeleninfarkt. Zwischen Burn-out und Bore-out, 2013 • Krankheit als Sprache der Seele, 2008 • Krankheit als Weg (mit Thorwald Dethlefsen), 2000 • Frauen-Heil-Kunde (mit M. Dahlke und V. Zahn), 2003 • Krankheit als Sprache der Kinderseele, 2010 • Herz(ens)probleme, 2011 • Das Raucherbuch, 2011, alle Arkana • Verdauungsprobleme (mit R. Hößl), Droemer Knaur, 2001.

Gesundheit, Ernährung, Fasten
Das große Buch vom Fasten. Überarbeitete Neuauflage, Goldmann, 2019 • Kurzzeit-Fasten, Südwest, 2018 • Die

Peace Food Keto-Kur, GU, 2018 • Fasten-Wandern. Droemer Knaur • Jetzt einfach fasten!, ZS, 2017 • Vegan! Ist das ansteckend?, 2017 • Bewusst fasten. Ein achtsamer Wegweiser zu neuen Erfahrungen, 2017, beide Königsfurt Urania • Das Geheimnis der Lebensenergie in unserer Nahrung, 2015 • Das Lebensenergie-Kochbuch. Vegan und glutenfrei, 2016, beide Arkana • Peace Food, 2011 • Peace Food – das vegane Kochbuch, 2013 • Vegan für Einsteiger, 2014 • Peace Food – vegan, einfach, schnell, 2015, alle GU • Fasten-Wandern, Droemer Knaur, 2017 • Vegan schlank, 2015 • Ganzheitliche Wege zu ansteckender Gesundheit: Medizinische Herausforderung – herausfordernde Medizin, 2011 • Das kleine Buch vom Fasten, 2011, alle www.heilkundeinstitut.at • Wieder richtig schlafen, 2014 • Die Notfallapotheke für die Seele, 2009, beide Goldmann • Die wunderbare Heilkraft des Atmens (mit A. Neumann), Heyne, 2009 • Störfelder und Kraftplätze, Crotona, 2013.

Weitere Deutungsbücher
Die Hollywood-Therapie: Was Filme über uns verraten (mit M. Dahlke), Edition Einblick (www.heilkundeinstitut.at), 2018 • Omega: Im inneren Reichtum ankommen (mit V. Lindau), Arkana, 2017 • Hör auf, gegen die Wand zu laufen, Goldmann, 2017 • Die Spuren der Seele (mit R. Fasel), GU, 2010 • Der Körper als Spiegel der Seele, www.heilkundeinstitut.at, 2009 • Die Psychologie des Geldes, Goldmann, 2011 • Die 4 Seiten der Medaille (mit C. Hornik), Arkana, 2015 • Das Tier als Spiegel der menschlichen Seele (mit I. Baumgartner), Goldmann, 2016.

Krisenbewältigung

Das Alter als Geschenk, Arkana, 2018 • Wie Sex und Liebe sich wiederfinden, Goldmann, 2017 • Die Liste vor der Kiste, Terzium, 2014 • Von der großen Verwandlung, Crotona, 2011 • Lebenskrisen als Entwicklungschancen, Mosaik, 2002.

Atemmeditation und Mandalas

Jetzt einfach atmen! Atemtechniken für mehr Energie und Ruhe, ZS, 2019 • Jetzt einfach meditieren!, ZS, 2018 • Mandalas der Welt, Goldmann, 2012 • Schwebend die Leichtigkeit des Seins erleben • Arbeitsbuch zur Mandala-Therapie, 2010 • Mandala-Malblock, 1984, alle www.heilkundeinstitut.at • Weisheitsworte der Seele, 2012 • Die Kraft der 4 Elemente (mit Bruno Blums Bildern), 2011, beide Crotona • Worte der Heilung, www.heilkundeinstitut.at, 2010.

Roman: Habakuck und Hibbelig, Allegria, 2004.

Geführte Meditationen

CDs und Downloads bei www.heilkundeinstitut.at, Audible u. a.

Grundlagen: Das Gesetz der Polarität • Das Gesetz der Anziehung • Das Bewusstseinsfeld • Die Lebensprinzipien – 12-CD-Set • Die 4 Elemente • Elemente-Rituale • Schattenarbeit.

Krankheitsbilder: Allergien • Angstfrei leben • Ärger und Wut • Depression • Die Wege des Weiblichen • Hautprobleme • Herzensprobleme • Kopfschmerzen • Krebs • Leberprobleme • Mein Idealgewicht • Niedriger Blutdruck • Rauchen • Rückenprobleme • Schlafprobleme • Sucht und Suche • Tinnitus und Gehörschäden • Verdauungsprobleme • Vom Stress zur Lebensfreude.

Allgemeine Themen: Der innere Arzt • Heilungsrituale • Ganz entspannt • Tiefenentspannung • Energie-Arbeit • Entgiften – Entschlacken – Loslassen • Bewusst fasten • Den Tag beginnen • Lebenskrisen als Entwicklungschancen • Partnerbeziehungen • Schwangerschaft und Geburt • Selbstliebe • Selbstheilung • Traumreisen • Mandalas • Naturmeditation • Die Lebensaufgabe finden.

Kindermeditationen: Märchenland • Ich bin mein Lieblingstier (www.heilkundeinstitut.at).

Weitere geführte Meditationen und Übungen auf CD: 7 Morgenmeditationen • Die Leichtigkeit des Schwebens • Die Psychologie des Geldes (Übungen) • Die Notfallapotheke für die Seele (Übungen) • Die Heilkraft des Verzeihens • Eine Reise nach innen • Erquickendes Abschalten mittags und abends • Schutzengel-Meditationen.

Hörbücher (www.heilkundeinstitut.at)

Omega • Fasten-Wandern • Körper als Spiegel der Seele • Von der großen Verwandlung • Krankheit als Weg • Die Spuren der Seele – Was Hand und Fuß über uns verraten • Krankheit als Chance.

Vorträge von Ruediger Dahlke auf CD (www.heilkundeinstitut.at) Die Buchthemen und mehr.

Filme über Ruediger Dahlke (www.heilkundeinstitut.at) Die Schicksalsgesetze – auf der Suche nach dem Master-

plan • Unser Biogarten • Ruediger Dahlke – ein Leben für die Gesundheit • Fastenfilm: Körper – Tempel der Seele.
Filme mit Ruediger Dahlke (www.heilkundeinstitut.at)
Am Anfang war das Licht • Awake I und II • Der Heiler • Hesse – sein erstes Paradies.

Adressen

Informationen zu Seminaren, Ausbildungen, Trainings, Vorträgen

Heil-Kunde-Institut Graz,
Oberberg 92,
A-8151 Hitzendorf
Tel.: +43 316 7198885, Fax: +43 316 7198886
www.dahlke.at, E-Mail: info@dahlke.at

Fasten- und Fastenwander- und Kurs-Wochen mit Ruediger Dahlke, Regenerationsurlaube für Einzelgäste

Seminarzentrum und Heilungsbiotop TamanGa,
Labitschberg 4,
A-8462 Gamlitz (ca. 25 Minuten vom Airport Graz)
Tel.: +43 3453 33600
www.tamanga.at

Psychotherapien

Heil-Kunde-Zentrum Johanniskirchen,
Schornbach 22,
D-84381 Johanniskirchen
Tel.: +49 85 64-819, Fax: +49 85 64-1429

Informationen zur Arbeit von Ruediger Dahlke

www.dahlke.at • Dahlke-Seminar-Zentrum: www.taman-ga.at • Webshop: www.heilkundeinstitut.at • Internet-Community: www.lebenswandelschule.com

Anmerkungen

1. Da Alzheimer die weitaus häufigste Form des komplexen Krankheitsbildes Demenz ist, wird beides im allgemeinen Sprachgebrauch gleichgesetzt und vereinfachend oft nur Alzheimer oder Demenz verwendet, so auch in diesem Buch.

2. Gerald Hüther, *Raus aus der Demenz-Falle! Wie es gelingen kann, die Selbstheilungskräfte des Gehirns rechtzeitig zu aktivieren.* Arkana ⁴2017.

3. Der wundervolle, im Buch *Die Hollywood-Therapie. Was Filme über uns verraten* gedeutete Film *Die Bücherdiebin* (*The Book Thief*) zeigt uns die liebenswerte andere Seite von Gevatter Tod und kann auf bezaubernde Weise mit ihm versöhnen.

4. Ernst Pöppel, *Je älter desto besser. Überraschende Erkenntnisse aus der Hirnforschung.* Goldmann 2012.

5. Jürgen Fliege, *Die Ordnung des Lebens. Die Zehn Gebote.* Kösel 2005.

6. Lennart Nilsson, *Ein Kind entsteht.* Mosaik 2009.

7. Deutung im Buch von Margit und Ruediger Dahlke, *Die Hollywood-Therapie. Was Filme über uns verraten.* Edition Einblick (www.heilkundeinstitut.at).

8. Alfred J. Ziegler, *Morbismus. Ohne Krankheit keine Gesundheit.* IKM Guggenbühl 1980.

9. Arnold Geiger (*Der alte König in seinem Exil.* Hanser 2011) und Joachim Schaffer-Suchomel (*Nie waren wir uns so nah. Wie ich meinen demenzkranken Vater noch einmal ganz neu kennenlernte, als ich ihn pflegte.* Mvg 2017) beschreiben das jeweils anrührend über den dementen Vater.

10. Michael Nehls, *Alzheimer ist heilbar. Rechtzeitig zurück in ein gesundes Leben.* Heyne 2017.

11. Der Titel eines 2014 erschienenen Spielfilms von Til Schweiger, der sich auf gleichzeitig komische wie auch ernste Weise mit dem Thema Alzheimer beschäftigt.

12. Dietmar Bittrich, *Altersglück. Vom Segen der Vergesslichkeit.* Piper 2009.

13. David Snowdon, *Aging with Grace. What the Nun Study Teaches Us About Leading Longer, Healthier, and More Meaningful Lives.* Bantam 2001; siehe auch: Gerald Hüther, *a.a.O.*

14. D. E. Bredesen, »Reversal of Cognitive Decline. A Novel Therapeutic Program«, in: *Aging* 6 (2014), S. 707–717 (www.ncbi.nlm. nih.gov/pubmed/25324467, Stand: 09.07.2018).

15. Mary Newport, *Alzheimer vorbeugen und behandeln. Die Keton-Kur: Wie ein natürliches Fett die Erkrankung aufhält.* VAK ³2014.

16. Viele weitere Gründe für diese Ernährung finden sich in: Dahlke, *Peace Food. Wie der Verzicht auf Fleisch- und Milch Körper und Seele heilt.* Gräfe und Unzer, ¹²2011.

17. Für die Diagnose kann mittels PET-Scan (Positronen-Emissions-Tomographie) die Aufnahmestörung für Glucose im Hippocampus festgestellt werden. Am einfachsten, allerdings auch unspezifischsten ist die Messung des erhöhten Cortisolspiegels.

18. Weitere Filme dieser »Zeit-Serie« sind gedeutet in Margit und Ruediger Dahlke, *Die Hollywood-Therapie. Was Filme über uns verraten.* Edition Einblick (www.heilkundeinstitut.at), vor allem auch zu unserem Generalthema der zehnten Lebensbühne des Saturnprinzips und damit zur Chance des Alterns und zur *Schattenarbeit* in der Konfrontation von Alzheimer bis Tod.

19. Informationen unter: www.heilkundeinstitut.at (Stand: 09.07.2018).

20. Weiterführende Informationen in Dahlke, *Das Geheimnis der Lebensenergie in unserer Nahrung. Die neue vegane Ernährung.* Arkana 2015.

21. Siehe dazu von Clemens Arvay, *Der Heilungscode der Natur. Die verborgenen Kräfte von Pflanzen und Tieren entdecken.* Goldmann 2018.

22. Huub Buijssen, *Die magische Welt von Alzheimer. 25 Tipps, die das Leben mit Demenzkranken leichter und erfüllter machen.* Beltz ³2012.

23. Frank Schirrmacher, *Das Methusalem-Komplott. Die Menschheit altert in unvorstellbarem Ausmaß. Wir müssen das Problem unseres eigenen Alterns lösen, um das Problem der Welt zu lösen.* Heyne 2005.

Unsere Leseempfehlung

384 Seiten
Auch als E-Book
erhältlich

Wie sieht eine Ernährung aus, die uns wirklich stärkt und von Grund auf nährt? Bestsellerautor Ruediger Dahlke begibt sich auf eine Forschungsreise zu den natürlichen Prinzipien einer Ernährung, die Vitalität und Gesundheit schenkt. Er entschlüsselt die vielleicht tiefsten Geheimnisse der Natur und der ihr innewohnenden Lebens- und Heilenergie. Dabei greift er kontrovers diskutierte Themen wie die Gluten-Problematik oder stark verarbeitete Nahrungsmittel auf und stellt dem eine vegane Ernährung mit den saisonal besten Superfoods gegenüber. Auch auf die Fettfrage findet er Antworten, und so zeichnet sich am Ende eine Ernährung für Herz und Hirn ab.

Unsere Leseempfehlung

512 Seiten
mit 1 CD,
Spieldauer
1 Std. 15 min.

Depression ist die Volkskrankheit Nummer eins in Deutschland. Ruediger Dahlke bietet in der überarbeiteten Neuausgabe seines Erfolgssellers „Depression" umfassende therapeutische Hilfestellung, um die Erkrankung zu verstehen, zu heilen und sich dauerhaft davor zu schützen. Die beiliegende Übungs-CD bietet zahlreiche Übungen, um den Heilungsprozess zu unterstützen.

Um die ganze Welt des GOLDMANN
Body, Mind & Spirit Programms
kennenzulernen, besuchen Sie uns doch
im Internet unter:

www.goldmann-verlag.de

Dort können Sie
nach weiteren interessanten Büchern *stöbern*,
Näheres über unsere *Autoren* erfahren,
in *Leseproben* blättern, alle *Termine* zu Lesungen und
Events finden und den *Newsletter* mit interessanten
Neuigkeiten, Gewinnspielen etc. abonnieren.

Ein *Gesamtverzeichnis* aller Goldmann Bücher finden
Sie dort ebenfalls.

Sehen Sie sich auch unsere *Videos* auf YouTube an und
werden Sie ein *Facebook*-Fan des Goldmann Verlags!

www.goldmann-verlag.de
www.facebook.com/goldmannverlag

Ⓖ GOLDMANN
Lesen erleben